D1736199

ALBERT ELLIS

Ser Feliz

y vencer las preocupaciones

EDICIONES OBELISCO

Si este libro le ha interesado y desea que le mantengamos informado
de nuestras publicaciones, escríbanos indicándonos qué temas son de su interés
(Astrología, Autoayuda, Ciencias Ocultas, Artes Marciales, Naturismo,
Espiritualidad, Tradición...) y gustosamente le complaceremos.

Puede consultar nuestro catálogo en www.edicionesobelisco.com

Colección Psicología
Ser feliz y vencer las preocupaciones
Albert Ellis

1.ª edición: enero de 2003
4.ª edición: abril de 2018

Título original: *How to make yourself happy and remarckably less disturb*

Traducción: *Montserrat Ribas*
Maquetación: *Marta Rovira*
Diseño de cubierta: *Isabel Estrada* sobre una imagen de Adobe Stock

© 2003, Albert Ellis
(Reservados todos los derechos)
© 2016, Ediciones Obelisco, S. L.
(Reservados los derechos para la presente edición)

Edita: Ediciones Obelisco, S. L.
Collita, 23-25. Pol. Ind. Molí de la Bastida
08191 Rubí - Barcelona - España
Tel. 93 309 85 25 - Fax 93 309 85 23
E-mail: info@edicionesobelisco.com

ISBN: 978-84-9111-350-8
Depósito Legal: B-6.333-2005

Printed in Spain

Impreso en España en los talleres gráficos de Romanyà/Valls S.A.
Verdaguer, 1 - 08786 Capellades (Barcelona)

Para Janet L. Wolfe,
mi querida compañera, buena colaboradora e indispensable socia en la dirección del Instituto desde hace 34 memorables años.

Me gustaría dar las gracias a varios de mis colaboradores que leyeron y comentaron este libro cuando todavía era un manuscrito, en especial a Shawn Blau, Ted Crawford, Raymond DiGiuseppe, Dominic DiMattia, Kevin Everett FitzMaurice, Stevan Nielsen, Philip Tate, Emmett Velten y Paul Woods. Agradezco sinceramente sus útiles sugerencias.

También me gustaría dar las gracias a Tim Runion, que vio pasar el manuscrito por varias revisiones por ordenador y a Ginamarie Zampano, directora administrativa del Albert Ellis Institute, que con su competencia habitual hizo posible la recogida de parte del material y que las ruedas administrativas se pusieran en marcha para poder completar el libro.

Por último deseo expresar mi gratitud a Bob Alberti, el emprendedor editor de Impact Publishers, que no solamente llevó a cabo su habitual tarea de preparar cuidadosamente la edición de este libro, sino que también aportó sugerencias inusualmente creativas para que le fueran añadidas.

CAPÍTULO 1 Sobre cómo convertirse en una persona feliz y mucho menos perturbable

La primera vez que vi a Rosalind estaba enormemente deprimida. Su marido se había divorciado de ella hacía poco y ella lloraba y se condenaba por ser «un fracaso». Sentía ansiedad por estar haciendo «todo» mal en el trabajo (aunque tenía talento y éxito como diseñadora de ropa) y además se despreciaba por estar ansiosa y deprimida. ¡Tenía un síntoma neurótico acerca de sus síntomas neuróticos!

Había empezado a decirse cosas sobre su trabajo de este estilo: «Sí, realizo algunos buenos diseños para mi empresa, pero no soy ni la mitad de buena de lo que debería ser. Sólo es cuestión de tiempo antes de que lo descubran, de que se den cuenta de lo mala diseñadora que realmente soy y que con toda la razón me despidan.» Esto es lo que originaba su ansiedad.

Al principio ayudé a Rosalind a que dejara de llamarse a sí misma «un fracaso» y que se aceptara, con su depresión y su ansiedad. Sí, le dije que ella podía ser una persona que fracasara, pero no «un fracaso». (Después de todo, un auténtico fracaso, lo único que podría hacer sería fracasar siempre, y no se merecería el éxito.) Igual que el resto de los seres humanos, ella era extremadamente compleja, con abundantes rasgos «positivos» y muchos «negativos» como para poderle poner una única nota global.

De entrada Rosalind se resistía a mis intentos de persuadirla para que dejara de clasificar a su yo total, a su ser entero. «Después de todo –replicaba– yo soy la responsable de mi estúpido comportamiento con mi ex-marido, me estoy deprimiendo y dejando llevar por el pánico. ¿Por qué no puedo clasificarme a mí misma como un fracaso? si yo soy la que lo hace mal».

Yo no estaba de acuerdo. Rosalind fallaba a veces, pero muchas veces también tenía éxito. Lo hacía mal, pero también lo hacía bien. «Tú también eres responsable de todas las cosas buenas que haces, como diseñar bien la ropa. ¿Te convierte ello en una buena persona? No, simplemente eres una persona que actúa bien y mal; y eres una persona que tiene millones de pensamientos, sentimientos y conductas. Ellos también son buenos, malos y neutrales. Luego, ¿por qué clasificarte a ti misma como mala por tus malas conductas?».

Finalmente Rosalind comprendió mi punto de vista y empezó a dejar de condenarse por sus acciones fallidas. Primero se aceptó a sí misma con sus perturbaciones. Después, ante su sorpresa, vio como su depresión más antigua por el rechazo de su marido y su ansiedad por fracasar en el trabajo prácticamente desaparecían. Así que, tras aceptarse a sí misma con sus perturbaciones, rápidamente renunció a la exigencia de que tenía que ser una perfecta esposa y diseñadora.

Cuando Rosalind adoptó la filosofía de la Terapia Racional Emotivo-Conductual (TREC) de juzgar sólo sus acciones y no a sí misma, cambió notablemente. Llegó a la conclusión de que: «Nada me puede hacer realmente mala, no importa cómo me comporte. Es más aconsejable que me comporte de manera competente y amorosa, porque ello mejorará mi trabajo, mis relaciones y mis demás placeres. Eso sería estupendo, pero no tengo que conseguir cosas y ser amada para ser una persona aceptable.»

Traté a Rosalind sólo unos cuantos meses y me asombró su progreso. No sólo supo dejar atrás la depresión y la ansiedad, sino que siguió estando sana. Me envió a varios de sus amigos íntimos y familiares y casi todos ellos me contaron cuánto había mejorado y cómo seguía haciéndolo. De vez en cuando también asistía a mi famoso «Taller del viernes por la noche» sobre Terapia Racional Emotiva-Conductual en el Albert Ellis Institute, de la ciudad de Nueva York, donde regularmente ofrezco demostraciones públicas de TREC con voluntarios que se ofrecen entre los asistentes. En uno de estos talleres pude hablar con ella brevemente y constaté su progreso continuado y una mayor felicidad.

El caso de Rosalind fue uno entre cientos que me demostró que la TREC puede ayudar a la gente a:

- ✔ realizar profundos cambios filosóficos;
- ✔ reducir los síntomas que presentan;
- ✔ enfrentarse a otros problemas emocionales;
- ✔ no volver casi nunca a sus antiguos trastornos y utilizar eficazmente los métodos de la TREC siempre que se sientan mal de nuevo.

¿CÓMO LO HIZO?

Rosalind utilizó en primer lugar el método de la TREC de Auto-Aceptación Incondicional (AAI) para dejar de recriminarse por sus síntomas primarios: depresión y ansiedad. En segundo lugar, vio que estos mismos síntomas tenían su origen en la autoinculpación por fracasar en su matrimonio y posiblemente también en su trabajo. Cuando dejó de culparse dejó también de sentirse deprimida y ansiosa.

Rosalind fue aún más lejos. Examinó algunas de sus otras ansiedades, en especial su temor de hablar en público, y vio que éstas, asimismo, procedían en gran parte de condenarse a sí misma cuando otras personas la criticaban. Utilizó la TREC para conseguir atreverse a hablar en público y para aceptarse incondicionalmente, incluso cuando se sentía ansiosa, ¡y cuando su discurso no era nada del otro mundo!

Después de ello Rosalind en ocasiones aisladas volvió a sentirse deprimida por su divorcio y a sentir pánico por su trabajo, y cuando le ocurría, duraba muy poco tiempo. Finalmente, cada vez que se sentía de alguna manera deprimida, ansiosa o perturbada por cualquier tema, asumía que de nuevo había empezado a fustigarse con sus *yo debo* (más adelante explicaré el término), analizaba sus necias exigencias, rápidamente las cuestionaba y una vez más se sentía menos trastornada y más feliz.

El progreso de Rosalind me demostró que muchos usuarios de la TREC podían mejorar, es decir, primero vencer sus trastornos más visibles y después proceder a utilizar métodos de la TREC para llegar a ser notablemente menos perturbables. Desde los años cincuenta he visto y tenido noticias de cientos de clientes y lectores que lo consiguieron.

¿LECTORES TAMBIÉN?

Sí, lectores. Un caso reciente es Mike, un informático de 38 años que me vino a visitar hace algunas semanas desde Wyoming. Criado en Nueva York, toda su vida había sentido pánico y había sido obsesivo-compulsivo por hacer algo que no fuera perfecto, no podía ni siquiera permitirse no tocar bien el piano aunque sólo lo hiciera por placer. Se trasladó a Wyoming porque Nueva York, con sus complicadas condiciones de vida, era «demasiado peligrosa». Me informó de que sus años de psicoanálisis no le habían servido de nada; pero que un año de terapia cognitivo-conductual en Wyoming le había ayudado un poco, así que había reducido un poco su TOC (Trastorno Obsesivo-Compulsivo) y podía vivir más tranquilamente con él.

Seis meses antes de que viniera a verme a Nueva York, principalmente para darme las gracias, Mike empezó a leer la *Guía para una nueva vida racional y emotiva* (de próxima aparición en castellano en Ediciones Obelisco) y otros libros míos. Por primera vez en su vida, empezó a aceptarse totalmente, con su pánico y su TOC e inmediatamente se sintió mucho mejor y actuó en consecuencia. Su «pánico por sentir pánico» desapareció por completo. Sus estados de pánico originales, principalmente por fracasar en la práctica del sexo con las mujeres, se redujeron considerablemente. Su TOC disminuyó. Cuando se sentía recaer y reaparecían antiguos trastornos, rápidamente se aceptaba a sí mismo y pronto los volvía a vencer. Y si visitaba a antiguos amigos en Nueva York y éstos se comportaban de manera infantil, se negaba a horrorizarse –algo que antes siempre había hecho– e incluso les ayudaba enseñándoles algunos de los principios de la TREC.

Mike recalcó durante la primera y única visita que me hizo: «No diré que sea un hombre totalmente nuevo por haber leído sus libros, ¡pero casi! Prácticamente ninguna de las cosas que antes me hacían sentir pánico me molestan hoy en día. Y cuando alguna vez recaigo en mi antiguo perfeccionismo, rápidamente descubro mis *debería* y mis *tendría que*, les pego una buena paliza y vuelvo a llevar una vida productiva y agradable. Como dije antes, vine a Nueva York más que nada para conocerle personalmente y para darle las gracias por todo lo que me ha dado. Sus libros son milagrosos, aunque realmente no creo en milagros. De verdad, ¡muchas gracias por escribirlos!».

¿REALMENTE SE PUEDE CAMBIAR A SÍ MISMO?

Rosalind y Mike, junto con muchas otras personas que pasaron por sesiones de TREC o que leyeron mis escritos, me han convencido de que las personas pueden cambiar profunda e intensamente sus trastornos y su tendencia a perturbarse. ¿Cambian completamente su «personalidad» si utilizan la TREC? No, no exactamente. Una «personalidad» comprende diversas y poderosas tendencias biológicas, como la introversión y la extraversión. Se pueden cambiar un poco estas tendencias, trabajando muy duro, pero no completamente. Así que es mejor que acepte su «personalidad» básica y aprenda a convivir con ella.

Incluso su tendencia a perturbarse es parcialmente innata. Como persona individual puede que tenga tendencias innatas, naturales, de sentir ansiedad (preocupación excesiva), u odio hacia sí mismo (condenando a todo su yo por algunas de sus malas conductas). Si posee estas tendencias innatas, no tiene por qué seguirlas ni ceder ante ellas. Así es: innato no significa fijo. Por ejemplo, aunque hubiera nacido con poco oído musical, puede recibir una formación musical y mejorar un poco, aunque no por completo. Si odia las espinacas de forma natural, puede educar el gusto para disfrutarlas un poco.

Sí, también puede cambiar sus perturbaciones. Aunque haya nacido y le hayan educado para «amargarse fácilmente la vida», puede cambiarlo en gran medida y hacer que ello disminuya. ¿Cómo? Esforzándose en utilizar varios de los métodos de la TREC que explico en este libro.

Afortunadamente, es usted quien decide permitirse sus problemas emocionales. Su biología y su educación pueden por supuesto animarle a hacerlo. Pero sigue teniendo una considerable capacidad de mantener a raya sus tendencias neuróticas y reducirlas.

Tome por ejemplo mi caso. Parece ser que yo nací goloso, igual que mi madre. Ella tomó todo tipo de dulces hasta la edad de 93 años, ¡incluso la pillaron robando caramelos en su residencia de ancianos! Hasta los 40 años yo seguí el ejemplo de mi madre: me ponía cuatro cucharadas de azúcar y media taza de nata líquida en el café, me comía casi medio kilo de helado todos los días, freía mis tortitas con mantequilla y azúcar y continuamente me daba el lujo de tomar mi bebida favorita: un batido de leche malteado o con cacao. ¡Cosas estupendas!

Pero a los 40 años me diagnosticaron diabetes. Así que inmediatamente, el mismo día en que lo supe, dejé de tomar azúcar, helado, batidos de leche, mantequilla y otros alimentos grasos. ¿Los echo en falta, 46 años después? ¡Sí! ¿Me los permito? Practicamente nunca.

Así que aun cuando nazca con una fuerte tendencia a actuar de forma autodestructiva, como creo que les ocurre a millones de personas, puede cambiarla, con toda seguridad. Tiene en sus manos la capacidad de ejercitarse para que su conducta favorezca a sus propios intereses y a los del grupo social en el que decida vivir. Cuando se comporta de forma neurótica crea problemas en su interior (intrapersonales), problemas para los demás y problemas en sus relaciones (dificultades sociales e interpersonales). Así que le aconsejo que se esfuerce en mejorar en estas dos áreas. Los libros y las cintas de cassette de la TREC le enseñarán a hacerlo, igual que muchos otros materiales de autoayuda cognitivo-conductuales.

El objetivo de esos materiales es que usted aprenda a modificar sus pensamientos, sentimientos y conductas para reducir sus trastornos emocionales. Siga leyendo y utilizando los procedimientos de este libro para ayudarse a sí mismo. Si se esfuerza en ello, probablemente logrará un éxito real en disminuir su tendencia a la perturbación y se relacionará mejor con las demás personas.

¿POR QUÉ OTRO LIBRO DE AUTOAYUDA?

Tal vez se pregunte por qué he escrito este volumen adicional, cuando ya he publicado otros 40 libros de autoayuda, así como centenares de artículos y cintas audiovisuales, ¿para enseñar a las personas a enfrentarse a sus problemas de personalidad?

Es evidente que existe un motivo especial. En 1996 publiqué un libro dirigido a los profesionales de la salud mental: *Better, Deeper, and More Enduring Brief Therapy* («Para una terapia breve mejor, más profunda y duradera»). Presenta los principios generales de la TREC pero es mi único libro, y uno de los pocos dentro del campo de la psicoterapia, que les dice específicamente a los terapeutas cómo ayudar a sus clientes a mejorar de forma general en primer lugar; y en segundo lugar cómo cambiar con elegancia. Insisto en el tema de que mis libros anteriores sobre TREC tocan sólo superficialmente la cuestión sobre cómo ayudar a las personas no sólo a estar menos perturbadas sino también a tener una menor tendencia a perturbarse.

Estoy bastante satisfecho con *Better, Deeper and More Enduring Brief Therapy*, y confío en que ayude a muchos terapeutas y a sus clientes. De todos modos, mientras lo escribía me di cuenta de que estos mismos clientes podrían utilizar materiales de autoayuda, además de los que yo mismo y otros terapeutas de la TREC hemos publicado, que les enseñara a trabajar conjuntamente con sus terapeutas. Y también a trabajar por sí mismos para lograr un cambio elegante. Sí, elegante.

Para decirlo de manera más precisa: escribí el libro que tiene entre las manos para mostrarle a usted, el lector, varios aspectos importantes del cambio emocional. Mientras lo vaya leyendo, verá como:

- ✔ Siempre tendrá la opción de seguir, de manera insensata y sin necesidad alguna, sus tendencias heredadas y adquiridas para hacerse sentir gravemente ansioso, deprimido, furioso, sentir odio hacia sí mismo y/o caer en la autocompasión.

- ✔ O bien cambiar sus pensamientos, sentimientos y conductas que le llevan a varios tipos de trastornos y con ello llegar a estar considerablemente menos amargado y ser menos autodestructivo.

- ✔ E incluso utilizar y seguir utilizando, de manera enfática y perseverante, los métodos de la TREC hasta que los siga de una manera automática y habitual, y con ello llegar a ser menos perturbable, aun cuando ocurra alguna adversidad –o que usted mismo haga que ocurra.

Puede utilizar este libro para conseguir ser menos neurótico y perturbable, aprendiendo y practicando lo siguiente:

- ✔ En gran medida es usted mismo quien se perturba. No se siente disgustado meramente por situaciones pasadas o presentes.

- ✔ Debido a que en gran parte es usted mismo quien decide disgustarse, también puede decidir hacer el proceso contrario.

- ✔ Principalmente decide disgustarse creando sus *yo debo* y exigencias absolutistas, apuntando sus preferencias deseables orientadas hacia el éxito, la aprobación y el placer, y convirtiéndolas en insistencias y órdenes nada beneficiosas.

A medida que vaya distinguiendo claramente estas tendencias hacia la «autoperturbación», puede pasar a las siguientes prácticas:

- ✔ Cambiar persistentemente sus *yo debo* tiránicos por fuertes preferencias flexibles.

- ✔ Cambiar con fuerza los sentimientos y las acciones perturbadas que acompañan a sus *yo debo*.

- ✔ Obligarse a pensar, sentir y actuar de manera no exigente.

- ✔ Adquirir una continuada y sólida filosofía que le ayude a creer que nada, sí nada, es horrible, terrible ni horripilante, no importa lo malo, inconveniente o injusto que en realidad pueda ser.

- ✔ Deje de culparse a sí mismo y a los demás aceptando la opinión de que los actos equivocados, poco éticos y estúpidos nunca harán de usted o de los demás personas malas o terribles.

- ✔ Adquiera las filosofías de autoayuda que más adelante se describen en este libro, especialmente la de que no importan las pérdidas, frustraciones, fracasos y obstáculos que puedan ocurrir (¡o que provoque usted mismo), todavía tiene la capacidad de crear para sí mismo una vida razonablemente productiva y feliz, aunque quizá no tan feliz como la que podría tener sin esas dificultades.

¿CÓMO PUEDE LOGRAR SER FELIZ?

¿Puede realmente conseguir una mayor felicidad y libertad a partir de las perturbaciones que acabo de subrayar? Sí, casi con toda probabilidad puede hacerlo, si se esfuerza por seguir las sugerencias de este libro. ¿Por qué? Porque usted, al ser humano, ha nacido con tendencias constructivas y creativas, y también tiene innata la capacidad de mejorar y aumentar estas tendencias de autorrealización.

Como han demostrado Jean Piaget, George Kelly, Michael Mahoney y otros psicólogos, los seres humanos nacen con una fuerte tendencia a tratar de manera constructiva con los numerosos problemas que aparecen durante las primeras y las siguientes etapas de la vida. Si no fuera así, no comería los alimentos adecuados, no sabría cómo abrirse camino entre un tráfico denso, y constantemente permitiría ser explotado y víctima de personas carentes de ética. Así que se enfrenta a millares de problemas de forma minuciosa, calcula cómo resolverlos, y consigue seguir estando vivo para enfrentarse a todavía más problemas. ¡Los seres humanos somos constructivistas natos! Nosotros –¡y eso le incluye a usted!– nos esforzamos activa y espontáneamente para solucionar los problemas de la vida. De otro modo, ya estaría muerto y enterrado, ¡y a una edad bien temprana!

Usted no solamente actúa de manera constructiva cuando se ve enfrentado a problemas físicos: comer, beber, andar, lo que sea, sino que también es mental y emocionalmente imaginativo. Cuando se siente bastante ansioso, deprimido o furioso, nota sus sentimientos, los califica de «buenos» o «malos» y muchas veces hace todo lo que puede para convertirlos en «mejores». Ello es debido a que sus objetivos básicos son seguir con vida y ser razonablemente feliz. Sea cual sea la incomodidad, dolor o infelicidad que experimente, tanto si es físico como mental, usted lo observa, piensa en ello y se obliga a reducirlo. Eso también es su naturaleza creativa. Así que ¡utilícela!

Por desgracia, los seres humanos también tenemos una naturaleza destructiva innata, biológicamente determinada. ¡Muchos libros ingenuos y «espirituales» que hablan sobre cómo reducir las desdichas no dicen nada al respecto! Por supuesto, usted raramente realiza a propósito una acción que le perjudique. Ni tampoco crea conscientemente ningún innecesario dolor emocional o físico. Puede hacerlo, pero raramente lo hace. ¡No está tan chiflado! En lugar de ello, nace con la tendencia a pensar, sentir y actuar, fácil y frecuentemente, de maneras que resultan contraproducentes y perjudiciales para los demás. Sí, ¡fácilmente! Sí, ¡numerosas veces! Y después le añade más leña al fuego cuando además de sus tendencias destructivas innatas adopta algunas más de sus padres y de su cultura. ¡Así que está doblemente condenado!

Tomemos por ejemplo la dilación. Le encomiendan una tarea –en la escuela, en el trabajo o en el seno familiar– y usted sabe que conseguirá buenos resultados si la lleva a cabo (como la aprobación de los demás y la autosatisfacción). Así que accede a realizarla.

Pero, pero, pero... de manera tonta la retrasa, la aplaza una y otra vez. ¿Por qué? Porque piensa: «La haré más tarde. Será mejor y más fácil si la hago más tarde». O piensa: «Tengo que hacerla perfectamente, de otro modo seré una persona inútil e inadecuada! Así que la haré después». O piensa (¡qué inmensa estupidez!): «No deberían haberme asignado esta tarea tan difícil. ¡No son justos! No es solamente difícil, sino demasiado difícil para que yo la haga. ¡A la porra con ellos! La haré cuando me venga en gana. ¡O quizá después de todo no la haga! ¡Ya verán!»

Si es usted una persona «normal», inventará excusas y pensamientos autodestructivos similares a estos de manera fácil y decidida. Y junto con ellos creará sentimientos negativos, nada beneficiosos, como la ansiedad y la hostilidad, así como acciones dilatorias, como la demora, una realización mediocre o una total inercia. Asimismo, una vez retrasa las cosas, y en cuanto se da cuenta de que de esa manera nunca conseguirá las cosas que quiere, con frecuencia piensa: «¡Soy una persona mala por demorar las cosas! Soy incapaz de terminar esta tarea a tiempo. La gente me despreciará por retrasarme. Y tendrán razón: ¡soy un idiota y un inútil!». Estos pensamientos acerca de la dilación tienen en parte la función de que mueva el trasero y se ponga en marcha. Pero, en realidad, le ayudan a creer que usted, su persona entera, es malo. Entonces, si está claro que una persona tan inútil como usted no puede hacer las cosas bien, ¡sus pensamientos autoincriminatorios le animan a retrasar las cosas aún más!

Además, la dilación muchas veces es algo que de forma natural se reafirma a sí misma. Si es un perfeccionista con talento, se puede sentir tan ansioso por realizar mal una tarea que el demorarla reducirá la ansiedad y –¡temporalmente!– le hará sentir bien. Paul Wood, un conocido practicante de la TREC, llama «alivio» a esta reducción de la ansiedad. Entonces se sentirá tan bien que esta «recompensa» le ayudará, una vez más, a retrasar la tarea ¡todavía más!

NADIE ES PERFECTO, PERO...

La dilación es sólo uno entre muchos ejemplos que daré en este libro para demostrarle que, junto con sus tendencias beneficiosas y excelentes para ser constructivo y creativo, también posee tendencias indeseables y destructivas con las que hacerse daño innecesariamente. Además, sus tendencias autodestructivas suelen ser intensas y frecuentes. Así que, si es inteligente, utilizará sus impulsos saludables y constructivos y mantendrá al mínimo los que no sean beneficiosos ahora y en el futuro.

Éste es el objetivo principal del presente libro: mostrarle de forma concrea cuáles son sus tendencias naturales constructivas y cómo esforzarse para utilizarlas para vencer sus inclinaciones perjudiciales.

¿De manera permanente, perfecta e incondicional? Por supuesto que no. Debido a su naturaleza biológica y social, seguirá siendo un ser humano claramente falible. Todos lo somos. Ninguno de nosotros, incluyéndole a usted, es perfecto o sobrehumano. Nosotros y usted, todo el mundo, todos nosotros, con frecuencia hacemos cosas que nos perjudican. ¡Y seguiremos haciéndolas!

Así que este libro le mostrará cómo lograr estar mucho menos perturbado de lo que suele estar. De manera única intentará enseñarle cómo deshacer sus problemas emocionales y de conducta y cómo mantenerlos al mínimo: a llegar a ser, como dije antes, considerablemente menos propenso a la perturbación acerca de las adversidades pasadas, presentes y futuras. Por último, cuando, inevitablemente, en alguna ocasión recaiga y vuelva a amargarse la vida, le enseñaré a invertir el proceso de manera rápida y decidida. Al hacerlo así, podrá ir siendo cada vez menos perturbable.

¿De verdad? Sí, de verdad, si sigue leyendo y si MET (Mueve El Trasero) y utiliza algunos de los métodos de la TREC (Terapia Racional Emotivo-Conductual) que se explican en el presente libro. No existen los milagros, como prometen alegremente tantos tratados de la Nueva Era. Pero, con esfuerzo y práctica sin duda llegará a ser claramente menos proclive a amargarse la vida. Sí, puede.

¿QUÉ HAY DE REALMENTE DIFERENTE EN LA TREC?

¿Por qué es único este libro entre las decenas de millares de libros, folletos y artículos de autoayuda publicados desde hace años? Después de todo, la mayor parte de libros de autoayuda contribuyen a que se sienta mejor, y eso es lo que usted quiere. Este libro va más allá. Le ayuda a mejorar, a funcionar de manera más eficaz y feliz. Y le ayuda a seguir así, a negarse a perturbarse en el futuro.

Es probable que los métodos de este libro que le ayudarán a sentirse mejor, a mejorar y a seguir estando bien, sean la información más importante de la que jamás habrá dispuesto. Este material constituye un importante alivio para la desdicha de muchos de mis clientes y de miles más que han leído mis libros y escuchado mis cintas de cassette. Es interesante decir que no solamente lo descubrí gracias a mi práctica como psicólogo, sino también a escritos de los filósofos.

A la edad de 16 años estudié filosofía como afición, mucho antes de que se me hubiera ocurrido hacerme psicoterapeuta. Estaba especialmente interesado en la filosofía de la felicidad humana. Así que empecé a imaginar maneras para que la gente –¡en especial yo mismo!– pudiera reducir sus trastornos emocionales y aumentar su sentido de realización vital.

Después de aplicar esas sensatas filosofías a mi propia vida, raramente me sentía desdichado por algo. Y cuando empecé a practicar terapia en 1943, empecé a enseñar a mis clientes parte de la sabiduría que había aprendido. Por desgracia, me desvié en 1947, cuando inicié una formación psicoanalítica y me dediqué a realizar terapia analítica durante los seis años siguientes. Tontamente acepté lo que vendían la mayoría de terapeutas y pensé que el psicoanálisis era «más profundo» y «mejor» que otras formas de tratamiento psicológico. Pero mi experiencia al utilizarlo con mis pacientes me enseñó –ante mi sorpresa– que el psicoanálisis se obsesiona con la primera parte de la vida de la persona e ignora las creencias que la gente utiliza para trastornarse gravemente por los acontecimientos de su vida. Por lo que no tardé en darme cuenta de que con el psicoanálisis no resultaba tan eficaz como terapeuta como con el método que había utilizado anteriormente. ¡De vuelta a la escuela!

A los 40 años reemprendí los estudios que había empezado en la adolescencia, pero esta vez no como afición, sino para desarrollar una teoría que ayudara a las personas a trabajar con sus problemas emocionales. Volví a las obras de varios filósofos antiguos, entre ellos los orientales: Confucio, Buda y Lao-Tse; a los griegos y romanos, especialmente Epicuro, Epicteto y Marco Aurelio. También releí a varios filósofos modernos, como Spinoza, Kant, Dewey, Santayana y Russell, para ver qué decían sobre la desdicha y la felicidad. ¡Y decían mucho!

Basándome en algunas de estas filosofías, fundé la Terapia Racional Emotivo-Conductual (TREC) en enero de 1955. Es ésta la primera de las terapias cognitivo-conductuales que se centra en los pensamientos, sentimientos y acciones como las fuentes principales de los trastornos «emocionales», y que hace hincapié en cambiar las actitudes para reducir las emociones y conductas perturbadas.

Quería que la TREC funcionara de manera rápida y eficaz, y pronto me di cuenta de que efectivamente así era. Lo descubrí yo mismo durante mi primer año de utilizarla y publiqué un estudio que demostraba que la TREC resultaba más eficaz que el psicoanálisis clásico y la psicoterapia de orientación analítica que utilicé desde 1947 hasta 1953. Desde entonces, un gran número de estudios de investigación han demostrado que ésta y otras terapias cognitivo-conductuales que la siguieron resultan inusualmente eficaces, y muchas veces en un corto período de tiempo.

CAPÍTULO 2. Descubrir, cuestionar y eliminar las exigencias que le llevan a la perturbación

Supongamos que cada vez que se perturba, siente y actúa contra sus propios intereses, está cambiando sus preferencias deseables por exigencias y una inúmerable cantidad de *yo debo* irracionales. Como explicaré y recalcaré a lo largo de este libro, puede encontrar rápidamente estas creencias irracionales y cuestionarlas.

Como regla simple para encontrar sus creencias irracionales, asuma que prácticamente todos sus *yo debo* o *debe ser* dogmáticos se dividen en tres apartados principales. Éstos son tres de los *yo debo* y los *debe ser* principales que puede buscar cuando experimente sentimientos perturbados:

1. **Sentimientos graves de depresión, ansiedad, pánico y autodesprecio:** «Debo realizar bien las tareas importantes, absolutamente, y conseguir la aprobación de personas significativas, ya que de otro modo seré una persona inadecuada e indigna; incapaz de ser amada!».

2. **Sentimientos de intenso y persistente enojo, ira, furia, impaciencia, amargura:** «Otras personas, en especial aquellas a quienes he querido y tratado bien, deben, absolutamente, tratarme justamente y con amabilidad, de otro modo ¡son individuos horribles que merecen sufrir!».

3. **Sentimientos de poca tolerancia a la frustración, depresión, autocompasión:** «Las condiciones bajo las cuales vivo deberían ser, absolutamente, fáciles, sin ninguna frustración y debería poder disfrutar de ellas, de lo contrario el mundo es un lugar detestable. ¡No lo puedo soportar, y nunca podré ser feliz!».

Si tiene alguno de estos sentimientos perturbados, y si actúa contra su propio interés y el de su grupo, busque en su corazón estos *yo debo* y *debe ser* principales. Suponga que tiene uno de ellos, o dos, o los tres, y que es un ser humano inteligente que fácilmente elabora estas demandas, y que con la misma facilidad las adjudica a las adversidades de su vida.

¿Por qué se fustiga tan a menudo con los *yo debo* y los *debe ser*? Porque, al igual que otros seres humanos, suele tender de forma natural a la exageración. Una vez ha nacido, ha crecido algunos años y siente el fuerte deseo de seguir vivo y feliz, fácilmente crea exigencias. A menudo salta de: «Realmente quiero tener éxito» a «¡Tengo que conseguirlo, absolutamente!». De: «Realmente espero que te guste» a «Por lo tanto, debes sentirlo así, absolutamente!» De: «Deseo que mis condiciones de vida sean cómodas» a «Por lo tanto, ¡tienen que serlo!»

¿Siempre convierte sus deseos intensos en órdenes arrogantes? No, no siempre, ¡pero sin duda con frecuencia! Si sus deseos moderados como ganar al pingpong o ver una película se ven frustrados, puede vivir sin disgustarse demasiado. ¡A veces! Pero si tiene aspiraciones fuertes e intensas, como ser campeón de tenis de mesa o ver a su estrella favorita en esa película estupenda esta noche, ¡ya veremos! Si este deseo se ve frustrado, probablemente se pondrá a gritar como un energúmeno: «No debo verme privado de ello. Qué horrible. ¡Me pone furioso! ¡No lo puedo soportar! Mi vida está vacía. ¿De qué sirve continuar?».

¿Acaso nació exigiendo? Probablemente sí. Cuando era bebé, necesitaba que le cuidaran, le alimentaran, le mantuvieran arropado y protegido de todo mal. Si no hubiera sido así, habría muerto, no habría sobrevivido para exigir y quejarse en el día de hoy.

Además de haber nacido exigente, muchas veces le mimaban excesivamente durante su infancia, le daban muchas de las cosas que quería, y no tenía que esforzarse demasiado para conseguirlas. Tal vez le amaban y le adoraban simplemente porque era un niño, y además muy mono. Y quizá le mimaron unos padres y familiares que se sentían egoístamente encantados de tenerle a usted como su hijo, nieto, o sobrino.

Más adelante, las cosas no mejoraron con respecto a sus demandas infantiles. Su cultura le decía alto y claro –mediante fábulas, cuentos, películas, anuncios de televisión y canciones populares– que debería tener juguetes caros, permitirse todo el helado que fuera capaz de comer, ser el niño más listo e inteligente del vecindario, y conseguir todo lo que realmente quería. Incluso más tarde, estos mismos medios de comunicación muchas veces insistían en que debía ser una estrella del *rock'n'roll*, ganar un millón de dólares y ser presidente de una país como los Estados Unidos. Sí, ¡como mínimo! En realidad, estos medios le están diciendo que es infinitamente preferible que haga bien las cosas. Pero muchas veces usted lo interpreta como una demanda.

Sus soberbias tendencias, como puede ver, son tanto innatas como adquiridas. De manera natural usted convierte sus intensos deseos y preferencias en exigencias descaradas y arrogantes. Porque si no lo hiciera así perdería mucho tiempo y esfuerzo, ¡y eso le molesta!

Pero, ¡sería aconsejable que lo hiciera! Como adulto, ciertamente puede vivir con sus expectativas y sus exigencias infantiles. Si es como la mayoría de los demás seres humanos, éstas no le matarán. Pero a menudo harán que se sienta desdichado. Sí, casi de forma inevitable.

En cuanto a su exigencia de que las demás personas deben complacerle constantemente, amarle y hacer lo que usted les diga: ¡olvídese! Simplemente no lo harán. Créalo o no, están principalmente concentradas en satisfacer sus propios deseos –¡qué brutos que son!

Por lo que se refiere a que las circunstancias del mundo exterior tienen que proporcionarle exactamente lo que usted quiere y en el momento que lo desea, ¡bueno, pues tampoco! Nada que hacer. Francamente, al universo le importan un comino sus deseos y no tiene ningún interés especial en usted. No, ninguno en absoluto. El cosmos ni le ama ni le odia, simplemente sigue su alegre –¡y no tan alegre!– camino. Las personas que viven, igual que usted, en este mundo, probablemente podrían cambiar muchas de sus circunstancias. ¿Pero lo harán? No demasiado. No muy a fondo. No muy a menudo.

Pues éste es el tema. Usted quiere, quiere de verdad, que las cosas le vayan bien, que los demás le traten con amabilidad y tener unas cómodas condiciones de vida. Bien, adelante, deséelo. Pero cuando piense que debe ser así, cuando exija el cumplimiento de cualquiera de estos deseos, ¡vaya con cuidado! Sus órdenes tajantes muchas veces le llevarán al desengaño, a la frustración y al «horror». No es que usted, los demás o las circunstancias exteriores sean realmente «horribles». Pero cuando sus sagrados «debe ser» no se vean cumplidos, es fácil que considere que las condiciones son un «horror» y que se trastorne innecesariamente.

Estas son las consecuencias de sus *debe ser* dogmáticos y absolutistas: verlo todo horrible, ataques de «no-lo-soporto» y condenación de uno mismo y de los demás. Esto es lo que sigue a sus *debe ser* y muchas veces se convierten en creencias irracionales por derecho propio. Así, cada vez que se repiten los tres disparatados *yo debo* y los «debe ser» antes citados, les añade las siguientes creencias irracionales secundarias:

- ✔ «Debido a que debo tener éxito absolutamente en mis relaciones (o en el deporte, en los negocios, en el arte o la ciencia), y no me está saliendo tan bien como debería...:

1) "¡Soy horrible y terrible!";
2) "¡No lo puedo soportar!";
3) "¡Soy una persona indigna e inútil!"».

✔ «Debido a que no me tratas tan considerada y justamente como absolutamente deberías:
   1) "¡Es horrible y terrible lo que me sucede!";
   2) "¡No lo puedo soportar!";
   3) "¡Soy una persona indigna e inútil!"».

✔ «Debido a que mis condiciones de vida son incómodas y frustrantes, como no deberían ser en absoluto...:
   1) "¡Es horrible y terrible!";
   2) "¡No lo puedo soportar!";
   3) "¡El mundo es un lugar asqueroso que nunca me dará lo que realmente quiero, así que merece ser destruido!"».

Asimismo, usted nace para ser fácilmente perturbable. También le educan para esperar conseguir aquello que quiere de verdad. Al mismo tiempo su cultura muchas veces le dice que se merece que ello se cumpla, pero sería mejor no continuar con sus exigencias infantiles. Utilizando la TREC puede cuestionar las creencias irracionales que le impiden prosperar en este exasperante mundo.

¿Qué puede hacer para reducir sus intensos *yo debo* y sus *debe ser* y sus perjudiciales resultados? Bueno, cuando sienta y actúe de manera destructiva puede buscar en primer lugar sus *yo debo* y sus *debe ser*. Después cuestionarlos y convertirlos de nuevo en preferencias o nuevas filosofías efectivas. También puede cuestionar sus «todo es horrible», sus «no-lo-soporto» y su condenación de sí mismo, de los demás o del mundo exterior. Por ejemplo, puede utilizar estos cuestionamientos realistas, lógicos y prácticos:

1. **Cuestionar los «todo es horrible»**: «¿Por qué es horrible y terrible que no tenga demasiado éxito, que las personas con las que me encuentro me traten mal o que las condiciones que me rodean no sean las que deseo?».

Primera respuesta: «No todo es horrible. ¡No lo es! Si así fuera tendría que ser todo lo horrible que presumiblemente puede llegar a ser, lo que equivaldría al 100% malo. Sin embargo, es obvio que podría ser peor. Podría fracasar todavía más de lo que siento que estoy fracasando ahora; y las personas y las condiciones me podrían afectar todavía más de lo que lo están haciendo. Aunque lo cierto es que nada con lo que me encuentre será 100% malo».

Segunda respuesta: «Cuando lo veo como horrible y terrible, muchas veces deduzco que es más malo, el 101% malo. Pero nada puede ser más que 100% malo».

Tercera respuesta: «Si fuera horrible y terrible, sería peor de lo que debería ser, de manera absoluta. Pero es tan malo como lo es ahora. De hecho, debe ser tan malo como lo es ahora. No puede, en este momento, ser menos malo de lo que es. Pero si yo lo llamo horrible ello quiere decir que lo considero tan malo que no debería existir, y puesto que todo lo que existe tiene que existir, nada es realmente horrible, terrible ni espantoso, o todas aquellas palabras que significan algo extremadamente malo. Muchas cosas son malas o muy malas, es decir, que van en contra de mis intereses o de los del grupo social en el cual elijo vivir. Pero, no importa lo malas que sean, sólo pueden ser muy infortunadas y/o muy inconvenientes. Jamás horribles, terribles o espantosas, excepto por mi definición desfavorable y arbitraria. ¡Sólo condenadamente malas! Así que déjenme que haga lo que pueda para cambiar esta infortunada condición, o bien aceptarla y vivir con ella si realmente descubro que no puedo cambiarla. Refunfuñar por lo horrible que es sólo hará que parezca peor que mala, ¡y me hará sentir más desgraciado!».

Cuarta respuesta: «Si defino el fracaso y el rechazo como "horribles" en lugar de "malos" y "desafortunados", ¿adónde me llevará esta definición? Normalmente, ¡a lugares bastante horribles! Tenderé a odiarme a mí mismo, a otras personas y al mundo en general, y me sentiré aún más desgraciado. Con frecuencia me conducirá a una profunda depresión».

2. **Cuestionar los ataques de «no-lo-soporto»:** «¿Dónde está la prueba de que no puedo soportar las condiciones muy incómodas, fastidiosas o injustas?»

Respuesta: «¡En ninguna parte! —simplemente me lo estoy inventando. Si realmente no pudiera soportar unas condiciones tan malas, me moriría por su causa. Pero difícilmente moriré de incomodidad, frustración o injusticia; aunque estúpidamente me podría suicidar porque creo que no las puedo soportar».

«Asimismo, si realmente no pudiera soportar perder a un ser querido, fracasar en un trabajo o ser tratado injustamente, entonces no podría ser feliz en absoluto, no podría disfrutar de nada durante el resto de mis días. ¡Vaya tontería! No importa cuales sean mis circunstancias vitales, sí, incluso la pobreza o una enfermedad fatal, todavía puedo encontrar algunas actividades agradables, ¡si creo que puedo y si intento encontrarlas! Así que puedo soportar, puedo tolerar, casi cualquier cosa que realmente no me guste!».

3. **Cuestionar la condenación de uno mismo y de los demás:** «¿De qué manera soy una persona inútil, inadecuada, si no alcanzo los logros que debo? ¿Cómo es que otras personas se convierten en malas, en personas que no se merecen nada, si no me tratan lo bien que deberían, de modo absoluto?».

Respuesta: «Puede que a menudo haga cosas tontas y estúpidas, pero mis actos incompetentes nunca harán de mí una persona inútil e inadecuada. ¡De ninguna manera! ¡A menos que yo me defina de esa manera! Puede que otras personas me traten mal o de forma injusta, pero su deficiente conducta nunca las convertirá en personas malas e indignas. Ningún ser humano, incluyéndome a mí y a los demás, es subhumano; en el peor de los casos, será solamente una persona muy falible, poco impecable».

Cuestionar sus creencias irracionales autodestructivas es uno de los métodos principales y más eficaces de la TREC. Usted puede reconocer sinceramente que otras personas y cosas prácticamente nunca le alteran de manera seria pero que en cambio usted puede optar o no optar por padecer acerca de los acontecimientos o las Adversidades Activadoras que ellos puedan traer a su vida. Puede utilizar esta eficaz clave para «testarudamente negarse a sentirse desgraciado por cualquier cosa. Sí, «¡por cualquier cosa!» como digo en el título de uno de mis libros de autoayuda de TREC más populares.

¿De verdad? Sí, de verdad. Puede que haya nacido y sido educado con una fuerte tendencia para sentir pánico, depresión o ira ante muchas cosas, como, por desgracia, les pasa a muchas personas. Y debido a que estos sentimientos perturbados tienen también un aspecto biológico, su cerebro y química corporal le pueden catapultar a un estado de perturbación emocional cuando no existe ninguna o pocas adversidades en su vida. ¡Qué pena! ¡Qué mala suerte! Puede, aun sin sus propias ideas locas, ser prácticamente arrojado a sentir y comportarse de manera disfuncional. Sí, debido a sus tendencias biológicas y, en ocasiones, a daños que sufrió, como desnutrición o abusos físicos. No obstante, los sentimientos de horror y el terror que ahora experimenta acerca de esas desventajas emocionales y físicas siguen siendo en gran medida de creación propia: el resultado de sus pensamientos.

¿Y cómo es eso? Pues porque incluso cuando su biología y su historia personal fomentan el trastorno, «normalmente» tiene usted una fuerte tendencia a perturbarse acerca de ese estar perturbado. Así, puede que su bioquímica esté desajustada y que se levante una mañana gravemente deprimido por ninguna razón concreta, después puede que siga deprimido hasta que su desequilibrio químico se compense solo o le ayude usted a hacerlo con antidepresivos. O que aumenten su depresión diciéndose a sí mismo: «¡No debo estar deprimido!»; «¡Es injusto que mi bioquímica esté desajustada y no puedo soportar esta injusticia!»; «¡Que persona tan inútil soy por deprimirme, especialmente cuando no tengo una buena razón para sentirme de esta manera!». Estas Creencias Irracionales acerca de la depresión aumentarán y multiplicarán lo que ya de por sí es desagradable, y muchas veces harán que consiga estar mucho más deprimido de lo que estaba en un principio.

Asimismo puede que se haya visto prácticamente empujado hacia un estado depresivo durante la infancia, por un abuso físico o sexual del que no podía defenderse. Pero también es cierto que si otros cien niños hubieran sufrido los mismos malos tratos que usted difícilmente todos ellos habrían decidido deprimirse gravemente.

De todos modos, si todavía se siente muy trastornado por los malos tratos de la infancia, es posible que ahora esté pensando, irracionalmente: «¡Esos abusos de la infancia no deberían haber ocurrido, en absoluto!»; «¡Esa injusticia es horrible y no puedo soportar ni tan siquiera pensar en ello ahora!»; «¡Las personas que abusaron de mí son totalmente malvadas! ¡Voy a pasarme el resto de mi vida odiándolas y vengándome de ellas, aunque sea lo último que haga!»; «¡Debo de haber sido un debilucho para dejar que abusaran de mí de esa manera!». Estas Creencias Irracionales mantendrán viva su perturbación original, en lugar de dejar que muera de muerte natural, como gradualmente hace cualquier trastorno si lo dejamos en paz y no lo alimentamos con constantes pensamientos tortuosos.

Moraleja: aun cuando es fácil que las desventajas bioquímicas y las experiencias traumáticas de abusos le lleven por el camino de un intenso pánico, depresión e ira, sus pensamientos destructivos e irracionales también pueden contribuir a su mal emocional, pueden mantenerlo vivo y pueden intensificarlo considerablemente. Así que, asuma la responsabilidad, cómo mínimo, de algunos de sus trastornos agudos y prolongados. Y esté contento de que sea usted el responsable. Como he explicado, es usted afortunado de que sea usted mismo quien contribuya a crear y perpetuar sus perturbaciones. Porque ello significa que su personalidad las puede detener. Sí, ¡puede hacerlo!, si coge su fuerza personal y la utiliza.

¿Acaso se podría llamar afortunado si es usted un «neurótico normal» que experimenta las frustraciones habituales y las adversidades de la vida, como el fracaso escolar, en el trabajo o en el amor, y que va con exigencias y demandas y consecuentemente tiene una reacción emocional exagerada? ¿Es esto mejor que tener un desequilibrio bioquímico que contribuya a que tenga un grave trastorno de personalidad?

Francamente, sí. Lo que yo llamo «neuróticos normales», o lo que es lo mismo, casi todos los miembros de la raza humana, optan por reaccionar exageradamente ante las infaustas adversidades al insistir estúpidamente en que no deberían ocurrir. Consciente e inconscientemente se entrenan para hacerlo así. Por lo tanto, pueden –aunque con cierto esfuerzo– entrenarse para aceptar, aunque no les lleguen a gustar, los obstáculos y las dificultades. ¡Bien!

Las personas más gravemente afectadas también pueden deshacer parte de su perturbación. ¡Pero no les resultará tan fácil! Y precisarán un mayor, a veces mucho mayor, tiempo y esfuerzo. Esperemos pues que usted, como la mayoría de personas, sea del tipo neurótico más común. Entonces este libro es realmente para usted y le puede brindar una gran ayuda en un período bastante breve de tiempo. Si, por supuesto, le hace caso y lo utiliza. Sí, eso es: si utiliza y practica sus métodos.

Pero supongamos que esté peor, que sea algo más que un neurótico. ¿Debería entonces dejar de leer, acudir a un psiquiatra, correr a buscar medicamentos, o quizá pasar una temporada en una institución psiquiátrica?

No exactamente. Algunos de estos métodos posiblemente le puedan ayudar. Así que no los rechace o insista en que debe usted conquistar, absolutamente, sus males emocionales usted solo. Si tiene diabetes o cáncer consultará a un médico, a no ser que sea un naturista fanático. Si está mentalmente enfermo, acudirá a un profesional de la salud mental. No importa lo mal que esté, los fármacos y la psicoterapia casi siempre estarán disponibles. Busque ayuda profesional. ¡Pronto!

En ese caso, ¿seguirá siendo de utilidad este libro? Sí, casi con toda seguridad. La Terapia Racional Emotivo-Conductual (TREC) y la Terapia

Cognitivo-Conductual (TCC), descritas en este libro, se utilizan con éxito con algunas de las personas más problemáticas, incluyendo psicópatas y aquellos con graves trastornos de personalidad. Aunque no se curan por completo, les ayuda mucho a llevar una vida más feliz y productiva. Así que si uno de sus amigos o familiares tiene una enfermedad mental, la lectura y aplicación minuciosa de los métodos expuestos en este libro pueden ser de bastante ayuda. Las cartas de centenares de lectores y de personas que han escuchado mis cintas de cassette así lo han constatado a lo largo de los años. Numerosos profesionales de la salud mental también me han dicho cómo sus pacientes y clientes a menudo se han beneficiado de los materiales de la TREC, tanto escritos como grabados.

Volvamos a usted. Probablemente está leyendo este libro porque o bien alguien que usted conoce o usted mismo tiene problemas emocionales. ¿Servirán estos métodos de cura milagrosa? No. ¿Ayudarán considerablemente? Con toda probabilidad, sí. Si los estudia y los aplica cuidadosamente. Pruébelos. Experimente. Vea por sí mismo cómo funcionan. Si le ayudan a ser un poco menos perturbable y más feliz, estupendo. Si le ayudan a hacer mejoras más profundas y más duraderas en su salud emocional, hágamelo saber. Si le ayudan a «convertirse en una persona feliz y mucho menos perturbable», ¡maravilloso! Éste es mi objetivo para usted. Creo que puede conseguirlo. Si lo hace, cuéntemelo. Estoy recopilando un libro de informes recibidos de personas que utilizaron la TREC y otros métodos para ayudarse a sí mismas a cambiar significativamente. ¿Qué tal si le incluyo a usted en mi ensayo?

El siguiente capítulo describe con detalle las reglas básicas de la TREC (Terapia Racional Emotivo-Conductual). Puede empezar rápidamente a utilizarlas para reducir prácticamente cualquier trastorno emocional y después seguir, un poco más adelante, con una autoterapia profunda, intensa y más duradera.

CAPÍTULO 3 **Las reglas básicas de cómo cambiar notablemente**

Recuerde esto: es usted quien básicamente hace que se sienta perturbado y también hace que se sienta feliz.

En mi primer libro de autoayuda titulado *How To Live With A «Neurotic»* («Cómo vivir con un "neurótico"»), demostré que el trastorno emocional en gran parte consiste en conductas estúpidas llevadas a cabo por personas que no son estúpidas. Cuando está usted perturbado se fija objetivos y metas, especialmente el de seguir estando vivo y feliz, y después (¡increíblemente!) actúa en contra de ellos. Al pensar, sentir y comportarse de manera estúpida, se vuelve –no, se hace volver– gravemente ansioso, deprimido, enojado, siente odio o lástima de sí mismo. Junto con estos sentimientos de autosabotaje, muchas veces no reacciona lo suficiente (se esconde, retrasa las cosas, abandona o desarrolla alguna fobia) o bien reacciona exageradamente (se vuelve adicto al alcohol, a las drogas, al tabaco, come en exceso o padece otras compulsiones).

¡Qué desastre! Pero, afortunadamente, si está perturbado, es usted mismo quien hace que eso sea así, creando sus propias conductas autodestructivas. Esta es una de las enseñanzas principales de la Terapia Racional Emotivo-Conductual (TREC), y una que iré demostrando a lo largo del libro. No es que de forma pasiva uno llegue o se convierta en perturbado. No, lo que ocurre básicamente, consciente o inconscientemente, es que usted fabrica sus propias perturbaciones. Y, como verá, eso es bueno. ¡Sí! Porque si es usted mismo quien se amarga la vida, normalmente tendrá la capacidad y el poder de actuar de forma menos estúpida y «desamargarse».

Si sigue las enseñanzas de la TREC, tendrá la capacidad de «desamargarse» tan a menudo y de manera tan intensa que realmente logrará hacerse notablemente menos perturbable para el resto de su vida. Y eso ¿qué significa? Pues significa que si piensa, siente y actúa inteligentemente contra sus propias tendencias de crear problemas emocionales para sí mismo y para los demás, y si sigue haciéndolo, difícilmente se dejará perturbar gravemente por nada (sí, por nada). Asimismo cuando insensatamente caiga de nuevo en el hábito de amargarse la vida, podrá rápidamente, y a veces con mucha facilidad, utilizar de nuevo las mismas técnicas de las cuales se valió anteriormente. Puede hacer todo esto cuando utilice los métodos de la TREC o los métodos más o menos similares de otras formas de terapia cognitivo-conductual (TCC), que siguen la teoría y práctica de la TREC.

¿QUÉ ES EXACTAMENTE LA TREC?

¿Cómo puede utilizar la TREC para lograr rápidamente ser feliz y menos desgraciado para el resto de su vida? En primer lugar permítame que le explique las sencillas pero muy importantes reglas básicas de la TREC. Cuando las elaboré por primera vez, en el año 1955, me basé principalmente en la obra de algunos filósofos y no de psicólogos u otros profesionales de la salud mental de la época. (Algunas de las siguientes ideas, excepto las reglas básicas, ya las mencioné en el capítulo anterior.)

Sintéticamente: usted parte de unos Objetivos (O) y después tal vez se encuentre con los Acontecimientos Activadores o bien las Adversidades (A) que bloquean o impiden estos objetivos. Es decir:

- ✔ **A (Adversidad o Acontecimiento Activador)**. Por ejemplo, querer triunfar en un curso, en el trabajo, en un deporte o en una relación, y fracasar.

- ✔ **C (Creencias)**, especialmente las Creencias Irracionales sobre el fracaso y el rechazo. Por ejemplo: «¡No debo fallar!»; «¡Tengo que hacer que me acepten!»; «¡Fracasar es horroroso!»; «Me han rechazado, luego no sirvo!».

- ✔ **Co (Consecuencias)** que siguen a las Adversidades y a las Creencias Irracionales. Por ejemplo, sensaciones de grave ansiedad y depresión. Las conductas autodestructivas, como renunciar o abandonar sus Objetivos. Por ejemplo, abandonar un curso, no intentar buscar un buen empleo, retirarse de la participación en un deporte o negarse a tener una cita sentimental o a hacer amigos íntimos.

Para ilustrar el tema, empecemos con la Co (su Consecuencia emocional), que normalmente aparece casi de inmediato después de experimentar la A

(Adversidades o Acontecimientos Activadores desafortunados o indeseados). Bueno, no. Para ser más exactos, retrocedamos un poco antes de la A y de la Co hasta la O (sus Objetivos principales).

Supongamos que sus principales objetivos (O) son seguir estando vivo y feliz durante muchos años más, especialmente con una relación de pareja duradera. ¿Por qué son estos algunos de sus Objetivos principales? Porque usted cree que le aportarán felicidad. Los ha escogido sobre la base de sus tendencias biológicas, de su familia y de sus experiencias culturales, así como de sus preferencias individuales personales. Bien. Tiene derecho a escoger estos objetivos (O), o prácticamente cualquier otro, siempre y cuando, a ser posible, no interfiera con que otras personas puedan escoger e intentar conseguir sus propios Objetivos personales.

Suponga ahora que está vivito y coleando, pero que su importante Objetivo de tener una relación duradera está bloqueado. En el punto A (Acontecimiento o Adversidad Activadora) la persona que más desea le rechaza como pareja y le dice: «¡Desaparece de mi vida! No tengo ningún interés en tener una relación contigo. ¡Simplemente no eres mi tipo!».

¡Bueno! Su A se opone a sus Objetivos e intereses, y por tanto es algo desafortunado. Un verdadero palo. Así que en el punto Co (su Consecuencia emocional) se siente mal casi de inmediato. Para decir lo mínimo, se siente frustrado y decepcionado, porque sus Objetivos, sus legítimas preferencias, están ahora bloqueadas, impedidas, destrozadas. Eso no es precisamente «bueno» ni «estupendo». ¡Al menos no lo es para usted!

La TREC dice que cuando se siente frustrado y decepcionado (en el punto Co) después de que sus objetivos se vean bloqueados por A (Adversidad), sus sentimientos son negativos pero son sanos y útiles. Porque cuando una potencial pareja le rechaza, difícilmente sería algo bueno o deseable que se sintiera feliz o eufórico. Entonces querría decir que le gusta lo que no quería que ocurriera. ¡Qué extraño y poco saludable sería eso!

Asimismo, después de ser rechazado en el punto A (Adversidad) tampoco sería nada bueno que se sintiera totalmente indiferente o neutral en el punto Co (Consecuencias). Porque entonces tendería a abandonar su Objetivo de tener una pareja duradera y no intentaría relacionarse con otra persona.

La conexión de A que lleva a Co, según la TREC, dice que cuando cualquiera de sus objetivos (O) se vea bloqueado por Acontecimientos o Adversidades Activadores (A), es aconsejable que tenga intensos sentimientos negativos o Consecuencias emocionales (Co). De otro modo no logrará motivarse para intentar buscar Experiencias Activadoras (A) más afortunadas que le ayuden, más tarde o más temprano, a conseguir algunos de sus Objetivos más deseados.

Estupendo. Pero la conexión de A que lleva a Co, según la TREC, dice que será mejor que no genere sentimientos negativos indeseables o perturbados en el punto Co (Consecuencias), después de experimentar los A desafortunados (Acontecimientos Activadores). Estos Co indeseables son sentimientos como una grave ansiedad, depresión, odio hacia sí mismo, rabia contra los demás y autocompasión. ¿Por qué es mejor evitar experimentar estas Co (Consecuencias)? Porque normalmente obstruyen la consecución de sus Objetivos y también tienden a ser innecesariamente dolorosas por derecho propio.

La conexión de A a Co también le avisa para que no fabrique Co conductuales autodestructivas, que frecuentemente acompañan a sus Co emocionales indeseables. Así pues, si se siente gravemente deprimido (Co) después de que una potencial pareja le haya rechazado (A), también puede en el punto Co, actuar tímidamente cuando conozca a otras parejas potenciales, o bien negarse a tener otras citas. Eso evitará que le rechacen y que se sienta deprimido de nuevo. O bien, pasándose al otro extremo, puede empezar a tener citas compulsivas con un gran número de potenciales parejas, por desesperación, y de este modo intentar conseguir al menos una.

La TREC sostiene esta inusual opinión: usted puede escoger sus emociones y sus conductas. Cuando los Objetivos importantes se ven bloqueados por Adversidades puede en gran medida decidir tener sentimientos sanos o insanos en Co (Consecuencias) y también puede decidir actuar de manera útil o perjudicial. Casi siempre tendrá una reacción en el punto Co, después de experimentar un A desafortunado que bloquea sus deseos y Objetivos (O). Pero reaccionar depende en gran medida de usted y ello nos lleva al punto C de las tres reglas básicas de la TREC. C corresponde a su Sistema de Creencias: aquello que usted piensa, imagina y valora del A. En primer lugar, C incluye preferencias, deseos y anhelos; y, en segundo lugar, demandas y órdenes absolutistas, y muchos «debo» y «debería». Así que sus C contienen Creencias que son muy diferentes y que pueden conducirle a Co deseables e indeseables.

Examine primero sus preferencias. Su importante y razonable Objetivo, vemos de nuevo, es tener una relación íntima con una pareja estable. En el punto A (Acontecimiento o Adversidad Activador) se ve rechazado por la principal pareja potencial que había seleccionado, que le dice: «¡Desaparece de mi vida! No tengo ningún interés en tener una relación contigo. ¡Simplemente no eres mi tipo!». Fin de la relación potencial.

Suponga ahora que su principal Creencia (C) sobre este rechazo (A) es sólo una preferencia o un deseo: «Realmente desearía que me hubiera aceptado esta pareja potencial y por supuesto preferiría no haber sido rechazado. Pero tengo otras opciones. Puedo encontrar otra pareja adecuada y disfrutar de la nueva relación. Incluso en el caso de que nunca llegara a tener una relación estable con una pareja escogida, podría vivir y ser feliz con relaciones cortas, o incluso ser feliz estando solo. Bien, ¿cómo voy a encontrar el tipo de pareja que prefiero?».

Cuando lo que realmente tiene son Creencias preferentes en el punto C de sus reglas básicas, ¿cómo se sentirá cuando ataque la Adversidad en el punto A? Respuesta: es muy posible que bastante triste y decepcionado. Estos son sentimientos deseables, porque no ha conseguido lo que realmente quería y estos sentimientos le motivarán para conseguirlo. Eso es bueno. Los sentimientos negativos pero deseables como la tristeza, la desilusión, el remordimiento y la frustración le estimulan, a usted y al resto de la raza humana, para avanzar y cambiar los desafortunados A y producir otros más afortunados, como la aceptación consiguiente y la búsqueda de una nueva pareja. Así que son sentimientos negativos pero beneficiosos. Los genera de forma saludable cuando sus deseos se ven frustrados. ¡Así que procure que sus Creencias (C) sean del tipo preferente! Le aportarán sentimientos deseables.

Pero cuidado si tiene Creencias (C) del tipo exigencia u orden acerca de sus desafortunadas A (Adversidades). Suponga que le rechaza una pareja potencialmente «buena» y su Creencia es: «¡No debo ser rechazado en absoluto! ¡Tengo que ser aceptado! ¡Necesito una pareja estable y si pierdo ésta ello demuestra que soy una persona indigna! ¡Este rechazo es espantoso! ¡No lo puedo soportar! ¡Vale más que deje de intentar tener relaciones!». ¿Cómo se se sentiría entonces en el punto Co (Consecuencias)?

Con toda probabilidad deprimido, sentiría pánico y se odiaría a sí mismo. ¿Y adónde le conducirán sus creencias (C) exigentes y sus sentimientos indeseables (Co)? Probablemente a ninguna parte. Le animarán a retirarse del circuito de citas y renunciar a tener una pareja. O a conformarse con una que en realidad no desea. ¡No son conductas muy deseables!

Resumiendo: cuando sus Objetivos importantes se ven bloqueados por Adversidades (en el punto A) y básicamente prefiere y desea (en el punto Co) conseguir lo que quiere y seguir buscando si no lo puede lograr ahora mismo, producirá sentimientos negativos deseables (Co emocionales) que le conducirán a unas acciones constructivas (Co conductuales). Pero si convierte sus Creencias (C) en *yo debo* y en *debe ser*, como exigencias absolutas, casi siempre producirá sentimientos negativos indeseables y destructivos (Co) que le conducirán a acciones perjudiciales (Co). Empieza por crear una conexión A-a-Co, pero en realidad su conexión C-a-Co es más importante, porque lo que usted piensa, imagina y concluye acerca de A, en el punto C, es lo que básicamente crea el tipo de sentimientos y conductas que usted manifiesta en Co.

Si las reglas básicas de la TREC son exactas, y muchos experimentos y sesiones de psicoterapia y asesoramiento psicológico tienden a demostrar que sí lo son, usted, como ser humano pensante, tiene la capacidad de observar sus Creencias, de ver cómo sus exigencias y sus *yo debo* y sus *debe ser* absolutistas son las que principalmente crean sus conductas y sentimientos destructivos y cambiarlos en fuertes preferencias en lugar de exigencias desmesuradas y nada realistas.

Por ejemplo, suponga que su Objetivo de encontrar pareja se ve impedido por la Adversidad (A) de ser rechazado por una «estupenda» pareja potencial, y se siente deprimido e indigno (Co emocionales) y deja de intentar buscar otra pareja (Co conductuales). Al sentirse y actuar tan mal, quiere cambiar sus C por otras más deseables. ¿Cómo se hace eso?

Principalmente pasando al punto Cu (Cuestionamiento). Reconociendo sus C destructivas, que en TREC solemos llamar Creencias Irracionales (CI), y poniéndolas en duda y Cuestionándolas (Cu) hasta convertirlas en deseables Creencias Racionales (CR) o preferencias. Esto se hace de tres maneras principales: obligándose a pensar, sentir y actuar de forma diferente.

EL PENSAMIENTO ES LO QUE CUENTA

Veamos lo que puede hacer cuando piensa de forma diferente. Al saber que está sintiendo y actuando de manera destructiva (en contra de sus Objetivos e intereses), asume que tiene preferencias deseables (CR) así como los *yo debo* y los *debe ser* incluidas las indeseables Creencias Irracionales (CI). Reflexiona un poco y descubre las del segundo tipo. Llega a la CI antes mencionada: «¡No debo ser rechazado en absoluto! ¡Tengo que ser aceptado»; «Necesito una pareja estable y si pierdo ésta ello demuestra que soy una persona indigna! ¡Este rechazo es espantoso! ¡No lo puedo soportar! ¡Vale más que deje de intentar tener relaciones!».

Entonces Cuestiona (Cu) estas Creencias Irracionales (CI) de tres maneras principales: 1) de forma realista o empírica; 2) de forma lógica; y 3) de forma práctica. Al hacerlo así, llegará a E: una Nueva Filosofía Efectiva.

Analicemos un poco este Cuestionamiento:

1. **Cuestionamiento realista o empírico.** «¿Dónde está la prueba de que no debo ser rechazado en absoluto?». Respuesta (E: Nueva Filosofía Efectiva): «En ninguna parte, ¡excepto en mi insensata cabeza! Si una ley universal dijera que siempre tengo que ser aceptado, efectiva-

mente habría sido aceptado. Es obvio que esa ley no existe. El hecho es que fui rechazado, y puede que vuelva a serlo en el futuro. Ahora bien, ¿qué puedo hacer para que me rechacen menos a menudo y las personas con las que me gustaría relacionarme me acepten más? Prefiero que me acepten, pero está claro que no es algo que deba ocurrir».

2. **Cuestionamiento lógico.** «Quiero de verdad tener una relación estable, pero qué es eso de que "necesito absolutamente" tener una? ¿Cómo iba la pérdida de esa posible pareja a demostrar que soy una persona indigna?». Respuesta (E: Nueva Filosofía Efectiva): «No lo haría. Sólo demostraría que esta vez he fracasado, pero no que soy un Fracaso, con F mayúscula, cuya esencia interior no es válida. No puedo saltar lógicamente de "Esta vez no lo he hecho demasiado bien" a "Soy una persona indigna y desgraciada"».

3. **Cuestionamiento pragmático o práctico.** «Si sigo creyendo que "no debo ser rechazado en absoluto", "soy una persona indigna si no soy aceptado", "este rechazo es espantoso", y "¡no lo puedo soportar!", ¿adónde me conducirán estas Creencias Irracionales (CI)?». Respuesta (E: Nueva Filosofía Efectiva): «A ninguna parte. Voy a conseguir deprimirme mucho. Creeré que no puedo ser aceptado por una buena pareja, y esa creencia hará que siga fracasando. Dejaré de intentar conseguir una pareja y por tanto puede que nunca consiga una. ¡Y si finalmente consigo una buena pareja, me sentiré ansioso por si más adelante la pierdo, y eso podría dar fácilmente al traste con la relación!».

Si sigue Cuestionando (Cu) de manera activa y persistente sus Creencias Irracionales (CI) autodestructivas, probablemente llegará al cabo de poco tiempo a la alternativa de unas Creencias Racionales (CR) preferentes, como por ejemplo: «Odio ser rechazado por esta potencial pareja, pero nunca soy un Fracaso total. Este rechazo es muy molesto, ¡pero no espantoso ni horroroso! Jamás me gustará ser rechazado, pero lo puedo soportar y seguir llevando una vida placentera».

Si, después de que ocurra una importante Adversidad (A), siente y actúa de manera autodestructiva, si asume que tiene exigencias absolutistas y apremiantes, así como algún *yo debo* o *debe ser* (CI), pero se obliga a Cuestionar estas CI, con toda seguridad acabará teniendo Creencias racionales (CR) preferentes, que le conducirán a sentimientos y acciones deseables. Y probablemente logrará más Objetivos y generará menos frustraciones y malestares.

Así que un enérgico, vigoroso y perseverante Cuestionamiento de sus Creencias Irracionales y autodestructivas le puede ayudar inmensamente. Ello conduce a pensamientos, emociones y acciones deseables. ¿Qué otra cosa funciona? Muchos otros métodos cognitivos, emocionales y conductuales. Como he destacado en mis libros para profesionales y público en general, la TREC es siempre pluralista o multimodal. Examinaré lo mejor de otros métodos en los capítulos siguientes.

CAPÍTULO 4 Puede cambiar si cree que puede hacerlo: cinco creencias de auto-arranque

Durante milenios los filósofos y predicadores han dicho y escrito: usted puede ayudarse a sí mismo para solucionar sus problemas emocionales. Los antiguos orientales, por ejemplo: Confucio, Buda Gautama, Lao-Tse y muchos otros. También los antiguos griegos y romanos: Zenón de Citio, Epicuro, Cicerón, Séneca, Epicteto, Marco Aurelio y otros. Y también los primeros judíos y cristianos: Moisés, los autores de los Proverbios, los comentaristas talmúdicos, Jesucristo, san Pablo y otros.

La opinión de que nos podemos ayudar a nosotros mismos persistió hasta épocas más modernas en las obras de muchos escritores y filósofos. Por ejemplo Maimónides, Spinoza, Kant, Emerson, Thoreau, Dewey y Russell. Por desgracia, esta opinión fue saboteada por Sigmund Freud y muchos otros terapeutas que se mostraron de acuerdo en que la manera «correcta» de ayudarse uno mismo es realizar una cura con un profesional adecuado. Alfred Adler, Carl Jung, Erich Fromm, Karen Horney y Carl Rogers, entre muchos otros terapeutas, básicamente sostuvieron esta opinión. La mayoría de terapeutas actuales todavía mantienen este mismo parecer. Si usted se siente ansioso, deprimido o furioso –dicen muchos de ellos– es mejor que se someta a meses o años de terapia oral para liberarse de sus perturbaciones.

Bien, de acuerdo. Pero esos profesionales no llegan lo suficientemente lejos. Yo he sido un psicoterapeuta que ha trabajado duro durante más de 55 años, y he tenido más sesiones con más clientes que quizá cualquier otro terapeuta. A la edad de 85 años, sigo atendiendo a clientes desde las 9.30 de la mañana hasta las 11 de la noche y también dirijo cuatro grupos de terapia por semana y llevo a cabo mi Taller del Viernes por la Noche habitual, donde mantengo sesiones abiertas con clientes voluntarios. ¡Así que no se puede decir que sea precisamente un holgazán!

A principios de 1955 contribuí a cambiar la imagen de la psicoterapia cuando empecé con la primera de las terapias cognitivo-conductuales, la Terapia Racional Emotivo-Conductual (TREC). Se trata de una de las principales terapias orales, porque yo hablo con mis clientes y ellos normalmente me hablan a mí de forma muy libre. También es una terapia de relación. Como practicante de la TREC, siempre intento aceptar incondicionalmente a mis clientes, tanto si actúan bien como si no, sean o no agradables. También les enseño a aceptarse y perdonarse a sí mismos incondicionalmente, sean cuales sean las circunstancias y en todo momento, aunque por supuesto no a muchas de sus acciones. Además, la TREC incluye un entrenamiento de las aptitudes sociales e interpersonales.

Desde el principio también ha fomentado las tareas que se pueden realizar en casa, como por ejemplo leer, escribir, escuchar ciertas grabaciones, así como asistir a conferencias y talleres. Escribí mi primer libro sobre TREC, *How To Live With A «Neurotic»* (Cómo vivir con un «neurótico») en 1956 y pronto fue seguido por varios libros más de interés general sobre el funcionamiento personal y sobre las relaciones sexuales, amorosas y matrimoniales. Algunos de ellos, como *Guía para una vida racional* (Ediciones Obelisco) tuvieron tanto éxito que animaron a varios autores a escribir libros de autoayuda cognitivo-conductual. Puede mirar en el *New York Times* y en otras listas de éxitos de venta de no ficción y casi siempre encontrará alguno de estos títulos entre los primeros puestos.

El propósito principal de estos manuales de autoayuda y del libro actual es sencillo: usted puede ayudarse de manera real en la resolución de sus problemas emocionales. ¿Por dónde empezará? Empezará por ser un filósofo además de terapeuta, como digo yo: con varias actitudes constructivas. Puede cambiar si piensa que puede. En este capítulo vamos a examinar varios pensamientos cruciales para cambiarse a uno mismo.

PRIMERA CREENCIA DE AUTO-ARRANQUE

«Como básicamente soy yo mismo quien se perturba,
puede claramente dejar de perturbarme».

Como mencioné en los capítulos anteriores, el psicoanálisis y la mayor parte de otros tipos de psicoterapia le dicen que sus padres, su cultura y su horrible pasado han hecho que estuviera perturbado. ¡Tonterías! Estas afirmaciones suelen hacer poco bien porque son bastante perjudiciales. Digamos que contribuyen pero difícilmente causan su perturbación. De manera extraña, es usted quien la causa. Nace y es educado con un talento para disfrutar de la vida –y también para amargársela.

Cuando es usted quien se amarga, también tiene tendencia a negarlo y a culpar a los demás por sus sentimientos y acciones autodestructivas. «Tú me has hecho enfadar»; «¡Mi pareja me ha disgustado!»; «El tiempo me ha deprimido»; «La situación me hizo sentir ansioso.» Falso. Pero esta manera de eludir las cosas es una solución equivocada que casi todo el mundo comparte y que ha sido mantenida durante siglos por innumerables psicólogos, escritores, poetas, historiadores y sociólogos.

¿Por qué tendemos a llegar a esta conclusión equivocada? Porque así es como pensamos de manera natural. Incluso el más inteligente de entre nosotros frecuentemente examina su vida y obtiene como resultado este «hecho». Nacemos y nos educan para ser muy sugestionables. Y muchas veces tenemos dificultades para observar lo que llamamos realidad, para aceptar muchos de sus aspectos más sombríos y para asumir la responsabilidad por muchas de las cosas malas que nos ocurren. Preferimos culpar a otras personas y acontecimientos por estas cosas; y aunque en parte tenemos razón, también muchas veces caemos en el autoengaño.

Pongamos por ejemplo algo que suele ocurrir durante la primera infancia. Accidentalmente, mientras está comiendo, vuelca un vaso de leche, se moja, la mesa también se moja, y le regañan. Se siente disgustado y empieza a llorar. Entonces sus padres le regañan por llorar, quizá le pegan. Entonces se siente aún más disgustado y tiene dificultades para tranquilizarse, aunque los miembros de su familia le ayuden a hacerlo.

Cuando de niño examina estos incidentes, lo que ve es que derramó la leche y que varias cosas «malas» pasaron a continuación. Por lo tanto, correctamente conecta las dos: primero, la Adversidad o Acontecimiento Activador (A): haber derramado la leche; y segundo, las Consecuencias (Co) de sus padres regañándole, sus sentimientos de disgusto por ello, el bofetón por sentirse disgustado, el disgusto porque le han pegado, y las dificultades para calmarse. No obstante, también puede creer, erróneamente, que fue usted la causa de que se dieran todas estas Consecuencias.

En el transcurso de sus observaciones de esta cadena «natural» de acontecimientos, puede enjuiciar el Acontecimiento Activador (A), el derramar la leche, como «malo» o «desafortunado», porque conduce a unos resultados tan desagradables. En realidad, no es bueno ni malo, porque algunos niños y sus familias pueden examinarlo y definirlo –en el punto C– como bueno y agradable, y pueden pensar que es estupendo que usted, el niño, lo esté pasando tan bien comiendo, jugando con el vaso de leche y aprendiendo a afrontar esta «interesante» situación. Entonces puede que, en el punto Co, se rían de ello.

No obstante, muchas familias pueden llamar a este mismo Acontecimiento Activador (A) una Adversidad «horrible». Debido a que consideran (o definen) el hecho de que usted derrame la leche –en el punto C– como algo «terriblemente malo», puede que le regañen –en el punto Co– por ser «travieso», por disgustarse de forma tan estúpida, y por «tontamente» seguir disgustado cuando están intentando tranquilizarle.

En otras palabras, las Consecuencias (Co) que se derivan del volcar accidentalmente el vaso de leche (A) definitivamente no son meramente causadas o determinadas por lo ocurrido (A). En este caso (y en innumerables otros casos), Co claramente sigue o es el «resultado» de A, pero Co no es verdaderamente causado por A. Como he destacado en los capítulos 2 y 3, Co también es creado por C, las Creencias que sus padres, los demás miembros de la familia y usted mismo tienen sobre A.

Esto es lo que le ocurre continuamente de niño, así como en las etapas posteriores de la vida. Los Acontecimientos Activadores (A) son considerados «buenos» o «malos» aunque no lo sean por sí mismos. Sus C (Creencias) acerca de sus A dependen de muchos factores que le llevan a usted y a otras personas a considerar los A de su vida como «buenos» o «malos».

Así pues, si sus padres son tolerantes y tienden a considerar la mayor parte de las cosas que usted hace (A) –incluyendo derramar la leche– como «buenas», usted tenderá a ver las A también de esta manera. Si consideran que sus A son «malas», tenderá usted también a verlas de esa manera. Entonces normalmente olvidará que son las Creencias de usted y de ellos lo que convierten el A de derramar la leche en «bueno» o «malo».

Si reconoce de manera clara y convincente que básicamente es usted mismo quien se altera por las Adversidades (A), también tendrá la clave para no hacerlo. No piense que puede cambiarse del todo, ni a usted ni a toda su personalidad. Posee fuertes tendencias biológicas y sociales para ser como es. Además, lleva muchos años practicando eso de hacer cosas «buenas» y «malas». Así que no piense que se va a cambiar del todo. Puede realizar cambios notables, con un esfuerzo y práctica continuados. Pero no serán completos, perfectos ni absolutos. Sea tenaz, sea persistente. ¡Pero no crea que debe llegar a ser perfecto!

Descubra lo que a usted le funciona. No existe ningún plan, ni los mencionados en este libro, que sea válido para todo el mundo. Pruebe lo que crea que funcionará, reconózcalo cuando así sea, y también cuando no. Cuando no funcione, examine caminos alternativos. Si tiene problemas para cambiarse usted solo, busque un buen terapeuta con quien poder trabajar. Si se encuentra seriamente perturbado, puede que tenga deficiencias físicas y emocionales especiales. Puede que sus neurotransmisores cerebrales estén trabajando de manera incorrecta. Puede que su química cerebral esté descompensada. Pruebe en primer lugar todos los métodos de autoayuda y psicoterapia. Pero no descarte una posible medicación. Puede que le sea de gran ayuda.

Experimente. Compruebe qué es lo que a usted le funciona. Cuidado con los gurús y otros insensatos que dicen poseer curas milagrosas. Busque el asesoramiento de un profesional bien formado y no de los charlatanes ya sean de la «Nueva» o de la «Vieja» Era. Cuando alguien le ofrece una cura rápida y milagrosa y no tiene datos científicos para respaldarla, corra, corra, corra hasta el mejor y más cercano profesional que pueda encontrar.

Volvamos a sus actitudes, especialmente las que tiene sobre lo de cambiarse a sí mismo. En primer lugar, lo mejor es pensar, creer y –¡sí!– sentir intensamente que puede controlar su propio destino emocional. No los pensamientos y acciones de los demás. No. No el destino del mundo. No. Sino sus pensamientos, sentimientos y acciones. ¡Sí! Aquí mismo, en este capítulo, permítame que le presente otros sistemas de arranque.

SEGUNDA CREENCIA DE AUTO-ARRANQUE

«Definitivamente puedo disminuir mi pensamiento irracional que pone en marcha mis problemas emocionales y de conducta».

Como he explicado a lo largo de los tres primeros capítulos, puede escoger en gran medida si se perturba o se amarga por unos acontecimientos indeseables. Muchas veces no puede controlar las Adversidades o Acontecimientos Activadores (A) de lo que le ocurre, pero sí tiene mucho control sobre sus Creencias (C) acerca de estos A. Por lo tanto usted puede controlar sus Consecuencias (Co) emocionales que en gran medida siguen a sus C.

Cuando ocurre un A indeseable, puede ayudarse diciéndose en el punto C: «No me gusta este A indeseable, así que voy a ver si puedo cambiarlo o eliminarlo. Pero si no lo puedo cambiar, qué le vamos a hacer. Lo soportaré por el momento y elegantemente dejaré ir aquello que no puedo cambiar. Más adelante veré si lo puedo mejorar».

Así pues, si fracasa en un negocio, una relación o un deporte (en el punto A), puede convencerse (en el punto C) de que no le gusta fracasar, pero que no es su última oportunidad, que no es el fin del mundo, y que el fracasar no le convierte en un Fracaso total, con F mayúscula. Entonces (en el punto Co) se sentirá triste y decepcionado, que son sentimientos negativos deseables, pero no caerá en verlo todo horrible ni en la depresión, que son sentimientos negativos indeseables.

Pero supongamos, por otro lado, que experimenta el mismo tipo de fracaso (en el punto A) y que cree sinceramente (en el punto C): «¡No debo fallar jamás, en absoluto! ¡Es horrible y terrible cuando me pasa! ¡El fracaso me convierte en una persona totalmente incompetente!». Entonces puede crear la Consecuencia (Co) de sentirse ansioso, deprimido u odiarse y muchas veces también generar conductas destructivas, como evitaciones, adicciones y compulsiones.

La TREC le insta a aceptar la responsabilidad, no por la mayor parte de las cosas indeseables que le ocurren (A), sino por sus Creencias (C) acerca de estas A. Le enseña a conservar sus Creencias como preferencias: «Me gustaría que A fuera mejor de lo que es, pero si es desagradable, de algún modo me enfrentaré a ello y no exigiré que tiene que ser mejor para que mi vida sea satisfactoria. O bien cambiaré A o de alguna manera sabré disfrutar a pesar de ello». Si se atiene a estas preferencias, entonces se sentirá triste o frustrado cuando no consiga lo que quiere. Estos sentimientos negativos son saludables porque le animan a cambiar las Adversidades indeseables (A), o a vivir con ellas sin perturbarse excesivamente por ellas.

La TREC también dice que cuando exige que los A desafortunados no deberían ser, en absoluto, tan malos como realmente son, usted puede crear sentimientos y conductas perturbados y disfuncionales. Así pues, cuando Cree firmemente (en el punto C): «¡Yo no debo, en absoluto, perder la aprobación de fulanito!» lo que conseguirá será sentirse insensatamente deprimido (en lugar de saludablemente decepcionado) cuando la pierda. ¡Incluso sentirá pánico por si más adelante pudiera llegar a perderla! Así que el ascender su deseo a la categoría de necesidad perentoria casi siempre le fastidiará. ¡Y usted que pensaba que eran sus horribles padres quienes hicieron que hoy se sintiera usted tan desgraciado! Digámoslo claramente: fue usted quien lo hizo; fue usted quien aceptó la idea de que no solamente quiere sino que además necesita la aprobación. Y sigue Creyendo devotamente que la necesita.

La TREC dice que siempre que piense, sienta y actúe contra sus propios intereses, prácticamente siempre estará transformando uno de sus objetivos o preferencias deseables en un *yo debo*, o *debería ser* rígido y absolutista. ¿Por qué suele hacer eso? Porque es humano, y los seres humanos fácilmente cogen sus deseos intensos y los convierten en desmesuradas exigencias.

¡Algo muy tonto! —respaldar sus deseos intensos con exigencias absolutas. Pero esta es la forma en que usted y otras personas se suelen comportar. Y cuando no consigue algo que cree que absolutamente debe conseguir, muchas veces, de manera tonta y poco realista, llega a la conclusión de que: «¡Es horrible (totalmente malo o más que malo)!» «¡No lo puedo soportar (me moriré por esta carencia)!»; «¡Soy un inútil por no conseguir lo que realmente necesito!»; «¡Ahora que no he conseguido obtener lo que absolutamente debo obtener, nunca podré satisfacer mis necesidades!».

Afortunadamente, no solamente se perturba cuando piensa, siente y actúa de forma autodestructiva, sino que también nace y le educan con tendencias constructivas que puede utilizar para invertir el proceso. Aunque, como ya mencioné antes, muchas veces no pueda cambiar las Adversidades (A) que le desagradan, casi siempre puede cambiar de manera notable sus Creencias (C) y sentimientos (Co) acerca de las mismas. ¿Por qué? Porque es usted mismo quien se amarga. Por lo tanto, afortunadamente, puede «desamargar» a la única persona cuyos pensamientos y sentimientos controla: ¡usted mismo!

TERCERA CREENCIA DE AUTO-ARRANQUE

«Aunque soy claramente falible y fácilmente perturbable, también tengo la capacidad de pensar, sentir y actuar de forma diferente y con ello reducir mis perturbaciones».

Usted no nació exactamente perturbado. No, aprendió y fabricó pensamientos, sentimientos y acciones autodestructivos. No obstante, nació con tendencias tanto constructivas como destructivas. ¡Tendencias muy fuertes! Qué le vamos a hacer. Pero no se culpe a usted por su educación ni por su tendencia a la autodestrucción. Ambas fueron adquiridas de forma natural y humana.

Nació particularmente falible, muy imperfecto. No importa lo espabilado e inteligente que sea, tiene tendencia a equivocarse, a cometer errores de forma natural. Porque es humano. Porque está vivo. No hace falta que ello le guste. Pero vale más que lo acepte. Usted hace, de manera falible, y continuará haciéndolas, muchas cosas perjudiciales y estúpidas. Repito: es un ser humano. No es un superhombre ni una supermujer. No es un dios ni una diosa. Siempre es falible. En ocasiones muy falible. Tanto si le gusta como si no.

No obstante, tiene algunas opciones. Sólo porque usted, como todas las demás personas, es propenso a comportarse de manera autodestructiva no significa que tenga que hacerlo. Puede que nazca y sea educado para zamparse cuatro kilos de helado de una vez, fumar tres paquetes de cigarrillos al día y convertir su casa o apartamento en una pocilga. Pero ello no significa que deba hacerlo.

Por supuesto, no tiene un libre albedrío absoluto. Como mínimo estará parcialmente determinado o condicionado por su herencia genética y su entorno de la infancia. ¡Pero no del todo! Puede elegir comer poco helado (o nada), dejar de fumar y mantener la casa en orden. Puede tratar bien a sus hijos aunque usted sufriera abusos durante la infancia. Puede elegir practicar cualquier religión (o ninguna), no importa lo que le enseñaran en sus primeros años.

En especial, tiene la opción de Creer (C) lo que quiera sobre las Adversidades (A) que le ocurren. Sí, nació con tendencias a quejarse y a verlo todo negro. Sí, sus padres, amigos y cultura muchas veces le animaron a echarse la culpa encima, o culpar a otros o al mundo en general. Sí, fácilmente convierte sus preferencias deseables en desmesuradas exigencias absolutas y autodestructivas. Pero a pesar de su biología, de sus genes, de su familia y de su cultura, no necesita perturbarse estúpidamente.

Sea cual sea su naturaleza y su educación, cuando está perturbado, está Creyendo nuevamente en unas ideas destructivas. Una de las famosas visiones profundas de la TREC dice que usted básicamente (aunque no del todo) se perturbó de niño al coger sus objetivos, valores, normas y preferencias innatas y aprendidas y elevarlos a la categoría de los *yo debo*, *debería* y *tendría que* rígidos e indeseables. Sus padres y su cultura sin duda le ayudaron a hacerlo pero fue usted quien eligió Creer en estos *yo debo* y *debe ser* absolutos. Sí, usted.

O peor aún —o en cierto modo mejor aún— no importa cómo, cuándo, dónde y bajo qué circunstancias siguió usted originalmente las Creencias Irracionales de los demás o se inventó sus propias CI autodestructivas, la cuestión es que todavía, si se siente perturbado, es que hoy las sigue sustentando. Ésta es otra de las importantes visiones profundas de la TREC: usted, ahora, Cree que debe, absolutamente, triunfar, que otras personas tienen que tratarle correcta y justamente, y que las condiciones que totalmente le desagradan no deberían existir. Así que, no importa lo que le sucediera en el pasado, sus CI actuales le perturban. Por lo tanto, ahora puede cambiarlas de nuevo por preferencias deseables. Usted puede elegir. ¡Hágalo!

CUARTA CREENCIA DE AUTO-ARRANQUE

«Mis trastornos emocionales comprenden pensamientos, sentimientos y acciones que puedo observar y cambiar».

No por completo, ¡naturalmente! Se puede convencer a sí mismo con argumentos como: «No necesito buenos alimentos y puedo sobrevivir aunque estén podridos». Pero será mejor que no se convenza de cuestiones tales como: «¡Puedo mantenerme sin ningún tipo de alimento!». Puede hacerse Creer: «No necesito, absolutamente, un montón de dinero para ser feliz». Pero será mejor que no crea: «Puedo ser increíblemente feliz cuando no tengo casa y estoy sin un duro».

Sin embargo, como básicamente es usted quien habrá creado sus sentimientos depresivos porque alguien le rechazó y a pesar de ello sigue insistiendo en que esa persona debe amarle, puede dejar de exigir su amor y con ello puede dejar de deprimirse. Sí, definitivamente, si es usted lo que yo llamo «un neurótico sano y normal».

Así que puede cambiar, a menos que piense rígidamente que eso ya no es posible. Su «perturbación emocional» normalmente incluye intensos sentimientos –como el pánico y la depresión– pero también pensamientos y acciones. Cuando se siente ansioso, normalmente aparecen pensamientos que crean ansiedad (por ejemplo: «No estoy hablando todo lo bien que debería, ¡y eso es horrible!» y entonces su conducta es inferior (por ejemplo, evita hablar en público). Cuando piensa de manera autodestructiva (por ejemplo: «¡Soy totalmente idiota!») se siente mal (por ejemplo deprimido) y su conducta no es buena (por ejemplo, evita ir a la escuela). Cuando se comporta de manera disfuncional (por ejemplo, negándose a participar en algún deporte), piensa de manera irracional (como: «Siempre pierdo y se ríen de mí») y se amarga tal vez odiándose.

Debido a que las perturbaciones incluyen pensamientos, sentimientos y acciones, y todos ellos tienden a ser autodestructivos, puede atacar de tres maneras: cambiando su manera de pensar, de sentir y de actuar. Es por ello que la TREC es multimodal, porque le ofrece muchos métodos de modificar sus ideas, sus sentimientos y sus conductas.

¿Acaso alguno de estos métodos es siempre válido para todo tipo de trastornos? ¡En absoluto! Tanto John como Joan y Jim sentían fobia por asistir a una fiesta de la empresa, todos experimentaron pánico por tener que ir, pensaban que no se sabían relacionar y que serían rechazados por sus compañeros. John se convenció de que: «Si voy y no me relaciono demasiado bien, ¡pues qué le vamos a hacer! ¡Seguiré siendo una persona válida!». Joan se sintió muy ansiosa al imaginarse que no se sabía relacionar muy bien en la fiesta, pero utilizó la Visualización Racional-Emotiva para hacerse sentir solamente triste y decepcionada en lugar de caer en el pánico y la depresión. Jim no cambió sus pensamientos ni sentimientos de pánico pero se obligó a ir a la fiesta, muy incómodamente, y habló con diez personas diferentes hasta que se sintió a gusto. John, Joan y Jim utilizaron métodos diferentes, y al final todos fueron a la fiesta y disfrutaron de ella. Jane, que al principio era la más fóbica, asistió a algunas sesiones de TREC, utilizó diferentes métodos terapéuticos de pensar, sentir y actuar y no solamente venció sus temores por la asistencia a la fiesta, sino que también eliminó otros trastornos. Moraleja: convénzase de que existen distintos métodos terapéuticos que son válidos. ¡Utilice la cabeza, el corazón, las manos y los pies!

QUINTA CREENCIA DE AUTO-ARRANQUE

«El reducir mi trastorno casi siempre requiere
un trabajo y un esfuerzo perseverante».

Ésta es otra de las famosas visiones profundas de la TREC: definitivamente puede cambiar la mayoría de sus pensamientos, emociones y acciones autodestructivas, pero sólo después de mucho trabajo y práctica. Sí, traba-jo. Sí, prác-ti-ca. Podría pensar que esta conclusión es bastante obvia. Pero ¿lo es? No para muchos terapeutas, convencidos a ultranza sobre el psicoanálisis o cultos de la Nueva Era. De hecho, estos ayudantes «mágicos» se olvidan de que, en primer lugar, usted (y otros seres humanos) nacen fácilmente perturbables. En segundo lugar, que muchas veces se ve animado y condicionado para ser perturbable por sus insensatos padres y su cultura. En tercer lugar, usted viene trabajando y practicando desde la primera infancia para conservar sus conductas perturbadas habituales. En cuarto lugar, muchas veces recibe ayuda de otros amigos irracionales, fanáticos seguidores de cultos e incluso terapeutas ignorantes, quienes equivocadamente añaden más leña al fuego, a su pensamiento destructivo. No es extraño pues que se precise tanto trabajo y práctica, y después aún más trabajo y práctica, para vivir más saludablemente.

Pero reconózcalo: es así. No existe la magia, no hay nada gratuito. El cambiarse a uno mismo, aunque casi siempre es posible, requiere un trabajo y una práctica persistentes. Principalmente siguiendo el lema de la TREC: MET –¡Mueve El Trasero!

CAPÍTULO 5   De camino para ser menos perturbable

Cuando se comporta de manera autodestructiva –y muchas veces lo hace, ya que es humano– es capaz de descubrir lo que está pensando, sintiendo y haciendo para amargarse innecesariamente la vida. También es capaz de utilizar la Terapia Racional Emotivo-Conductual (TREC) para «desamargarse». Si sigue esforzándose por adquirir actitudes racionales y útiles, en realidad podrá llegar a ser mucho menos perturbable. Entonces sólo en raras ocasiones caerá en la ansiedad, la depresión, la ira, la autocompasión y el odio hacia sí mismo. Si recae sabrá qué hacer para reducir estos sentimientos, en especial para cambiar sus *yo debo* y sus *debe ser* y las exigencias absolutas por deseos y preferencias deseables. ¡Usted puede hacer esto!

Estupendo. Si realmente está dispuesto a lograr ser menos perturbable y a convertirse en una de esas escasas personas que afronta las Adversidades y casi nunca se queja por ellas, puede seguir los principios que anteriormente mencioné, y después avanzar algunos pasos más. ¿Qué pasos son esos? Practicar con constancia algunas filosofías clave que le ayudarán a ser mucho menos perturbable que la gran mayoría de las personas en este difícil mundo.

¿Puede realmente hacerlo? Sí, si está verdaderamente dispuesto a lograr ser mucho menos perturbable. Sí, si tiene lo que se llama –muchas veces equivocadamente– «fuerza de voluntad». Permítame que le muestre lo que es esto y cómo lograrlo.

EL PODER DE LA VOLUNTAD

Los términos «voluntad» y «fuerza de voluntad» pueden parecer similares, pero en realidad son distintos. Voluntad principalmente indica elección o decisión. Usted elige hacer (o no hacer) esto y usted decide hacer (o no hacer) aquello. Como ser humano, obviamente tiene cierto grado de voluntad, de elección o de poder de decisión. Usted tiene la intención, o escoge, comprar o no comprar un coche. Puede que no tenga el dinero para comprarlo o la capacidad de conducirlo, pero todavía puede decidir si comprarlo, y decidir conseguir el dinero para ello y la habilidad para conducirlo. La voluntad de cambiar meramente significa que usted decide cambiar y después (¡quizá!) se esfuerza por conseguirlo. Sin embargo, la fuerza de voluntad es algo distinto y más complicado. Cuando tiene fuerza de voluntad, tiene el poder de tomar una decisión, y después seguirla en la práctica. Esto comprende varios pasos:

- ✔ **Primero:** usted decide hacer algo, por ejemplo, ser cada vez menos perturbable: «Llegar a ser menos perturbable es una cualidad valiosa. ¡Haré lo que pueda para conseguirlo!».

- ✔ **Segundo:** tiene usted la determinación de actuar según su decisión, de hacer lo que parece que es necesario para llevarla a cabo: «¡No importa lo que tenga que hacer ni lo difícil que sea, voy a trabajar para volverme menos perturbable! Estoy totalmente resuelto a no ahorrar esfuerzos para conseguirlo!».

- ✔ **Tercero:** usted adquiere conocimiento de lo que hay que hacer –y no hacer– para llevar a cabo su intención, su decisión: «Para volverme menos perturbable, cambiaré parte de mis pensamientos, sentimientos y acciones. En especial, dejaré de quejarme por las Adversidades que me encuentre y dejaré de exigir que no tendrían o que no deberían existir».

- ✔ **Cuarto:** usted ya empieza a actuar sobre la base de su determinación y su conocimiento: «En lugar de decirme a mí mismo que las circunstancias negativas no deberían ocurrir en absoluto en mi vida, me convenceré de que estas circunstancias deben existir cuando realmente existen, de que puedo afrontarlas, de que puedo cambiarlas y de que estoy en condiciones de aceptarlas, aunque no me guste, aunque por el momento no las puedo cambiar. Puedo hacer esto, así que lo haré; ahora déjame que me fuerce a hacerlo así. Cada vez que me sienta horrorizado por las Adversidades, me daré cuenta de que estoy exigiendo que éstas no deberían existir y me esforzaré por aceptarlas en lugar de quejarme por su existencia. Cambiaré lo que pueda cambiar y aceptaré lo que no pueda cambiar. Puedo hacer esto y pronto. Déjame que empiece ya a hacerlo».

- ✓ **Quinto:** entonces continúa, de manera constante y perseverante, con la decisión de cambiar, la determinación de cambiar, de adquirir conocimiento sobre cómo hacer el cambio y de utilizar este conocimiento mediante la acción. Sí, actuar para que se dé el cambio: «Ahora que estoy trabajando para renunciar a mi exigencia y convertirlas en una preferencia, ahora que estoy aceptando en lugar de quejarme por las condiciones adversas que por el momento no puedo cambiar, seguiré esforzándome para seguir por este camino y así mantener mi progreso y seguir buscando mejores maneras de ayudarme a mí mismo, para seguir cambiando y para seguir perseverando en mis esfuerzos y acciones para cambiar».

- ✓ **Sexto:** si recae en sus hábitos de no actuar –algo que es fácil que ocurra– decide, de nuevo, darse un empujón hacia caminos más productivos. Revisa cómo cambiar sus maneras, determina actuar en base a su decisión y a su conocimiento de cómo llevarla a cabo, y después se obliga a ejecutar su decisión y su determinación, no importa lo difícil que le pueda parecer esta acción y no importa hasta dónde y cuántas veces pueda recaer.

- ✓ **Séptimo:** cuando recaiga, acéptese totalmente, una vez más, con su sensación de impotencia, y no diga: «¡Ya vuelvo a estar igual! ¿De qué sirve intentar recuperar mi fuerza?». Así que vuelva a empezar la tarea de retomar su fuerza para ir recayendo menos y esfuércese por vencer las recaídas más rápidamente en el futuro. No tiene que vencer sus recaídas. ¡Aunque no estaría mal!

Así pues, la fuerza de voluntad no es simplemente voluntad, elección y toma de decisiones, como lo ven millones de personas equivocadamente. Su fuerza incluye la determinación de hacer algo, el conocimiento de cómo hacerlo, la acción para obligarse a hacerlo, la perseverancia de esa acción aun cuando la encuentre difícil de realizar, y el pasar por este proceso una y otra vez cuando recaiga y vuelva a funcionar mal.

Sabiendo todo esto, ¿cree que le es posible conseguir este tipo de fuerza de voluntad? Por supuesto que sí, ¡si tiene la fuerza de voluntad para esforzarse en conseguirlo! Se puede dar algún empujón, esforzarse, obligarse a escoger un objetivo, estar dispuesto a llevarlo a cabo, alcanzar el conocimiento de cómo hacerlo, tomar la acción correcta para respaldar su determinación y conocimiento, forzarse a persistir en esa acción independientemente de lo dura que sea, y pasar por este proceso una y otra vez si recae en una «fuerza de voluntad débil».

Como de costumbre, conseguir y sostener la fuerza de voluntad requiere pensamiento, sentimiento y acción. Es mejor que repase minuciosamente las ventajas de conseguirlo. Puede mostrarse de manera realista, aunque sea difícil lograrlo, pero más difícil es, a la larga, si no lo hace. Se puede convencer de que para conseguir fuerza de voluntad precisa de algo más que un deseo: hace falta una acción que respalde ese deseo. Puede hacer un análisis de costes y seguir demostrándose que sus esfuerzos para conseguir fuerza de voluntad –como el esfuerzo continuado que realiza para adquirirla– merecen la pena por los beneficios. A un nivel secundario, puede convencerse de que no lograrlo es algo indeseable pero no horrible y que su fracaso nunca, por descontado, le convierte en una persona incompetente ni mala.

Emocionalmente hablando, para obtener fuerza de voluntad es mejor animarse y forzarse concentrándose en sus beneficios: sobre la sensación de fuerza que le da, el poder para manejar mejor su vida, los placeres que puede obtener de ella.

En cuanto a la conducta, puede ver claramente que la fuerza de la fuerza de voluntad está en el trabajo, en el esfuerzo, en las incomodidades que acepta para obtenerla, y no solamente en sus pensamientos y sus sentimientos. Vuelvo a repetir: fuerza de voluntad significa la acción, el esfuerzo que realiza para dar fuerza a su voluntad. Puede que exista alguna otra manera de conseguirla sin esfuerzo. Pero lo dudo. ¡La vida raras veces nos ofrece atajos!

LA PÉRDIDA ES ALGO HORRIBLE, ...O NO

Supongamos que ahora comprende qué es la fuerza de voluntad y que está dispuesto a conseguirla y aplicarla para volverse menos perturbable. ¿Y ahora qué?

En primer lugar, puede utilizar algunas actitudes para empezar a andar por la senda que le llevará a ser menos perturbable. Más adelante, algunos detalles más sobre cómo conseguir estas filosofías.

Imagínese una de las peores cosas que le pudieran ocurrir, como perder a todos sus seres queridos, morir de SIDA, o tener algún otro tipo de discapacidad o limitación grave. Demuéstrese que todavía puede, bajo estas circunstancias excepcionalmente malas, encontrar algunas maneras de poder disfrutar de la vida. Esté realmente dispuesto a aceptar, aunque por supuesto no a que le gusten, estas duras condiciones y a descubrir placeres, satisfacciones y gozos sobre los que poderse concentrar a pesar de sus sufrimientos y limitaciones. No se rinda. Asegúrese de que en esta terrible situación, que probablemente nunca ocurrirá, todavía puede ser razonablemente feliz de vez en cuando, aunque no tan feliz como podría ser bajo condiciones menos severas.

Esfuércese por convencerse –y quiero decir realmente convencerse– de que le pase lo que le pase, a usted o a sus seres queridos, nada –sí, nada– es verdaderamente horrible ni terrible. Como ya mencioné antes en este libro, muchas cosas que ocurren son malas, dolorosas, exasperantes y van en contra de su interés personal o de los intereses sociales. Pero nada será cien por cien malo porque siempre podría haber algo peor. Nada será ciertamente más que malo. Y cualquier cosa que alguna vez le ocurra y que usted considere mala será y debería ser –es decir, tiene que ser– únicamente tan mala como lo es ahora.

Marilyn era profesora de historia y se consideraba una persona realista y pragmática. Prontó entró en la TREC cuando vino para trabajar su problema de estar divorciada a la edad de 37 años, haber tenido dos abortos espontáneos en el pasado y no existir ahora ningún candidato apto para ser el padre del hijo que tantas ganas tenía de tener. Estuvo de acuerdo en que no tenía que ser madre absolutamente, pero seguía creyendo que si no lo fuera sentiría una gran carencia y esa pérdida tremenda sería horrible. Así que se sentía gravemente deprimida.

Marilyn reconoció que no tener hijos no sería algo 100% malo, porque podía entender que algunas otras cosas, como ser torturada hasta la muerte, podían ser peor. También estuvo de acuerdo en que la palabra «horrible» implica más que malo, y reconoció que el no tener hijos no podía estar dentro de esa categoría. Pero seguía insistiendo en que en su caso, como tenía un deseo tan grande de ser madre, el no conseguir ese objetivo sería verdaderamente horrible.

Al principio no podía convencer a Marilyn y, a medida que transcurría el tiempo sin que encontrara ninguna pareja adecuada, se iba deprimiendo más. ¡Casi que yo también me deprimí por ello!

Persistí con la TREC y esto me dio la posibilidad de enseñarle a Marilyn que llamar a su pérdida mala la hacía estar triste y apenada, pero que si la calificaba de horrible, ello la hacía sentir más que triste, deprimida. La diferencia, indiqué, era que horrible significaba que como su pérdida era muy, muy triste, esa tristeza no debería existir. ¡Y por supuesto, sí existía!

Marilyn llegó ella sola a una solución racional: «Tiene usted razón. Todos los grados de pérdida y de tristeza acerca de mi pérdida deberían existir, definitivamente. Yo debo sufrir esta gran privación durante el tiempo que sea necesario. ¡Muy lamentable! pero si califico a mi mala fortuna de horrible abro paso a la depresión. Y eso no me ayudará a tener un hijo ni ninguna otra cosa que desee. Ahora lo veo claramente, y ya me siento mucho mejor mientras me digo: «Nada es horrible a menos que llame horrible a algo malo». ¡Esa definición me amarga! Si me sigo diciendo: «Es muy malo, pero sólo malo, y no horrible!» puedo sentir cómo se alivia mi depresión y queda sólo la tristeza. ¡E incluso una gran tristeza tampoco es horrible!». Con esta conclusión racional, Marilyn se liberó de su sentimiento de depresión y perseveró para encontrar una pareja adecuada.

SOBRE EL TEMA DE SER RACIONAL

No se cuelgue de distracciones, ya sean cognitivas, emocionales y/o físicas. Todas las distracciones son válidas para hacerle sentir mejor temporalmente. Pero no se sabe de ninguna de ellas que le haga estar mejor. No, ni la meditación, yoga, relajación progresiva, biofeedback, arte, música, ciencia, diversiones ni nada. Todas pueden ser útiles para distraerle, para ayudarle a centrarse en algo que no sea la frustración, el dolor, la depresión, el pánico y el horror. Pero tienden a hacerle mirar en dirección contraria, en lugar de afrontar y eliminar su propia invención y creación de «terror» y de «horror».

Reconozca que casi siempre existen soluciones alternativas a sus problemas y que es posible encontrar otros placeres cuando algunos de los suyos más importantes se ven bloqueados. Normalmente puede encontrar algún tipo de satisfacción aun cuando su vida tenga restricciones, y llegar a solucionar algún problema aun cuando se vea obligado a soportar una carga de dificultades más que considerable. Así que siempre que tenga problemas, siga buscando soluciones alternativas para ellos y posibles placeres que todavía sean factibles. No concluya sin más que no existe ninguno. ¡Esto es algo muy, muy improbable!

Tómese muchas cosas en serio, como el trabajo y las relaciones, pero ninguna de ellas demasiado en serio. No hay nada bueno que tenga que existir absolutamente en su vida; y nada malo que tenga que desaparecer, absolutamente. Haga lo que pueda para manejar las frustraciones y para mejorar su situación. Pero no puede detener lo inevitable y no puede hacer milagros. Es una auténtica lástima que tenga carencias y que muchas veces obtenga lo que no quiere. ¡Mala suerte! Pero nunca es el fin del mundo, aunque exageradamente pueda pensar que sí. Incluso entonces, el mundo, de algún modo, ¡sigue adelante!

Vigile su tendencia de convertir las cosas en absolutas, dogmatizar, generalizar, exigir y cargarse de *yo debo* y *debe ser*. Prácticamente todas sus preferencias, deseos, anhelos, objetivos y valores son saludables siempre y cuando no los convierta en algo sagrado. También puede tirar adelante razonablemente bien a pesar de las cosas desagradables siempre y cuando no las convierta en algo diabólico. El hacer unas cuantas cosas de importancia vital y responsabilizarse por ellas dará valor a su vida. Pero convertirlas en cruciales, sagradas y en una necesidad, casi siempre conducirá a la ansiedad, depresión, ira y odio hacia sí mismo. Sea aplicado, si así lo desea, pero no dogmáticamente aplicado.

No espere demasiado de otras personas, porque casi siempre tienen sus propios y graves problemas y están principalmente ocupados con ellos. Aun cuando digan que le aprecian, raramente estarán tanto de su lado. Quiéralos, ayúdelos, relaciónese con ellos, intente ganar su aprobación, pero nunca se los tome demasiado en serio. Si lo acepta así, puede disfrutar enormemente de las personas, o de algunas de ellas. Si las considera totalmente beneficiosas o totalmente perjudiciales, ¡tendrá problemas!

Acéptese incondicionalmente, a sí mismo y a los demás. No lo que usted y ellos hacen. Muchas veces actuará usted de manera insensata, estúpida, mala o inmoral; y ellos también. Pero no se evalúe usted ni a ellos como personas. No mida su valor esencial, ni el de usted ni el de los demás. Acepte al pecador, pero no el pecado. Odie sus propios pensamientos, actos y sentimientos «malos», así como los de los demás, pero no a la persona, al ser humano que realiza estas «malas» acciones. Trataré con más detalle el tema de la autoaceptación incondicional (AAI) en el próximo capítulo.

Reconozca que nació y fue educado con fuertes tendencias tanto para ser constructivo como destructivo. Es capaz de pensar correctamente, de ser realista y lógico, y de descubrir mejores soluciones para usted y los demás. Pero también es propenso a apuntar hacia objetivos de corto plazo en lugar de largo, a culparse a usted y a los demás y muchas veces a realizar actos de sabotaje, contra usted o los demás.

Una vez se habitúe a tener una conducta destructiva, puede tener grandes dificultades para cambiar. Una vez crea o acepte ideas nocivas, puede aferrarse a ellas rígidamente y tener problemas para soltarlas. ¡Así que el evitar comportarse de forma estúpida suele ser difícil, y caer en ello es bastante fácil! Sin embargo, como antes mencioné, usted se puede cambiar a sí mismo, con un duro esfuerzo y práctica. Así que con fuerza, vigor y potencia, dispóngase a utilizar sus tendencias constructivas para minimizar las destructivas; y después con fuerza, vigor y potencia, así como persistencia, trabaje para crear mejores pensamientos, sentimientos más deseables y acciones más productivas. Hágalo ahora, no más tarde; ¡y siga trabajando en ello durante el resto de su vida!

¡ES USTED INCURABLE!

Mientras trabaja con constancia para su propia salud y felicidad, así como para la de los demás, renuncie al concepto de curación. Nunca se está curado, ni se cura a sí mismo ni a la condición humana. Siempre, siempre, siempre será falible, propenso al error y sujeto a pensamientos y acciones autodestructivos. Nunca se recobra uno de la naturaleza humana. Puede, si sigue las ideas de este libro, convertirse en menos perturbable y mantenerse así y, por lo tanto, actuar más positivamente. Puede impulsarse hasta el punto donde raramente se disguste gravemente por algo. Pero no del todo. No de manera absoluta. No al cien por cien. Si cree en una cura total, además, dejará de esforzarse cuando alcance cierto punto y tenderá a dejarse recaer. Así que olvídese de las utopías. Olvídese del perfeccionismo. Intente hacer lo mejor que usted pueda, en lugar de «lo mejor». Nunca será totalmente racional, cuerdo ni sensato. ¿Acaso eso me incluye también a mí? En una palabra: ¡sí!

Pruebe primero con algunos métodos de autoayuda y psicoterapia. Pero no descarte una posible medicación. Experimente. Vea qué es lo que le funciona. Cuidado con los gurús y otros fanáticos que se aferran a curas esotéricas y milagrosas. Busque la ayuda de profesionales con una buena formación y no la de chiflados de la Nueva Era. Cuando alguien le ofrezca una cura rápida, fácil y milagrosa y no tenga datos científicos para respaldarla, corra, corra, corra hasta el mejor y más cercano profesional que pueda encontrar. ¡Compruébelo!

CAPÍTULO 6 **Aceptación de uno mismo y de los demás**

Ahora llegamos al punto central de este libro. Si hasta ahora lo ha leído con atención, habrá visto que nace y es educado para ser fácilmente perturbable. Sí, para hacerle pensar, sentir y actuar de manera autodestructiva. Fácilmente. A menudo. ¡Sin problema!

También nace y es educado con fuertes tendencias constructivas para la resolución de problemas. ¡Afortunadamente! Así que puede utilizarlas, como he indicado, para observar lo que hace cuando se amarga la vida, para descubrir sus sibilinos métodos de autosabotaje y para esbozar métodos eficaces para cambiar. Sí, usted puede básicamente ayudarse a sí mismo con sus propios pensamientos, sentimientos y acciones. Si decide hacerlo así. Si se esfuerza por hacerlo.

Así que utilice algunos de los métodos que he descrito hasta ahora. Pruebe también otras técnicas. La Terapia Racional Emotivo-Conductual (TREC) abarca muchas cosas pero no es exactamente exhaustiva. Puede descubrir, a través de su propia experiencia y estudio, otros métodos además de los muchos incluidos en este libro. Pruébelos. Descubra lo que a usted le funciona.

Como demuestro con más detalle un poco más adelante, la mayor parte de los métodos terapéuticos son válidos, pero limitados. Son una buena ayuda, durante un tiempo, y alivian su malestar aunque dejan algunas de sus raíces más profundas. Le ayudan a sentirse mejor, pero no a estar mejor.

Vayamos ahora hacia métodos más profundos. ¿Cómo puede lograr ser mucho menos perturbable? ¿Cómo puede reducir su ansiedad, depresión e ira general? Si no está principalmente trastornado por, digamos, trabajo o dinero, ¿cómo puede disminuir sus otras preocupaciones, sobre relaciones, adicciones o lo que sea? ¿Cómo puede llegar a ser menos perturbable por prácticamente cualquier acontecimiento infortunado que le pueda ocurrir en el futuro? ¿Cómo puede realmente lograrlo?

El capítulo anterior –espero– le dio alguna idea de cómo lograr ser menos perturbable. El presente capítulo le insta a ir mucho más lejos por ese mismo camino y completa importantes detalles que antes mencioné sólo de paso.

Ahora describiré algunos de los métodos más eficaces para conseguir una salud mental que yo he descubierto en mi vida personal, así como mediante el trabajo durante más de medio siglo con decenas de miles de clientes de mi terapia y participantes de mis talleres. Cada una de las técnicas siguientes ha contribuido de manera significativa a que muchas personas realizaran notables cambios en sus vidas. Pero ninguna de ellas ha ayudado a todo el mundo. ¿Cuáles son las adecuadas para usted? ¡Pruébelas y lo sabrá!

EXPECTATIVAS FUERTES PERO REALISTAS SOBRE CÓMO CAMBIARSE A SÍ MISMO

Como han indicado Jerome Frank, Simon Budman, Russell Grieger, Otto Rank, Paul Woods y otros conocidos terapeutas, la terapia funciona cuando los clientes definitivamente esperan que podrán cambiar y que cambiarán. De acuerdo. Pero es aconsejable que sus expectativas no sean poco realistas ni ingenuas. Si mantiene una actitud excesivamente optimista o mágica acerca de cualquier terapia –y sobre su «estupendo» terapeuta– esperará demasiado, se verá decepcionado y desilusionado y puede que renuncie a seguir probando.

Lo mismo ocurre con los métodos de autoayuda. Sea optimista, pero realista. No le ofrecerán ninguna cura milagrosa, ninguna salida fácil a sus dificultades neuróticas. Pero confíe en que pueden funcionar.

Esto también es cierto con respecto a la TREC y la TCC (Terapia de la Conducta Cognitiva). Sea escéptico acerca de ellas. Investigue sus logros. No sólo mediante casos anecdóticos que muchas veces son básicamente ficción. La mayor parte de los primeros casos de Freud, por ejemplo, están muy bien escritos y suenan muy convincentes. Pero la investigación posterior demostró que algunos de sus famosos pacientes (como Anna O.) fueron mal diagnosticados, raramente mejoraron y en algunos casos empeoraron.

En el caso de la TREC y la TCC, el historial es hasta ahora inusualmente bueno. Si nos saltamos los casos anecdóticos de sus «éxitos» –como los que con frecuencia mencionan los psicoanalistas– y nos atenemos a los centenares de estudios, allí donde se han realizado junto con un grupo de control no sometido a terapia o bajo alguna terapia diferente, veremos que la TREC y la TCC se encuentran entre las terapias más refrendadas de toda la historia. La terapia conductiva tiene un excelente historial en este sentido; pero ha sido utilizada con una gama limitada de problemas. La TREC y la TCC han sido utilizadas con personas afectadas con algunas de las peores formas de ansiedad, depresión o ira y han resultado muy eficaces. Sin resultados perfectos, por supuesto, ni milagros. Pero sí comprobados e inusualmente buenos, así como en elevadísimo número. Si quiere comprobar algunos de los estudios de eficacia de la TREC, puede consultar las referencias de H. Barlow, A.T. Beck, D. Hajzler y M. Bernard; L. Lyons y P. Woods; T.E. McGovern y M.S. Silverman; y M. McCarthy y T.E. McGovern que encontrará en la Bibliografía al final de este libro (páginas 211-216).

Por tanto puede utilizar la TREC con un apreciable grado de confianza en que suele funcionar y puede que sea válida para usted. Convénzase de que puede entenderla, aplicarla y disponer así de una buena oportunidad de disminuir claramente su tendencia a perturbarse. ¿Por qué es así? Por tres importantes razones:

- ✔ Según la TREC, usted tiene poco control sobre muchos desafortunados Acontecimientos o Adversidades Activadores (A) que le molestan, pero puede controlar en gran medida sus Creencias (C) acerca de esas Adversidades. Afortunadamente, usted llega en gran parte a perturbarse no por sus preferencias hacia el éxito y la aprobación, sino porque eleva éstas a la categoría de unos *yo debo* y *debe ser* absolutos.

  ¡Usted puede controlar y cambiar sus propias exigencias que crean perturbaciones! Aun cuando haya creído firmemente en ellas y haya actuado en consecuencia durante años. La TREC le enseña que usted está hoy perturbado en gran medida porque todavía (consciente e inconscientemente) decide mantenerlas, y que usted tiene, totalmente, la capacidad y la fuerza para cambiarlas y en ocasiones renunciar a ellas por completo.

- ✔ La TREC le ofrece un buen número de métodos orientados hacia el pensamiento, emoción y acción para comprender y cambiar sus *yo debo* y *debe ser* dogmáticos y las conductas nocivas que les acompañan. Usted puede, de forma activa y enérgica, Cuestionarlos –realista, lógica y pragmáticamente– y reducirlos considerablemente.

- ✔ Si sigue renunciando a sus desmesuradas exigencias sobre usted mismo, los demás y el mundo en general, puede minimizar su tendencia a pensar y sentirlas. Puede cambiar sus opiniones perturbadas de que no es usted válido, de que las personas que le tratan mal deberían ser ejecutadas al amanecer, y de que todo el mundo está podrido. Una vez comprende que sus exigencias son perjudiciales, comprende que las puede cambiar y realmente las modifica, entonces puede conservar sus nuevas actitudes de manera bastante automática.

Si tiene expectativas realistas de lo que puede hacer para ayudarse a sí mismo con la TREC, puede llegar a actitudes como éstas:

«Soy una persona de naturaleza trastornable, que a veces me perturbo innecesariamente. Lo hago principalmente cogiendo mis objetivos y preferencias y elevándolos a la categoría de exigencias desmesuradas. Hacer esto es estúpido y autodestructivo, pero puedo aceptarme incondicionalmente aun con este comportamiento, y no llamarme estúpido por hacerlo. Debido a que soy yo mismo quien me perturbo, también puedo detectarlo e invertir el proceso. Puedo, de manera enérgica, Cuestionar mis exigencias y actuar de forma decidida para cortarlas de raíz. Ahora veo claramente varios caminos para salir de mi estado neurótico y por tanto espero ávidamente y con confianza poder utilizar la TREC para el resto de mi vida. Si sigo haciéndolo, disminuiré mi tendencia a perturbarme, raramente me amargaré innecesariamente, y si recaigo puedo observar de nuevo mis exigencias exageradas y forzarme a volverlas a transformar en preferencias sensatas. ¡Puedo hacerlo!».

Si adquiere usted esta filosofía de autoayuda, si tiene unas expectativas realistas de cómo puede negarse a perturbarse, y si sigue estando dispuesto a utilizar varios métodos de la TREC para conseguirlo, no tendrá una garantía de llegar a ser menos perturbable. ¡Pero seguramente andará por el buen camino!

AUTOACEPTACIÓN INCONDICIONAL (AAI)

En realidad sólo tiene dos opciones de autoaceptación: aceptarse a sí mismo condicional o incondicionalmente. La primera opción no funcionará.

La autoaceptación condicional es una de las peores enfermedades que padecen hombres y mujeres. ¡Por no hablar de niños y adolescentes! Significa que usted sólo se acepta bajo ciertas condiciones –cuando, por ejemplo, tiene éxito en un proyecto importante, gana la aprobación de personas significativas o contribuye generosamente a la sociedad. Suena bien, ¿no? Pero realmente es mortal. Por varias razones:

Cuando no cumple con las condiciones que usted ha decidido que debe, absolutamente, cumplir para considerarse «válido», entonces obviamente es indigno, malo, un cretino, un pedazo de excremento. ¡Pero! como ser humano es usted falible y es frecuente que no tenga éxito en importantes proyectos; no logrará obtener la aprobación de personas significativas. No contribuirá generosamente a la sociedad. Créame: a menos que sea usted verdaderamente perfecto y totalmente afortunado, eso es lo que ocurrirá. Cuando falla y no cumple las condiciones que usted mismo se impuso para su «autoestima», «lógicamente» concluirá que es usted un gusano, y casi siempre se sentirá ansioso y deprimido. ¿Por qué? Porque define su yo, su «valor» en términos de estas condiciones. Cuando hace lo que hace principalmente por disfrutarlo, crea mucha menos ansiedad, ¡y paradójicamente es posible que lo haga mejor!

Mientras está intentando cumplir las condiciones que se impone para la autoaprobación («Sólo estoy bien cuando tengo éxito, cuando gano la aprobación de otros, cuando ayudo a los demás»), no puede dejar de preocuparse por no cumplir con estas condiciones necesarias: «Supongamos que fracaso en este importante proyecto...»; «¿Qué pasa si no consigo el amor de John (o Joan)...?»; «Supongamos que me esfuerzo por ayudar a los demás y soy incapaz de hacerlo o supongamos que incluso les perjudico...». Con pensamientos como éstos, que son casi inevitables, usted se preocupará, se preocupará y se preocupará y conseguirá no alcanzar los objetivos que usted cree debe conseguir para convertirse en una persona «válida». Y como no habrá conseguido sus objetivos necesarios muchas veces pensará que merece su indignidad. ¡Ya está atrapado!

Aun cuando tenga mucho éxito al cumplir con las condiciones que supuestamente le convierten en un «buen» individuo, ¿cómo puede estar seguro de que seguirá triunfando? No puede. Obviamente, siempre puede fracasar más adelante. «Ahora que estoy teniendo éxito en este importante proyecto, ¿lo seguiré teniendo mañana?»; «Sí, John (o Joan) me quiere hoy, pero ¿me querrá todavía mañana?». Así que, de nuevo, ¡lo que toca es preocuparse!

Calificarse de buena persona porque realiza buenas acciones es solamente una definición. Podría venir cualquiera y mostrarse en desacuerdo con usted; podría decir, por ejemplo, que usted sigue siendo «malo» porque:

1) no es perfecto;
2) sus acciones no son buenas del todo;
3) simplemente, por el hecho de ser humano no es bueno; o
4) sus «buenas» acciones son en realidad «malas».

Entonces, ¿en qué posición se encontrará? En la de la duda. Porque, ¿quién tiene realmente razón: usted o esa otra persona que define su bondad? ¿Quién podría decirlo? ¡Nadie!

La autoestima, pues, o cualquier medida condicional de su yo, de su ser, de su esencia o calidad de persona, simplemente no funcionará. La autocalificación, como Alfred Korzybski demostró en 1933 en *Science and Sanity* («Ciencia y cordura»), no puede ser correcta. No existe, dijo, ningún «es» que defina la identidad: «La identidad es invariablemente falsa ante los hechos». Porque si usted es una «buena» persona, tendría que ser total y globalmente «buena» siempre, bajo cualquier circunstancia. ¿Quién, incluyéndole a usted, puede realmente ser 100% bueno, o por la misma regla de tres, totalmente malo? ¡Nadie! Incluso una «buena acción», como ayudar a alguien que sufre, no puede siempre, únicamente y bajo cualquier circunstancia, ser bueno. A veces puede llevar a resultados perjudiciales. Por ejemplo, imagine que decide ayudar a un asesino, ¡que más tarde opta matar a una docena de personas! Puede ayudar a una víctima de accidente de manera errónea, y que ésta empeore.

Si quiere ser sabio, o dicho más correctamente, actuar con sabiduría el mayor tiempo posible, se abstendrá totalmente de calificar su yo, su ser, su calidad de persona. ¡Sí, totalmente! Establecerá importantes objetivos y fines, como seguir estando vivo y ser feliz cuando esté solo, con otras personas, en el trabajo y durante el tiempo de ocio. Cuando no consiga cumplir con estos objetivos y fines, por ejemplo fallar en una relación, puede decir: «Esto es malo». Y cuando tenga éxito, puede decir: «Esto es bueno». Pero puede, y es aconsejable que así lo haga, abstenerse de decir, de manera incorrecta y autodestructiva: «Yo soy bueno» o «Yo soy malo». ¡Cometer una equivocación no le convierte a usted en una equivocación!

Ésta es una de las lecciones más importantes que enseña la TREC. Usted, su calidad de persona, no es algo que se pueda medir ni ser evaluado globalmente. Una vez establezca los propósitos y objetivos de su vida –¡yo le aconsejaría que escogiera sobrevivir y ser feliz!– podrá creer de forma realista que sus pensamientos, sentimientos o acciones son buenos cuando fomenten los objetivos escogidos. Y podrá creer sensatamente que cualquiera de sus conductas será mala si bloquea o sabotea sus objetivos. Pero nunca, jamás, necesita optar por Creer, estúpidamente: «Yo soy bueno» o «Yo soy malo».

En lugar de ello, puede optar por afirmar: «Soy una persona, un individuo único, que está vivo y es capaz de disfrutar por ello. ¿Cómo voy a encontrar placeres que no me perjudiquen después, ni a mí ni a mi grupo social, y cómo evitaré sufrimientos y seguiré teniendo una vida feliz sin dar una calificación global a mi yo ni a mi calidad de persona?».

¡Bien! Pero déjeme advertirle: Es difícil poseer un «yo» o una «identidad», calificar lo que hace para cumplir sus propósitos y no evaluar ese «yo». Como ser humano, nació y fue educado para evaluar sus intentos y sus acciones, en primer lugar para ayudarle a sobrevivir, y en segundo para llevarse bien con los miembros de su grupo social. Así que eso está bien.

¡Pero, pero, pero! También le enseñaron a evaluar, y tiene una tendencia biológica a evaluar su yo, su calidad de yo. ¡Así que simplemente intente minimizar esta propensión! Usted puede, aunque sólo tras mucho esfuerzo y práctica. Usted es un «autoevaluador» por naturaleza. Aun cuando solamente evalúe su conducta durante un tiempo, puede fácilmente recaer en la nociva autoevaluación.

La TREC, por tanto, le ofrece una fácil solución a su problema de autoevaluación. ¿Cómo? Diciéndole que se puede definir a sí mismo como «una buena persona» simplemente porque está vivo y es humano. Sí, por ninguna otra razón. Al hacerlo así, se está diciendo a sí mismo, de manera muy potente: «Yo soy bueno, soy digno, soy válido simplemente porque existo, simplemente porque soy humano, simplemente porque decido verme como bueno». Y punto.

Convénzase de ello con todas sus fuerzas. Con sentimiento. Si lo cree totalmente, conseguirá una autoaceptación incondicional (AAI). Porque sus condiciones siempre se cumplen. Obviamente, usted sabe que existe. Obviamente, es humano. Obviamente, puede decidir verse a sí mismo como bueno simplemente porque está vivo y es humano. Si es así, puede cumplir constantemente con las condiciones que elige como necesarias para su «bondad». ¡Qué listo! Hasta que esté muerto, hasta que deje de ser humano o deje de definirse como «bueno», no puede fallar.

Así que esta solución práctica o pragmática del problema de la autovaloración es correcta. Si la utiliza, funcionará. No se vea nunca como una mala persona, como un inútil. ¡A menos que «decida» hacerlo así una vez haya fallecido!

Sin embargo, esta solución: «Siempre soy bueno simplemente porque estoy vivo y soy humano», tiene un auténtico punto débil: que no es un hecho, sino una definición. Al utilizarla puede fácilmente decir que usted siempre es «bueno» y nunca «malo», pero cualquier otra persona podría decir cualquier otra cosa. Ni usted ni ninguno de sus objetores pueden demostrar científicamente que tienen razón. Ni tampoco usted ni ellos pueden desmentir su hipótesis. Así que ¿dónde se encuentra? Filosóficamente hablando, en terreno resbaladizo.

Así que la TREC le ofrece otra opción. Usted puede decidir sus objetivos y propósitos (como vivir y disfrutar de la vida) y solamente evaluar sus pensamientos, sentimientos y acciones como «buenos» cuando le ayuden a conseguir estos objetivos, y como «malos» cuando los bloqueen. Puede negarse a medir o evaluar globalmente su yo, su esencia, o su ser, de forma absoluta. Sí, ¡absoluta! Simplemente concéntrese en disfrutar su vida y no en demostrar lo bueno o malo que usted es.

¿Por qué es tan importante la autoaceptación incondicional (AAI)? Porque muchas veces cuando le falta se vuelve adicto al autodesprecio. Se culpa a usted mismo por sus errores, fracasos, estupideces y defectos. Y todos ellos surgen con frecuencia, simplemente por ser una persona falible.

¡Peor aún! se culpa por los resultados de echarse la culpa: por los sentimientos de ansiedad y depresión que el autorreproche produce. Odia sus cambios de humor, pero también se odia a usted mismo por tenerlos.

También, con frecuencia, se pone a la defensiva acerca de sus defectos. Así pues, se culpa por fracasar en el amor o en el trabajo y después se siente tan mal que no puede soportar su propio odio. Así que lo niega y lo racionaliza, se dice que realmente no fracasó, se niega a aprender de sus fallos, y fomenta el cometer algunos más.

O culpa a su pareja, a su jefe o a su amante por hacerle fracasar. Entonces crea sentimientos de rabia (culpar a los demás) por ser ellos tan malos. Ahora se siente muy enojado, a la defensiva, y debajo de todo ello se sigue culpando a sí mismo. Entonces, si se da cuenta de lo perjudicial que es su ira, puede regañarse por sentirse airado.

Si se esfuerza duramente por lograr la AAI y llega al punto donde raramente se culpa por cualquier cosa que haga, aun admitiendo su conducta errónea, seguirá teniendo un ego saludable: «Yo, un individuo único, existo y yo intentaré hacerlo bien, tener buenas relaciones, ayudar a los demás y sentirme feliz». De este modo reducirá su perjudicial evaluación del ego y la tendencia a la perturbación que la alimenta.

ACEPTACIÓN INCONDICIONAL DE LOS DEMÁS (AID)

Usted, por desgracia, es un ser humano falible y a menudo confuso. ¡Igual que cualquier otro! Otras personas frecuentemente le tratarán incorrectamente, injustamente, ofensivamente, destructivamente. ¿Por qué? ¡Porque sí! Porque así son las cosas, tal y como demuestra la historia del ser humano.

Las personas normalmente no ven sus acciones como «malas». O creerán que usted «se merece» ese maltrato. O admitirán sus errores pero los seguirán cometiendo. ¡O lo que sea!

Así que busque una de sus Creencias Irracionales: «Debido a que las personas preferiblemente no deberían actuar tan mal como lo hacen, ¡ellas no deberían, en absoluto, actuar de esa manera!». Porque, en verdad, ¿cómo podrían las personas no estar actuando mal cuando claramente sí lo están haciendo? ¿Dónde está escrito que deben actuar bien cuando, según usted, indudablemente no lo están haciendo?

¡Ahora sin tonterías! Siempre que se sienta muy disgustado con la conducta de otros, tiene todo el derecho a sentirse así. Pero está siendo increíblemente arrogante cuando decreta que las personas no pueden actuar como a usted no le gusta y que no lo puede soportar si así lo hacen. Las personas pueden, por descontado, comportarse de la manera que decidan comportarse. Y si usted realmente no pudiera soportarlo, se moriría debido a sus acciones. Veamos, ¿con cuánta frecuencia se muere?

¡Así que vaya con cuidado! Odie, si así lo desea, lo que otras personas hacen, o lo que dejan de hacer, pero no exija que actúen amablemente. No les culpe, ni su personalidad total, por sus «execrables» acciones. Intente ayudarlas, sin ira, a cambiar. Pero cuando no cambien (o a veces no puedan hacerlo), acéptelas como seres humanos falibles. Aceptar al pecador, aun cuando siga «pecando». No olvide, pero sí perdone.

El enojo, la rabia y la furia son difíciles de combatir porque muchas veces hacen que nuestro ego se sienta bien. Desprecia a los demás y sigue montado en el columpio emocional. Se siente fuerte y poderoso cuando está enojado, aun cuando lo que hace es, por debilidad, tapar su vulnerabilidad y ceder a unos «prontos» infantiles. Se siente como si fuera mejor persona que el otro, porque usted, por supuesto, está completamente en lo cierto mientras que él o ella está equivocado, es malo, ruin. Usted gobierna sobre su enemigo, y presumiblemente todo el mundo sabe lo gran monarca que es usted. Compensa sus anteriores errores y debilidades mostrando lo incuestionablemente acertado de su actual posición, ya que está totalmente en posesión de la verdad.

En realidad, el enojo y la ira lo que hacen es mostrar su debilidad. Le convierten en dogmático, descontrolado, dominado por sus impulsos. Le conducen a una excesiva generalización, a tomar decisiones estúpidas, a perder tiempo y energía, a obsesionarse con las personas que odia, a perder amigos, a poner en su contra a personas que quiere, y a cometer actos insensatos, destructivos y a veces incluso criminales. También se cobran un alto precio físico, muchas veces causando indebido estrés, subida de presión arterial, problemas intestinales, trastornos cardíacos o empeorando otras dolencias físicas. El enojo y la ira principalmente bloquean la resolución eficaz de problemas, las planificaciones a corto y a largo plazo, la búsqueda del éxito, los triunfos deportivos y otras intenciones constructivas.

Renunciar a su ira y conseguir la Aceptación Incondicional de los Demás (AID) implica un profundo cambio filosófico que puede mejorar notablemente su vida. Le demuestra que usted puede controlar algunos de sus sentimientos más fuertes, naturales y destructivos. Le da auténtica paz, con respecto a los demás y a usted mismo. Enriquece la amistad, el amor, la colaboración, la cooperación y la creatividad. Lleva a trabajar mejor y a unos proyectos más placenteros, interesantes y valiosos. Presenta un buen ejemplo para sus amigos íntimos, familiares, colegas y compañeros. Fomenta y a menudo crea paz en la tierra, buena voluntad entre hombres y mujeres. ¡Y una vida más larga!

Como dije antes, cuando se desprecia, muchas veces se siente tan mal que consciente o inconscientemente se engaña culpando a los demás. ¡Eso no está bien! Cuando culpa a otros por su conducta, también está reforzando sus tendencias de autoinculpación y echa piedras sobre su propio tejado: «Veo que ellos no son buenos porque actúan de manera estúpida, pero como yo también actúo de esa forma, ¿me convierte eso en un gusano?» Según la «lógica» de la autoevaluación, la respuesta es: sí.

Vuelvo a repetir: cuando apunta con el dedo a los demás puede observar su dolor, la rabia que le devuelven, su falta de amor y cooperación, así como sus acciones contra usted. Y puede observar su propia reacción exagerada y su falta de control, y por todo ello se puede despreciar.

Conseguir la Aceptación Incondicional de los Demás (AID) es un autocontrol profundo y saludable, que llega muy lejos. Especialmente cuando una de esas personas realmente actúa de manera detestable. Al conseguir la AID, reconoce completamente que es usted quien crea y domina –y muchas veces deja de dominar– sus sentimientos. La AID es sincera, realista, práctica. Le sitúa en el asiento del conductor con respecto a usted mismo, y frecuentemente con sus iguales. Si comprende esto, se esfuerza por conseguir la AID y llega a conseguirla en numerosas ocasiones, se convertirá en una práctica automática. Entonces pensará, sentirá y actuará, fácilmente, sin ira. Claramente se gobernará a usted mismo. No siempre, pero hablando de forma general, para siempre. Estará en paz consigo mismo, y más aún, totalmente en paz con el mundo.

Esfuércese por comprender esto. Decida conseguirlo. Convénzase de actuar en base a su decisión. Actúe, actúe y actúe basándose en ella. Haga que su voluntad se convierta en fuerza de voluntad para aumentar su AID. Por su propio bien y el de la sociedad.

Greg, un vendedor de 27 años, obtenía bastante placer censurando a otras personas y así se sentía bien consigo mismo. Por desgracia, su ira hacia los demás hizo subir su presión sanguínea y empezó a ser propenso a tener dolor de espalda originado por la tensión. Al principio se negó a aceptar la opinión de la TREC de que cuando las personas le trataban injustamente, eran sus propias e irracionales exigencias de que esas personas no deberían ser como eran, y no la injusticia por sí misma, las que generaban su ira. Cuando conseguí que de manera experimental aceptara esta opinión, se quedó asombrado al descubrir lo rápidamente que disminuía su ira. Su dolor de espalda no solamente se alivió sino que se sintió invadido por un sentimiento de paz tan grande que casi no podía creer que había llegado hasta allí. Por primera vez en su vida se sintió bien acerca de sí mismo porque se sentía cómodo consigo mismo, y no porque ponía a los demás por debajo.

CAPÍTULO 7 ¡Qué horrible! ¡Qué espantoso! ¡Qué horripilante! ¡No lo puedo soportar!

La vida se podría describir como dificultades para casi todo el mundo. ¿Con qué solemos encontrarnos desde la cuna hasta la tumba? Con centenares, a veces miles de sufrimientos, enfermedades, aflicciones, dolencias, frustraciones, restricciones, decepciones, problemas, discapacidades, injusticias, luchas, dificultades financieras, rechazos, críticas, abandonos, barreras, prejuicios, etc.

¿Por qué razón nuestros más queridos deseos se ven frecuentemente bloqueados y las cosas que más aborrecemos se manifiestan? Porque simplemente existen. ¿Tiene que ser así a perpetuidad? Sí, así es. Ninguno de nosotros, aun cuando nos cuidaran bien de niños, escapamos a los problemas y tribulaciones. ¿Y de adolescentes y adultos? ¡Mejor lo olvidamos!

¿Qué puede hacer usted para dejar de enojarse y deprimirse por los «horrores» de la vida? Evidentemente, «deshorribilizarlos». Recuerde lo que Reinhold Niebuhr sabiamente dijo a principios del siglo XX: «Adquiere el coraje para cambiar las cosas desafortunadas que puedas cambiar, la serenidad para aceptar (pero no para que te gusten) las que no puedes cambiar, y la sabiduría para conocer la diferencia». De esta manera se podrá negar en redondo a convertir en horrores y terrores los calamitosos inconvenientes.

Pero la dificultad real, el problema grave muchas veces existe. Usted y su familia pueden sufrir personalmente de enfermedades graves, daños, asaltos y violencia, delincuencia y otros problemas; y si observamos cada día la televisión y los periódicos, encontraremos macabros detalles sobre inundaciones, hambruna, terrorismo, guerras, genocidio y otras atrocidades. Sin embargo, está claro que no todo el mundo que sufre padece este tipo de sufrimiento. No todo el mundo define las cosas malas como horribles, espantosas y horripilantes, empeorándolas aún más. Muchas personas lo hacen, y muy a menudo. Pero no todo el mundo. Y no hay nadie que lo haga constantemente.

¿Por qué convertir en horrores los inconvenientes y con ello incrementar nuestras penas? Quizá porque heredamos esta tendencia de los primeros antepasados que no podían vivir demasiado en paz y tranquilamente porque de lo contrario se morían. Para sobrevivir, puede que desarrollaran un teatral *horror* acerca de los peligros y de este modo ponían en marcha sus mecanismos de acción preventiva.

Quizá, junto con este tipo de operaciones de seguridad, los primeros humanos descubrieron que al expresar ese horror verbalmente, protestando y quejándose de lo terribles que eran las cosas, otras personas les prestaban apoyo, y puede que ello condujera a la supervivencia del que más se lamentaba.

No importa. La tendencia a horribilizar existe a nivel mundial y puede que sea una reacción inherente a los acontecimientos muy malos y potencialmente fatales. ¿Quién de entre nosotros no lo hace con relativa frecuencia? ¡Muy pocos!

Además, la tendencia a horribilizar tiene algunas ventajas. Cuando contemplamos una Adversidad (A) como horrible y espantosa, le prestamos más atención, pensamos cómo cambiarla o escapar de ella y muchas veces emprendemos acciones preventivas que de otro modo no haríamos. A veces nos motiva para salvar nuestra propia vida y la de nuestros seres queridos. Por lo tanto puede –y digo puede– contribuir a la supervivencia humana.

¡Pero no a una supervivencia demasiado feliz! A lo que nosotros llamamos naturaleza no le importa mucho cómo sobrevivimos, siempre y cuando lo hagamos. Por lo tanto nos anima a nosotros, vulnerables animales de piel fina, a ser extremadamente cautos, a estar alerta y sentirnos ansiosos cuando nos enfrentamos al peligro y a salir corriendo como alma que lleva el diablo cuando lo percibimos. De hecho, debido a nuestra naturaleza, solemos imaginar los peligros más grandes de lo que pudieran llega a ser. Así que sobrevivimos, muchas veces miserablemente, con exagerado pánico y huidas. ¡Pero sobrevivimos!

Por ello la tendencia a horribilizar suele funcionar. Pero el no convertir en horribles las cosas muy malas suele funcionar mejor. Como nos dice la TREC, tenemos opciones de pensamientos negativos cuando nos enfrentamos al peligro. Podemos ponernos, en primer lugar, en un estado saludablemente preocupado y alerta; y después en un estado insano de pánico y horror. La primera opción casi siempre ayudará más que la segunda. Por varias razones:

El pánico y el horror que acompañan a este exagerado del miedo son destructivos y menoscaban las posibilidades de encontrar buenas soluciones para los problemas graves. A veces le dejan anonadado, así que no puede pensar correctamente. Puede que le ayuden a escapar más rápidamente del «horror», pero en la dirección equivocada. Le impulsan a tomar decisiones rápidas que muchas veces no son adecuadas. Le quitan de la cabeza soluciones alternativas que son mejores. A veces trastocan sus respuestas físicas y desvían su energía. Le hacen sentir débil y descontrolado y fomentan que la debilidad se convierta en autodesprecio.

¿Cómo puede dejar de ver las cosas como horribles cuando casi todo el mundo se mostrará de acuerdo con usted en que realmente son muy malas? ¡No es fácil! Realmente se puede ver afligido por cosas muy malas, que le ocurran a usted y a sus seres queridos. Por ejemplo: pérdida de la visión, de una extremidad, del oído, de un riñón o de una porción de intestino. Abusos sexuales infantiles, incesto, violación, ataques, engaños graves. Pobreza, delincuencia, discriminación, acoso sexual o de otro tipo. Graves trastornos mentales y emocionales. ¡Etcétera!

Sin embargo, los acontecimientos excepcionalmente malos solamente son horribles, espantosos u horripilantes cuando usted los define de esta manera. Malo nunca significa horrible, pero usted piensa que sí. Y usted nunca tiene que pensar de esa manera autodestructiva. De hecho, si piensa con claridad, pronto verá que nada –absolutamente, nada– es horrible. Porque horrible normalmente tiene varios significados, la mayoría de ellos inexactos. Dos de sus significados correctos son:

1. Horrible significa algo muy malo o extremadamente malo. Bueno, eso es casi siempre correcto, según sus propias normas y objetivos. Si siente una fuerte preferencia por triunfar en el sexo, el amor, el trabajo o los deportes, y en realidad le rechazan, su fracaso obviamente va en contra de sus intereses, y por tanto es frustrante o malo. No necesariamente para los demás, naturalmente, pero sí para usted. Así que calificar su fracaso o el ser rechazado de malo parece bastante exacto.

2. Puede llamar a algo legítimamente muy malo si va realmente contra sus objetivos e intereses. Así pues, si fracasa tan estrepitosamente en un proyecto importante que parece que nunca tendrá éxito, puede decir que este fracaso es muy malo o extremadamente frustrante. Por ejemplo, si no consigue obtener el amor de la persona a quien realmente quiere y parece que nunca encontrará otra pareja igual de buena, puede decir que se trata de una pérdida muy mala.

Así que estas dos Adversidades, si las califica de horribles, casi encajan con ese término. Pero, cuando usted llama a cualquier otro tipo de Adversidad horrible o espantosa, normalmente quiere decir varias otras cosas que no puede demostrar de forma realista. Examine, por ejemplo, estas definiciones incorrectas y autodestructivas de horrible:

1. Al llamar horrible a un acontecimiento malo en realidad quiere decir que es tan malo que no debería, no debe, en absoluto, existir. Pero esto es ridículo, porque no importa lo malo que sea si existe y tiene que existir. Así que está exigiendo, de manera exagerada, que sólo deberían ocurrir cosas moderadamente malas y que las muy malas no tienen ningún derecho en absoluto a ocurrir. De hecho, cuando las llama horribles, está diciendo, de manera contradictoria, que claramente existen pero que indudablemente no deberían hacerlo. ¡Qué extraño!

2. Cuando insiste en que un acontecimiento indeseable es horrible o espantoso, está implicando –si es sincero consigo mismo– que es todo lo malo que podría ser: completamente o cien por cien malo. Pero en realidad nada puede ser cien por cien malo, porque invariablemente podría ser peor. Si le violan y le matan, eso es muy malo, pero no cien por cien malo, porque varios de sus seres queridos también podrían ser violados y asesinados, y eso sería peor. Si le torturan lentamente hasta la muerte, siempre le podrían torturar más despacio. Casi que lo único que podría ser totalmente malo sería la aniquilación de toda la raza humana, todas las cosas vivas y no vivas que actualmente existen, y todo el universo. Pero bueno, parece que eso no es demasiado probable en un futuro cercano.

Aunque todo el universo fuera aniquilado, eso sería muy desafortunado, pero no realmente horrible, por varias razones: a) de todos modos todos moriremos; b) una vez hubiéramos sido destruidos, no sabríamos que no existimos; c) es triste que muchas especies, como el tiranosauro rex y el dinosaurio, ya no existan, pero ¿es realmente horrible?; y d) si considera la posible o real aniquilación humana (o animal) como algo horrible, ¿cómo nos ayudará eso a seguir vivos o a ser felices?

3. Cuando etiqueta un acontecimiento muy desdichado como horrible, espantoso u horripilante, a veces implica que es más que malo, un 101% o un 200% malo. ¿Cómo va a demostrar esa hipótesis?

4. Cuando afirma que un acontecimiento muy malo es horrible, muchas veces quiere decir que es tan rematadamente malo que: a) existe ilegítimamente; b) no debe ser tan malo como indudablemente es; c) no debe existir en absoluto; y d) es tan terriblemente malo que no puede cambiarlo de ninguna manera, ni aceptarlo ni afrontarlo. Durante el discurrir de estos pensamientos tan contradictorios acerca de lo «malo» tiende a deificarlo y satanizarlo; insiste es que es demasiado real así como irreal; y por tanto obstruye su capacidad de afrontarlo. ¡Qué barullo crea su tendencia a horribilizar!

5. Como vimos antes, la tendencia a horribilizar raramente le ayudará (¡ni a usted ni a nadie!) a mejorar las cosas, y muchas veces impedirá que las pueda mejorar. Sentirá que las cosas son más frustrantes y peores de lo que realmente son; y puede que en realidad las empeore. Obsesionarse por ellas también aumentará y perpetuará su condición de exasperantes. Continuamente se martirizará por ellas.

¿Cuál es la solución a horribilizar? Convénzase de que lo malo es sólo malo, no horrible. Incluso lo muy malo sigue siendo sólo malo, nunca más que malo. Acepte los acontecimientos aciagos mientras sigue intentando cambiarlos. Siga deshaciendo horrores y terrores hasta que realmente deje de creer en ellos. Entonces tenderá automáticamente a dejar de crearlos y cuando, ocasionalmente recaiga en el tema, rápidamente los volverá a transformar en solamente malos. Después de hacer eso suficientes veces, todavía se sentirá frustrado y decepcionado por las Adversidades reales, y suficientemente frustrado como para intentar mejorarlas. Pero prácticamente nunca convertirá los obstáculos en catástrofes, ni los auténticos infortunios en horrores ficticios.

REDUZCA SUS ATAQUES DE «NO-LO-PUEDO-SOPORTAR»

Como casi todo ser humano, cuando realmente le disgusta algo que le está sucediendo, suele tender a insistir tontamente en: «¡No lo puedo soportar!» pero en realidad sí puede, y de hecho lo hace. ¿Por qué?

1. Porque, en primer lugar, si realmente no pudiera soportar los acontecimientos dolorosos, como no lograr obtener un buen empleo, ser rechazado por alguien a quien quiere o padecer una grave enfermedad, supuestamente moriría por esas causas. Bien, ¿acaso se

muere? No a menos que se suicide estúpidamente. Quizá realmente no pueda soportar tirarse por un barranco y sobrevivir. Pero muy pocas cosas de las que no le gustan le matarán. De hecho, no siempre dice: «¡No lo puedo soportar!» refiriéndose a un peligro físico, sino principalmente a cosas no físicas como el rechazo. Así que puede soportar prácticamente cualquier cosa que no le guste nada.

2. En segundo lugar, las Creencias —como la de «No puedo soportar perder este buen empleo!» o «¡No puedo soportar perder el amor de John (o Joan)!» son grandes exageraciones. En realidad significan: «Cuando pierda este buen empleo o el amor de John (o Joan), como no debe ocurrir, en absoluto, después de ello no podré ser feliz y sólo experimentaré un enorme dolor y me sentiré desgraciado prácticamente cada segundo del resto de mi vida! ¡¿Qué le parece!? Probablemente puede convertir esta Creencia en verdadera creyendo profundamente en ella y actuando en consecuencia. Pero ¿es realmente cierta? ¿Tiene que angustiarse siempre que algo vaya mal en su vida? Puede, por supuesto, pero está claro que no tiene por qué. Puede encontrar otros intereses. Si así lo decide.

3. En tercer lugar, siempre que dice: «¡No puedo soportar esto!» o «¡No puedo soportar aquello!» lo que de hecho está haciendo es seguir viviendo y soportándolo. Si dice: «¡No puedo soportar este empleo!» o «¡No puedo tolerar este matrimonio!» puede elaborar un plan y dejarlo. Bien. Ésta es una determinación sensata para cambiar la situación. Pero cuando no lo puede soportar y miserablemente permanece en un trabajo o un matrimonio, en realidad lo está soportando ¡y quejándose de que no puede soportar lo que en realidad sí esta soportando!

Sí, los acontecimientos malos, incluso los muy malos, seguirán ocurriendo. Pero puede optar por afrontarlos y optar por encontrar algunas otras satisfacciones. O puede optar por los «no-lo-soporto», seguir en la misma situación ¡y causarse un sufrimiento innecesario! Asimismo, puede optar por abandonar una situación que hubiera sido mejor que soportara y que hubiera hecho algo por mejorar.

¿Por qué es de importancia crucial —aunque no absoluta— que usted crea de manera firme, fuerte y constante: «¡Definitivamente puedo soportar prácticamente cualquier cosa, no importa cuanto me desagrade!» Por varias razones:

1. Experimentará acontecimientos desfavorables en repetidas ocasiones. Para prevenir, es mejor que los defina, de forma realista, como Adversidades y que haga lo que pueda para reducirlos o eliminarlos. La pobreza, por ejemplo. Ser atacado y violado. Enfermedades y accidentes graves. Encarcelamiento y tortura. Es mejor que deteste, de forma saludable, estos acontecimientos, que intente mantenerlos alejados, que busque la ayuda de los demás, que deje usted mismo de contribuir a ellos y que los afronte cuando no los pueda evitar. Pero no recurrir al «no-lo-soporto» incrementando sus sentimientos de animadversión y obstaculizando sus capacidades de resolución.

2. «¡No puedo soportar esta Adversidad!» significa que prácticamente no puede tolerar ni el pensar en ella para así planificar su mejora. Si es así, ¿cómo puede entonces enfrentarse a ella y/o cambiarla?

3. Los ataques de «no-lo-soporto» tienden a hacerle pensar de manera desquiciada y actuar destructivamente con respecto a personas y acontecimientos que califica de detestables. Si cree que no puede soportar a las personas críticas, casi seguro se enfadará con ellas, exagerará sus «errores», bloqueará su capacidad de ser positivo y exagerará sus quejas contra ellas. ¿Acaso alguna de estas conductas le será de ayuda? ¡Seguro que no contribuirán a que actúe de forma constructiva!

4. Cuando no puede soportar las acciones de alguien, se disgusta excesivamente por ellas, y muchas veces las ve peor de lo que son. Cuando no puede soportar a personas que actúan de manera abominable, suele condenarlas por su mala conducta, llega a la conclusión de que son totalmente malas y quizá las boicotea por completo y pierde de vista sus buenas cualidades. Se convierte en un fanático y llegará a calificar de perversas incluso sus acciones buenas o neutrales.

5. De manera similar, cuando no puede soportar una situación mala, como algo que ocurra en la familia o el trabajo, es probable que la considere totalmente mala y nada buena, para boicotearla por completo, y perderse así sus aspectos buenos y placenteros.

Cuando se convenza totalmente de que puede soportar a personas y acontecimientos fastidiosos, podrá optar por dejarlos o seguir con ellos e incluso disfrutar de su parte buena. Además, a veces es mejor no evitar las Adversidades, como cuando tiene una familia política a quien no puede dar la espalda, un jefe detestable pero un buen empleo bien remunerado, o una enfermedad como el cáncer. Todavía puede aceptar su parte desagradable, en algunos casos incluso encontrarles aspectos que pueda apreciar, y tolerarlos mientras descubre otros intereses satisfactorios.

Una vez –repito– se convenza de que puede soportar casi cualquier cosa que ocurra, borrará el horror de su vida y se quedará únicamente con sus grandes y pequeños inconvenientes. Cuando crea de verdad que únicamente puede experimentar varios tipos de incomodidades y que no existe nada que sea más que inconveniente, podrá alcanzar una inusual serenidad. Sí: todavía dispuesto a cambiar las cosas perjudiciales que puede cambiar, pero serenamente aceptando, y en ocasiones incluso disfrutando, las que no puede. Esta inusual ecuanimidad puede matizar de forma duradera toda su vida. ¡Elegantemente!

EVITE LAS GENERALIZACIONES EXAGERADAS Y EL PONER ETIQUETAS

Las personas generalizan fácilmente, casi siempre de manera exagerada. Como no ha logrado conseguir varios de los empleos que deseaba, puede llegar correctamente a la conclusión: «La mayoría de empleos que quiero no están disponibles para mí. Supongo que es mejor que realice muchos más intentos para que finalmente consiga uno que me guste».

¡Bien! Esa es una generalización sensata. Le ayudará.

Pero puede añadir, estúpidamente: «Como no consigo obtener un empleo que me guste, nunca lo conseguiré. No hay ningún buen empleo disponible para mí. Es mejor que renuncie y que deje de intentar conseguir uno».

Aunque haya fallado en diversas ocasiones, ello no significa que tenga que hacerlo de nuevo. Como su padre o su madre, que tenía los ojos azules, le fastidió, no crea que tiene que evitar a todas las personas de ojos azules. Puede que le parezca difícil comprender y hablar con los más devotos de los seguidores de una religión. ¿Pero con todos ellos?

Sus generalizaciones excesivas son ilógicas y limitadoras. Y pueden crear prejuicios contra otros individuos y grupos. Compruébalas y revísalas.

Una forma especialmente nociva de generalización excesiva consiste en etiquetar. Si usted dice: «Soy perezoso» o «soy una persona perezosa», está considerando una parte de su conducta e implicando que siempre y bajo prácticamente cualquier circunstancia actúa de manera perezosa. ¿Pero lo hace? El poner etiquetas también implica que se quedará con alguna de ellas para siempre y que no la podrá cambiar. Si realmente es perezoso, es decir, su núcleo es perezoso, ¿cómo será posible que pueda emprender alguna acción para conseguir ser algo menos o nada perezoso? ¡Harto difícil!

«Soy perezoso», además, suele implicar: «Y no debería ser de esa manera, ¡y soy malo por ser perezoso, porque no debería serlo!». Una vez más, como antes indiqué, está utilizando el ser de la identidad e implicando que usted es siempre malo cuando es su conducta la que en ocasiones es menos deseable de lo que le gustaría que fuera.

Incluso el decirse: «Actúo perezosamente», puede entrañar riesgos. Porque puede querer decir que actúa de manera indolente casi permanentemente. ¿Es eso cierto? ¡Difícilmente!

Así pues: cuidado con colgarse una etiqueta que se refiera a algunos aspectos de sus trastornos. Quizá tenga sentimientos depresivos, en ciertas ocasiones y bajo circunstancias específicas. Pero si por ello concluye «soy depresivo», se estará animando a sentirse deprimido prácticamente siempre, bajo muchas circunstancias diferentes. Éste es uno de los peligros de nuestra tradición médica: etiquetan a las personas como depresivas y con ello las desanimamos para que ni tan siquiera intenten cambiar.

De manera parecida, afirmaciones como: «Tengo los cables cruzados» son mucho peores que «Parte del tiempo me comporto como si estuviera hecho un lío». «¡Está chiflado!» es muy diferente de: «Por lo que puedo observar, actúa de manera insensata en algunas ocasiones especiales».

¿Todas las etiquetas son tontas? Por supuesto que no. Podemos llamar «fruta» tanto a un plátano como a una pera, y no pasa nada por ello. Pero si dice: «Como los plátanos y las peras son frutas, y como no me gusta ninguna de ellas, me mantendré alejado de todo tipo de frutas», entonces tendrá problemas. Las generalizaciones excesivas que son restrictivas o condenatorias son las que hay que vigilar. Así que evalúe minuciosamente una conducta destructiva, pero no a la persona, ¡incluyéndose a usted! que la lleve a cabo.

Sin embargo, tampoco se evada ni se resigne. Cuando las personas se comportan «mal» o «injustamente» —¡algo frecuente!— renuncie a sus exigencias egocéntricas de que son ellos los que tienen que desistir, deje de culparles por sus «execrables» conductas, intente inducirles, sin rabia, a cambiar y acepte (aunque no le guste) que no cambiarán. No obstante, dígales, si es factible, por qué y cómo le gustaría a usted que se comportaran. Persuádales —sin enojo- de que actúen mejor. Opte, si puede, por mantenerse alejado de ellos. Pero deje de gritar y de quejarse de que no deberían hacer lo que indudablemente están haciendo. Si tiene el poder para detenerles, utilícelo con cuidado. Si no tiene ningún poder sobre ellos, no haga ver que sí lo tiene. Las personas normalmente actuarán como quieran ellas, no como quiera usted. Es una lástima, ¡pero no horrible!

Para lograr un profundo cambio filosófico y con ello llegar a ser menos perturbable, tenga en cuenta lo que dijo Alfred Korzybski en *Science and Sanity* («Ciencia y cordura») en 1933: «Usted, como el resto de los seres humanos, tiene una fuerte tendencia innata y adquirida para generalizar con facilidad e incorporar las etiquetas, el ser de la identidad y/o el pensar, así como otras inexactitudes, a su lenguaje». Ello no le volverá loco, pero, como dijo este pensador, muchas veces contribuirá a que se vuelva un insensato o un neurótico.

Kevin Everett FitzMaurice, un terapeuta de Omaha, Nebraska, ha sido uno de los más destacados terapeutas que ha aplicado los principios de la Semántica General a la psicoterapia y el asesoramiento psicológico. Su *Attitude Is All You Need* («Todo lo que necesita es una buena actitud.») contiene algunas razones excelentes en contra de la generalización y la colocación de etiquetas. Se muestra de acuerdo con los principios de la TREC en que es aconsejable evitar los *yo debo* / *debe ser* y los *tengo que* absolutistas. Tanto como el hábito de echarse la culpa, protestar, culpar a los demás y exigir que los demás cambien. Él añade a estos principios racionales una sabia recomendación: ¡Deje de objetivar! «Objetivar» significa recoger una idea o abstracción sobre algo malo (como un fracaso) y considerar esa idea como si fuera la cosa, el objeto. Del mismo modo que usted considera que el fracaso es «horrible», lo convierte en un pensamiento-cosa y estará convencido de que, realmente, es horrible. En realidad, solamente es horrible para usted. Pero su opinión, y sus fuertes sentimientos acerca de «su horror» lo convierten en «incuestionablemente horrible». Entonces actúa como si el fracaso fuera «horrible», ¡y se mete en todo tipo de líos innecesarios!

Puede utilizar la semántica, el concepto de pensamiento –cosa– de Kevin E. FitzMaurice y lo que la TREC llama pensamiento exageradamente generalizado y tortuoso, para ver lo fácil que se provocan problemas emocionales; y con ello darse la posibilidad de ayudarse para llegar a soluciones «elegantes» para sus trastornos.

Pruebe observar cuándo generaliza excesivamente, etiqueta y utiliza un lenguaje basado en esto o lo otro en lugar de y/también. El reducir los descuidos semánticos no es ninguna panacea para la salud mental, pero reducirá su absolutismo y dogmatismo. Cuanto más alerta esté acerca de los trastornos fomentados por el lenguaje, menos propenso será a pensamientos, sentimientos y conductas autodestructivos. Al cabo de un tiempo, muchas veces se pillará a sí mismo antes de abrir su bocaza y hablar incorrectamente sobre usted o los demás. Si es así, llegará a sentirse mucho menos perturbable y a ser menos propenso a perturbarse. Volveré a este importante aspecto de la TREC en el capítulo 9.

CAPÍTULO 8   ¿Qué es lo peor que podría ocurrir?

En el capítulo 5 le pedí que imaginara alguna de las peores cosas que pudieran llegarle a pasar y que se preparara para afrontar esa posibilidad. Permítame que retome el tema, suponiendo que ello llegara a ocurrir, cómo se enfrentaría a ello.

Lo peor que pudiera ocurrirle no es muy probable que ocurra. Pero podría. Podría descubrir que está muriendo de SIDA o cáncer, o que uno de sus seres queridos se encuentra en esta situación. O incluso que el fin del mundo se acerca, o que otro acontecimiento «terrible» está a punto de ocurrir. ¿Cómo podría enfrentarse a esta Adversidad?

Déjeme que resuma brevemente uno de mis casos de supervisión que he descrito en mi libro dirigido a terapeutas, *Better, Deeper and More Enduring Brief Therapy* («Para una terapia breve mejor, más profunda y duradera»). Gail, una terapeuta de nuestra clínica psicológica del Albert Ellis Institute de Nueva York, estaba trabajando con Roberta, quien se sentía aterrorizada por si cogía el SIDA debido a que practicaba juegos amorosos, aunque tanto ella como su amante lo hacían totalmente vestidos. Roberta también consideraba que un apretón de manos era algo «extremadamente peligroso», y estaba constantemente en un estado de pánico. Gail finalmente convenció a Roberta de que difícilmente podría coger el SIDA por juguetear vestida.

El pánico de Roberta decreció y se atrevió a besarse con un hombre que consideraba seguro y que seguía totalmente vestido mientras lo hacía. Cuando Roberta se dio cuenta de que este juego amoroso restringido le producía placer, tuvo menos miedo y se mostró dispuesta a terminar con la terapia.

Gail y yo estábamos de acuerdo en que Roberta había hecho un buen progreso, tras solamente 12 sesiones de TREC. Pero a pesar de ello yo apunté que Roberta seguía sintiendo temor por estrechar la mano de gente y que exageraba cualquier malestar que pudiera sentir. Un dolor de estómago significaba para ella que tenía cáncer.

Así que sugerí que la próxima vez que Gail tuviera un cliente como Roberta optara por la *solución elegante* y le ayudara a ver que la probabilidad de atrapar una enfermedad mortal era baja –de hecho, muy baja– pero aunque así fuera, la muerte no sería algo horrible. ¿Por qué no sería algo horrible? Porque no era 100% malo: siempre podría haber muerto más joven o de manera más dolorosa. Y no era algo tan malo que no debería, en absoluto, existir. No importa lo malo que fuera, debía ser así de malo, ¡porque eso es lo que era: muy malo!

Gail estuvo de acuerdo en que la grave ansiedad de Roberta probablemente se vería aliviada si experimentaba con la solución elegante que yo sugería. Durante la siguiente sesión, intentó convencer a Roberta de que no había nada horrible, ni tan siquiera la muerte. Le demostró que la muerte, por lo que ella sabía, era exactamente el mismo estado en el que se encuentran las personas cuando son concebidas: cero. Sin dolor, sin problemas, sin preocupaciones: nada. ¿Por qué, entonces, amargarse por ello, cuando al fin y al cabo en un momento u otro todos tendremos que enfrentarnos a ella y cuando el preocuparse puede causarnos un dolor innecesario –¡hasta los 95 años!–?

Durante la sesión en la que Gail expuso este argumento, Roberta se negó a aceptarlo. Reconoció que la muerte en sí misma podía no ser horrible, pero que el morir con dolor sí lo sería. Pensó un poco más en ello después de la sesión y se dio cuenta de que era casi seguro que Gail tenía razón. La muerte propiamente dicha no era algo que la debiera preocupar, e incluso el hecho de morir normalmente era algo rápido e indoloro.

Después de que Roberta llegara a esta conclusión, tuvo menos miedo que nunca de contraer una enfermedad sexual o de otro tipo, empezó a asumir más riesgos y durante su última sesión de terapia le dio las gracias a Gail por ayudarla a vencer su ansiedad. «Ahora que me ha ayudado a ver la cuestión –dijo–, e incluso a contemplar mi muerte como algo muy indeseable pero no por ello horrible, me siento realmente liberada. Seguiré tomando precauciones contra los riesgos reales de una enfermedad transmitida por vía sexual. Y estoy segura de que tendré algunas preocupaciones durante el resto de mi vida. ¡Pero no tantas, y no tan graves!».

Cuando Roberta llegó a esta solución más elegante para los pánicos y fobias que había sentido durante toda su vida, su gozo por haber llegado allí sólo era comparable al placer de Gail por ayudarla a liberarse de sus preocupaciones.

La ventaja de adoptar la hipótesis de «supongamos que me ocurre lo peor» es que no solamente tiende a dejar de colgarles la etiqueta de «horrible» a los «desastres» relativamente menores, sino también a los importantes. Porque si puede comprender que incluso la peor posibilidad, si ocurriera, solamente sería algo extremadamente frustrante y no totalmente malo, a partir de allí podrá resistirse a la tendencia de perturbarse por casi cualquier cosa. Todavía podría estar preocupado, pero no horrorizado por las Adversidades excepcionalmente malas.

Si adopta esta solución en lugar de ponerse frenético, también dejará de exagerar la probabilidad de que le ocurran cosas «extremas» y se volverá emocionalmente más resistente. Por ejemplo, Harry tenía miedo de asistir a un partido de béisbol por miedo a que una pelota saliera volando hacia el lugar que él ocupaba, le diera en el ojo y le dejara ciego para toda la vida. Cuando finalmente aceptó el hecho de que aunque eso ocurriera, sufriría pero podría sobrevivir y llevar una vida feliz, comprendió que podía optar por escoger un asiento relativamente seguro, que podría agarrar o evitar cualquier pelota que saliera volando en su dirección y que realmente las probabilidades de ser alcanzado y cegado eran muy remotas. A partir de entonces asistió sin miedo a muchos partidos.

Como los clientes que acabo de describir, usted puede aceptar la realidad de que no tiene control sobre lo que llamamos «destino» y sobre muchos accidentes que pueden ocurrir. Si piensa desesperadamente que tiene que controlar todos los eventos peligrosos, seguirá sin poder hacerlo, e incluso si logra controlarlos en parte, limitará seriamente su libertad y su vida. Así pues, si evita «peligrosos» vuelos en avión, puede que muera en un accidente de coche; y con ello estará limitando la distancia y la frecuencia de sus viajes. Si se queda en su piso «por seguridad», podría quedar atrapado en un incendio. No importa las restricciones que se imponga, todavía puede ser víctima de algún germen o algún otro peligro. ¡Qué lástima! Pero no puede controlar por completo su destino.

Si acepta que el universo es incontrolable, reducirá muchísimo su ansiedad acerca de los peligros. Una vez reconozca las graves restricciones que se tiene que imponer para mantenerse «totalmente a salvo», probablemente se dará cuenta de que este tipo de «seguridad» realmente no vale la pena. Además, naturalmente, a pesar de que se preocupe en extremo, no por ello su vida será perfectamente segura. La vida, hasta cierto punto, es peligrosa. Si lo acepta totalmente, se preocupará muchísimo menos por sus «horribles» peligros e inconvenientes. Si es razonablemente cauto y está alerta, pero acepta los peligros de vivir, se estará dando una oportunidad muchísimo mayor de disfrutar de lo que le quede de vida. Como Michael Abrams y yo hemos demostrado en *How to Cope With a Fatal Illness* («Cómo afrontar una enfermedad terminal»), las personas que realmente saben que van a morir pronto todavía tienen la opción de disfrutar de lo que les queda de vida.

Esto fue lo que hizo Lewis Thomas, el famoso médico y escritor, después de saber que padecía de una extraña y fatal enfermedad. Lo mismo que Arthur Ashe, que contrajo el SIDA por una transfusión de sangre y que vivió heroicamente con la enfermedad. Magic Johnson y Anatole Broyard también llevaron muy bien sus enfermedades terminales. Y lo mismo hicieron muchos otros individuos menos famosos, entre ellos Warren Johnson, un profesor de TREC y psicoterapeuta, que escribió un buen libro: *So Desperate the Fight* («Una lucha desesperada»). Su filosofía de aceptar los peligros reales le podrá ayudar a reconocer las incomodidades ineludibles, pero a seguir disfrutando de la vida.

¿Acaso yo, un hombre de 85 años que ha sufrido de diabetes desde los 40 y dependo de la insulina, utilizo la TREC conmigo mismo? ¡Por supuesto! Cuando me doy cuenta de que alguna de las peores cosas posibles, como tener gangrena en los pies o quedarme totalmente ciego, me podría ocurrir fácil y rápidamente me convenzo: «¡Qué pena! ¡Qué mala suerte! Pero tampoco sería el fin del mundo. No, no sería horrible ni espantoso. ¡Sólo algo muy incómodo y fastidioso!».

¿Creo realmente en ello? Sí, y lo saqué principalmente de la filosofía, no de la psicología.

Adopté la afición de leer y escribir sobre filosofía a la edad de 16 años; me concentré en la filosofía de la felicidad y pronto descubrí que mientras yo —y cualquier otra persona— estuviera vivo y no sintiera demasiado dolor físico, siempre podría encontrar algo placentero para hacer, aun cuando estuviera enfermo, solo, fuera menospreciado por otras personas o me viera de algún modo privado de los placeres habituales.

Incluso llegué a deducir, cuando tenía veintitantos años, que si me perdía en una isla desierta, sin nada que leer, nadie con quien hablar, ninguna radio para poder escuchar música y sin material para escribir, todavía podría componer una epopeya en mi mente, recordarla en gran parte si alguna vez me rescataban, y con ello darme cierto placer. Fueran cuales fueran las circunstancias, seguiría rechazando obstinadamente el sentirme desgraciado, siempre y cuando estuviera vivo y no sintiera un gran dolor físico.

La TREC ofrece a todo el mundo una solución similar al problema de la adversidad humana. Enseña que sólo el dolor físico constante —aunque no siempre— es posible que convierta su existencia en inútil. De otro modo puede encontrar algo que le absorba y por lo que valga la pena vivir.

¿Qué pasa si es ciego y/o inválido? ¿Qué pasa si está confinado en la cama o una silla de ruedas? ¿Qué pasa si está solo y sin amigos?

¡No importa! Bueno, por lo menos no importa demasiado. Sí, por supuesto que no es agradable carecer de muchos de sus placeres habituales. Claro que sí. Pero siempre y cuando las restricciones no sean totales, todavía puede descubrir algo con que poder disfrutar: música, arte, lectura, escritura, coleccionar sellos, hacer punto, jardinería, hablar por teléfono, ayudar a otros. Sí, algo que usted escoja, que a usted le guste, con lo que usted se sienta realmente bien. Sí, a pesar de las cosas que no puede hacer ni disfrutar. Sí, ¡a pesar de las malditas limitaciones de la vida!

Así que no se rinda. No crea que no hay esperanza. Puede aceptar la realidad social (y quizá la injusticia) y sin embargo sentirse sólo deseablemente triste y decepcionado, en lugar de indeseablemente deprimido, aterrorizado y horrorizado. Muy difícil, sí. Pero no imposible. Casi siempre puede encontrar cierto grado de gozo real y personal. ¡Si cree firmemente que puede!

Vuelvo a insistir: esfuércese por comprender que si alguna de las peores cosas ocurriera, no tiene por qué amargarse y creer que es horrible. Un problema y una dificultad grave, sí. Horror y terror, no. Éste es el mensaje de la TREC en el que puede creer firmemente –¡y utilizarlo!

FILOSOFÍAS PROFUNDAS «ANTIQUEJA»

En 1955, al poco tiempo de crear la TREC y haberla utilizado con entusiasmo con varios de mis clientes, me quedé sorprendido y casi conmocionado al ver que sus así llamadas perturbaciones –si tanto ellos como yo éramos honestos– en realidad, en muchas ocasiones, no eran más que quejas. ¿Sólo eso? Bueno, quizá no del todo, pero casi.

El tema me quedó todavía más claro cuando vi que la docena de Creencias Irracionales (CI) que mencioné en mi ensayo «Psicoterapia racional», se podía resumir en tres categorías principales: 1) «¡Tengo que hacerlo bien y ganarme la aprobación de los demás o de otro modo seré una persona inútil!»; 2) «Las demás personas me tienen que tratar de forma amable y justa ¡o si no es que son totalmente malas!»; y 3) «Las circunstancias tienen que ser las que yo quiero que sean, ¡de otro modo el mundo es un lugar rematadamente malo!». Si usted tiene una, dos o tres de estas ideas, normalmente se quejará y refunfuñará por las adversidades y se volverá extremadamente ansioso y deprimido.

Si reflexiona un poco se dará cuenta de que estas tres Creencias Irracionales son formas arrogantes de queja: «Si no lo hago tan bien como debo absolutamente hacerlo, ¡soy una persona inútil y lamentable!»; ¡Quejas,

quejas! «Si no me tratas tan bien como deberías, eres una persona detestable por ser tan mala con el pobrecito de mí!». ¡Quejas, quejas! «Si las circunstancias de mi vida no son totalmente buenas, como deberían ser, el mundo realmente es un lugar horroroso para mi pobrecita y patética persona». ¡Quejas, quejas, quejas!

Si posee cualquiera de estas arrogantes exigencias, reconozca a conciencia sus quejas. Por supuesto, no se desprecie por su autocompasión. En lugar de ello, asúmalo y ayúdese a adquirir una filosofía «antiquejas». ¿Cómo? Trabaje con las siguientes directrices:

1. Reconozca que es usted quien decide y que es el responsable de sus quejas y su autocompasión. Puede que la gente le trate mal y que las condiciones sean realmente injustas. Pero nadie le hace a usted quejarse por ello. Nadie aparte de usted mismo.

2. Haga un esfuerzo por ver lo perjudiciales que son sus quejas y lamentaciones: autodestructivas. Dignas de un niño de dos años. Poco atractivas. Inductoras de úlceras y alta presión arterial. Conducen a callejones sin salida que limitarán su vida. Por descontado no le ayudan a actuar mejor, ni facilitan que los demás le traten mejor, ni a que sus circunstancias negativas cambien.

Jon sufrió de abusos sexuales por parte de su hermano mayor, Tom, cuando era niño. Era física y verbalmente maltratado por su padre, ignorado por su madre y le llamaban «estúpido» e «imposible» por su incapacidad de aprender. A la edad de diez años le enviaron a un hogar adoptivo cuando el tribunal dictaminó que su familia era incapaz de educarle. Aunque se esforzó mucho por vencer sus dificultades para la lectura, carecía del tiempo y del dinero para completar los estudios universitarios. Consiguió un grado medio y se convirtió en auxiliar de salud mental, en lugar del psicólogo que quería ser. Hasta los 27 años Jon se sentía de vez en cuando gravemente deprimido por su injusto destino y sentía una gran autocompasión por no poder lograr más cosas. Se quejaba mucho por los tratos que había recibido por parte de su padre y de su hermano.

Jon había pasado por algunas sesiones de psicoterapia durante su adolescencia, su terapeuta le encaminó hacia la TREC y él se dedicó ávidamente a estudiarla. En primer lugar dejó de obsesionarse por los malos tratos recibidos en su infancia, perdonó a su padre, a su hermano y a su madre, y pudo tener una relación relativamente positiva con ellos. Los aceptó completamente como seres humanos falibles, intentó que aprendieran algo de TREC y aceptó la dura realidad de que no tenían ninguna intención de esforzarse para ayudarse ellos mismos y llevar una vida más constructiva. Al aceptarlos, vio que sus antiguas quejas y lamentaciones de cómo le habían tratado le habían hecho sentir temporalmente «superior», pero había encubierto sus propios sentimientos de inadecuación. En especial se despreciaba por no haber terminado los estudios universitarios y haberse conformado con un empleo intermedio en el campo de la psicología. Finalmente reconoció que tenía buenas razones financieras para no haber estudiado y por tanto no era «estúpido» por haber escogido una carrera intermedia.

Yendo todavía más lejos, Jon también reconoció que tenía una baja tolerancia a la frustración (BTF) y que quizá incluso había heredado parte de las tendencias hedonistas a corto plazo de su familia. Al principio se criticaba duramente por este defecto, pero se esforzó por conseguir una autoaceptación incondicional (AAI) hasta que realmente pudo reconocer su propia participación en sus fracasos y no encubrirlos culpando a los demás.

Jon realizó lo que él llamó un «gran avance» con respecto a sus quejas y lo expresó de esta manera en una de sus sesiones finales:

«Desde la primera vez que empecé a leer sobre TREC, en *Guía para una vida racional*, me di cuenta de que tenía una baja tolerancia a la frustración y de que me seguía quejando por la manera en que me trataron de niño. Así que empecé a trabajar con este tipo de quejas y al cabo de varios meses había mejorado notablemente. Comprendo lo que usted quiere decir con lo de nuestra tendencia biológica humana a perturbarnos. Todavía recaigo ocasionalmente y me quejo por las duras condiciones que me toca vivir, y siento auténtica autocompasión ¡Pero no me dura mucho! Enseguida veo lo que estoy haciendo y dejo de hacerlo».

»Recientemente vi que estaba encubriendo parte de mi autodestructividad quejándome acerca de lo que los demás injustamente me estaban haciendo. Así que me puse a trabajar para combatirlo. Entonces de repente me di cuenta de que el autodespreciarme también era una forma de queja. Me estaba diciendo a mí mismo: "No debería ser tan lamentablemente débil. Debería luchar por abrirme camino y conseguir el título de psicólogo. Soy débil porque cedí ante el tema económico y otros impedimentos que estaban en mi contra".

»Así que ahora estoy empezando a dejar atrás toda esa porquería. Ahora me acepto totalmente, con mis debilidades. Y al hacerlo veo con mucha mayor claridad que no soy ningún pobrecito. Soy un ser humano falible, de acuerdo, pero igual que todos los demás. Mi debilidad es evidente, pero no soy una persona débil ni estúpida.

»Y quizá lo mejor de todo es que ahora tengo una perspectiva totalmente "antiquejas". Sigo sospechando de mis quejas, las busco y las cuestiono. No siempre lo logro, pero definitivamente lo hago mucho menos. Siempre que aparece algo sobre lo que pudiera quejarme –como mi reciente gripe– observo mi tendencia a quejarme, dejo de hacerlo y sigo adelante con mi vida. De esta manera me ahorro montones de tiempo y energía. Tanto mi baja tolerancia a la frustración como mi intolerancia de mí mismo por tener debilidades sólo aparecen ocasionalmente. Y cuando lo hacen, ¡les atizo! ¡Eso es verdaderamente gratificante!».

Los buenos resultados de Jon con su campaña antiquejas no los consiguen siempre todos los clientes o lectores. Muchos dicen que rápidamente descubren sus quejas y las cortan de raíz. Pero algunos siguen recayendo fácilmente en ellas. La TREC dice que si observamos la frecuencia con que nos quejamos, vemos lo contraproducente que resulta y seguimos esforzándonos por reducirla, podemos dejar de culparnos, de culpar a los demás y al mundo entero. Pero puede que siga quejándose, tanto antes como después de experimentar una Adversidad. De hecho, su «queja-después-del-hecho» se convierte muchas veces en su «perspectiva-antes-del-hecho». ¡Y viceversa! El adquirir una filosofía antiqueja a la larga le hace estar menos perturbado y ser menos perturbable.

LIBERARSE DE LOS «NO PUEDO»

A pesar de su tendencia innata y adquirida de afrontar los problemas y subsanar las dificultades, también nace y es educado para evitar cambiar sus hábitos destructivos. Una de sus tendencias más autodestructivas puede ser el «no puedo».

Normalmente selecciona usted un objetivo deseable, como tocar bien el piano o vencer uno de sus problemas emocionales, y lo intenta algunas veces pero no lo logra. Entonces puede llegar a la conclusión irracional de: «¡Lo ves! Nunca lo lograré. No puedo!». Algunas personas ni tan siquiera lo intentan. Todo lo que hacen es pensar en intentarlo y basándose en la fuerza (en realidad la debilidad) de ese pensamiento, concluyen: «No puedo».

Este tipo de «no puedo» estropea especialmente la terapia. Como les digo frecuentemente a mis clientes difíciles (CD): «En cuanto dices, y realmente crees, "No puedo cambiar", haces que sea prácticamente imposible hacerlo. Cuando tan firmemente afirmas que no puedes, no lo intentarás lo suficiente como para cambiar, descubrirás maneras de sabotearte y entonces realmente no cambiarás.

En realidad podemos decir que te habrás hecho a ti mismo incapaz de cambiar. No necesariamente porque realmente no puedas, sino porque crees que no puedes. ¡Éste es el perjuicio –autoperjuicio– más injusto de todos!».

Los «no puedo» realmente son un asco. Es probable que no sean lo peor del mundo para sus perturbaciones. ¡Pero puede que sí! Aunque no siempre le harán fracasar, realmente contribuyen a ello. Observe sus propios resultados cuando recurre al «no puedo». ¿Acaso no se impide avanzar? ¿Es que no está obstaculizando sus logros? ¿Y bien?

¿Cómo puede vencer el «no puedo»? ¡No es fácil! Porque se trata probablemente de un resultado natural del *pruebo y fracaso* y por ello ya decidimos de antemano ahorrarnos el tiempo. Cuando queremos intensamente hacer algo y no lo logramos, normalmente juzgamos y decidimos si seguir con ello. Esto es particularmente cierto porque casi siempre tenemos varias alternativas.

Dana, por ejemplo, quería triunfar como actriz, pero a pesar de su buen aspecto físico y su talento interpretativo, solamente consiguió algunos papeles cortos y poco importantes. ¿Por qué? Principalmente porque en general no era el tipo que estaban buscando, y en las ocasiones en que sí lo era, había otras diez o veinte candidatas que eran igual de buenas que ella.

Dana también era bastante inteligente y tenía talento para diseñar ropa. Así que su dilema era: «¿Sigo coleccionando negativas como actriz y quizá no logre triunfar jamás? ¿O lo intento con el diseño para ver si tengo mejores posibilidades?».

Cuando la vi por primera vez en terapia estaba bastante deprimida por no conseguir papeles como actriz. Había llegado a la conclusión: «No puedo conseguir lo que quiero. Jamás conseguiré triunfar como actriz. ¿De qué sirve? Quizá sería mejor que me rindiera». Pero estaba confundida, porque también sentía: «Sería horrible si me rindiera, porque actuar me gusta más que cualquier otra cosa en el mundo, ¡y debo triunfar en ese campo!».

Atendí a Dana durante unos meses y la animé a leer el libro que escribí con Bill Knaus, *Overcoming Pro-crastination* («Vencer las dilaciones»), y a que escuchara varias cintas de TREC. Dana empezó a Cuestionar sus Creencias Irracionales de que si debía, absolutamente, ser una destacada actriz, no debía ser rechazada con tanta frecuencia y que era imposible que tuviera éxito. Al principio venció dos de estas ideas autodestructivas y se sintió mucho mejor. Pero insistía en que como las oportunidades de conseguir trabajo como actriz de manera continuada eran escasas, definitivamente no podía conseguirlas. Así que iba retrasando el tema de acudir a las pruebas de selección y empezó a canalizar sus energías para convertirse en diseñadora de ropa.

Yo seguí insistiendo en demostrarle a Dana que podía dejar de saltar de: «Es bastante difícil que consiga un buen papel como actriz», a «No puedo, en absoluto, conseguir un papel». También la ayudé a Cuestionar su salto desde: «Mis rechazos como actriz son tan horribles que jamás me puedo sentir simplemente decepcionada en lugar de gravemente deprimida por ellos. Por lo tanto, ¡no puedo sufrir este dolor y debo renunciar a ser actriz!».

Dana se obligó tenazmente a actuar contra sus Creencias Irracionales depresivas y a seguir acudiendo a las pruebas de selección aunque odiara hacerlo. Pudo renunciar a su sentimiento de depresión y en lugar de ello sentirse solamente triste y decepcionada por las negativas. Sus contactos entablados durante las audiciones le permitieron conseguir algunos trabajos como diseñadora para producciones teatrales y cinematográficas. Los ingresos que recibía por ello la ayudaron a seguir buscando papeles como actriz y con el tiempo se convirtió en una actriz que trabajaba regularmente, ¡además de una diseñadora de éxito!

7 PASOS PARA VENCER LOS «NO PUEDO»

Si sufre de ataques de «no puedo», ¿cómo podría vencerlos? De varias maneras:

1. Demuéstrese, como antes mencioné, que de manera fácil y natural tiende a saltar de: «Me resulta difícil conseguir lo que quiero, y lo he intentado y fracasado varias veces» a: «Nunca puedo conseguir lo que quiero». Esta conclusión simplemente no es coherente con su primera observación. *Difícil* significa, como mucho, simplemente: duro de conseguir. Raramente significa imposible.

2. Demuéstrese que su misma Creencia: «¡No puedo conseguirlo! ¡Jamás podré!» se convierte muchas veces en una profecía que tiende a cumplirse y que le animará a renunciar prematuramente y a demostrarse que no puede. ¡No haga como muchas personas que obtienen una perversa satisfacción de predecir «con éxito» sus fracasos!

3. Dése cuenta de que muchos objetivos, como que su primera novela sea inmediatamente aceptada por un editor de primera fila, tienen pocas probabilidades de éxito. Pero aunque las posibilidades se vean reducidas, casi nunca llegarán a cero. Sí, hay algunas cosas que

realmente no puede hacer, como por ejemplo ser perfecto. Pero puede cambiar su manera de pensar, de sentir y de actuar. ¡Si cree que puede!

4. Demuéstrese que ha logrado cosas difíciles e «imposibles» anteriormente, igual que muchas otras personas. Dése cuenta de que todas las cosas tarde o temprano cambian, incluso las montañas. Ha conseguido dar giros importantes en el pasado. Las personas que juran: «No puedo cambiar», suelen hacerlo. Muchos individuos han realizado giros de prácticamente 180 grados en sus vidas. Por ejemplo, ha habido personas de negocios que se han hecho sacerdotes o monjas; sacerdotes o monjas que se han convertido en personas de negocios. ¡Los cambios importantes son posibles!

5. El cambio requiere una cantidad significativa de reflexión y esfuerzo. Cuando realiza un buen intento de modificarse a sí mismo, tiene elevadas probabilidades de éxito. No una certeza, ¡pero si una muy buena probabilidad!

6. Obsérvese por si dice: «Ya cambiaré», para evitar tener que emprender la dura tarea de realmente cambiar. La fuerza de voluntad, incluyendo la necesaria para cambiarse a sí mismo, consta de varios puntos, como indiqué en el capítulo 5: la decisión de cambiar, la determinación de actuar basándose en esa decisión, el adquirir el conocimiento de cómo puede cambiar, y una acción perseverante basada en ese conocimiento. El decirse, a sí mismo y a los demás: «Ya cambiaré», puede que simplemente sea una mera expresión de voluntad, sin ninguna fuerza que la respalde. También puede ser una racionalización para evitar tener que cambiar. «Ya cambiaré» es sólo una promesa vacía si no hay un esfuerzo detrás.

7. Regrese a los dos niveles principales de cambiarse a sí mismo.

En el Nivel 1, en primer lugar se amarga innecesariamente, básicamente por exigir que usted, los demás y las condiciones mundiales no deben ser tan malas como son. Como es usted quien exige, también puede dejar de exigir. Usted nace y es educado para amargarse fácilmente la vida, pero también tiene la tendencia constructiva de dejar de amargarse. ¡Así que puede poner esta tendencia en marcha!

En el Nivel 2, se suele perturbar acerca de sus perturbaciones; y eso, también, es de su libre elección. Así que puede optar por hacerlo de otra manera: negarse a perturbarse por sus perturbaciones.

En ambos casos, es aconsejable que se convenza firmemente de que puede cambiar, que tiene la capacidad y la fuerza para hacerlo y que aunque recaiga puede volver a mejorar.

Esta última afirmación es muy importante si quiere disminuir su tendencia a perturbarse. No importa las veces que lo haya hecho; puede, y es probable que así sea, recaer algunas veces en pensamientos, sentimientos y acciones destructivos. Cuando ello ocurra, reconozca que logró «desamargarse» en el pasado utilizando la TREC; y que, por lo tanto, es muy probable que pueda seguir haciéndolo. Es más, puede seguir haciéndolo durante el resto de su vida. Puede recaer considerablemente, pero su capacidad de cambiar seguirá estando allí. El hecho de que mejorara antes es una buena prueba de que puede volver a hacerlo. Previamente había conseguido cambiar; ¡eso demuestra que es usted inherentemente «autoalterable»!

También es una criatura de costumbres. Una vez aprende a conducir un coche o a hablar con soltura un idioma extranjero, normalmente conserva el hábito de hacerlo. Incluso cuando deja de conducir o de hablar esa lengua durante un tiempo, raramente perderá su capacidad de volverlo a hacer y con un poco de práctica puede recuperar su nivel anterior. Como dice el viejo proverbio: «Una vez se aprende a ir en bicicleta...».

Esto también es válido para disminuir la tendencia a perturbarse. Una vez reduce los sentimientos de pánico, depresión, ira y odio hacia sí mismo, y sigue practicando durante un tiempo, tiende a adquirir el hábito de sentirse menos perturbado. Entonces puede moderar con facilidad sus sentimientos y conductas autodestructivos. Usted sabe de qué manera lo logró anteriormente y confía en que podrá hacerlo de nuevo, igual que confía en que puede volver a conducir el coche o hablar la lengua extranjera.

También puede calcular qué puede hacer para evitar que se incremente el sufrimiento emocional y cómo reducirlo si lo vuelve a experimentar. Por lo tanto usted puede conseguir perturbarse mucho menos. No tiene que aprender a prevenirlo de esta manera; pero definitivamente puede hacerlo. Sabiendo de antemano, mediante la teoría esbozada en este libro, que usted puede aprender a reducir su tendencia a la perturbación, puede realizar esfuerzos conscientes por enseñarse a sí mismo cómo hacerlo.

EVITAR LA PERTURBACIÓN

Josefina aprendió TREC principalmente leyendo mis libros y escuchando nuestro material grabado, y asistió a unas cuantas sesiones de psicoterapia para comprobar sus logros y ponerse un poco más al día. Al principio había sentido una necesidad perentoria de triunfar en política para demostrarse que era popular y por tanto realmente una buena persona. Cuando la vi por primera vez, la única razón por la que se gustaba a sí misma era porque era una destacada senadora que trabajaba para el Estado. También insistió en que tenía varias amistades íntimas, porque el relacionarse con la gente era uno de sus mayores placeres. Cuando algunas de las personas a quienes conocía dejaban de llamarla y solamente la veían cuando era ella quien lo hacía se sentía marginada –prácticamente una ermitaña–. Así que tenía tanto una baja autoestima como una baja tolerancia a la frustración con respecto a sus relaciones sociales.

Después de leer y escuchar materiales sobre la TREC, Josefina se demostró a sí misma que seguiría siendo una persona válida aun en el caso de que perdiera su escaño en el Senado, y que podía soportar tener algunos amigos íntimos menos de lo que le hubiera gustado. Así que manejaba bastante bien sus necesidades perentorias de popularidad y amistad. Renunció a casi todo su autodesprecio y a su rabia hacia las personas que le demostraban que no eran sus auténticos amigos.

Josefina recaía de vez en cuando en sus hábitos destructivos: rebajarse por ser menos popular políticamente, sentirse airada y caer en la autocompasión cuando su vida social era menos de lo que ella exigía que fuera... Cuando eso ocurría, rápidamente era capaz de observar sus exigencias irracionales acerca de sí misma, de los demás y del mundo en general. Cuestionar enérgicamente esas exigencias, y cambiar su sentimiento de una nociva depresión a un sano lamentarse. Además, iba vigilando su propio progreso al vencer su doble necesidad, veía cómo volvía a caer en ella y después utilizaba el Cuestionamiento de la TREC para aliviar sus sentimientos perturbados. Se dio cuenta de que sus maneras de amargarse y sus métodos para utilizar los procedimientos de la TREC para «desamargarse» de nuevo seguían un patrón similar, y que casi siempre, de manera automática, volvía a ambas cosas.

Entonces decidió ir un poco más lejos. Siempre que recaía en su necesidad de ser políticamente popular y tener amistades íntimas, con los consiguientes sentimientos de depresión cuando éste no era el caso, revisó sus anteriores Impresos para la Autoayuda con la TREC y sus anteriores grabaciones de sus propios Cuestionamientos de sus Creencias Irracionales. Vio que todo lo que precisaba era revisarlas ligeramente y añadirles unos toques. Así pues, volvió a escuchar una cinta que había grabado en la que Cuestionaba enérgicamente sus Creencias Irracionales: «No puedo sentirme satisfecha conmigo misma, en absoluto, cuando obtengo un mal resultado en unas elecciones» y siempre terminaba, de forma contundente, con: «¡Mierda! ¡Tonterías! ¡Estupideces» ¡Siempre me puedo aceptar a mí misma, no importa lo impopular que sea! ¡Puedo! ¡Por narices lo haré!». Esto la sacaba de su depresión y a la larga disminuía su tendencia hacia los estados depresivos.

Josefina elaboró entonces su propio procedimiento preventivo. Siempre que observaba que su popularidad política o social decrecía, se daba cuenta con antelación de que podía deprimirse fácilmente por ello. Así que utilizó los Impresos para la Autoayuda con la TREC para descartar las Creencias Irracionales (CI) en las que probablemente volvería a caer si se deprimía, y las repasó antes de llegar a deprimirse. Cuando así lo hizo, descubrió, en primer lugar, que se deprimía menos por su inminente «fatalidad». Y después, como estaba menos perturbada, era capaz de considerar los aspectos prácticos de la situación en la que estaba metida y actuar de manera más sensata para lograr el éxito político y la intimidad personal. Aun en los casos en que no podía solucionar estos problemas prácticos, descubrió que se deprimía con menor frecuencia y tendía menos al autodesprecio.

El plan de Josefina resultó ser bastante eficaz para evitar resbalar de nuevo hacia los sentimientos perturbados. Siguiendo su sugerencia, lo he utilizado con algunos de mis clientes. Hago que busquen lo que Josefina descubrió conscientemente y por su cuenta: que vean que son ellos mismos quienes se amargan y se «desamargan» la vida y que por supuesto lo pueden seguir haciendo. Entonces les ayudo a comprender que pueden predecir, con antelación en qué momentos volverán a perturbarse y que pueden utilizar los mismos métodos que utilizaron previamente para invertir el proceso. Al darse cuenta de ello, buscan los problemas emocionales antes de que se agraven y se esfuerzan por evitarlos.

Usted puede hacerlo así si está dispuesto a esforzarse por moderar sus reacciones perjudiciales. En primer lugar, trabaje para reducirlas cuando realmente se sienta perturbado. Después, igual que Josefina, revise con antelación sus patrones de amargarse y «desamargarse». Entonces esfuércese por evitar la perturbación, o córtela de raíz cuando aún no sea demasiado grave. Por supuesto no podrá eliminar todas sus dificultades emocionales. Aun cuando evite algunas, probablemente recaerá. Pero puede disminuir conscientemente su tendencia a perturbarse si sigue trabajando con las directrices descritas en los dos párrafos anteriores.

TENGA EN CUENTA LA MODERACIÓN, EL EQUILIBRIO Y EL DEJAR LOS EXTREMOS ABIERTOS

En ocasiones los extremos pueden ser bastante buenos. Si se siente extremadamente feliz por una relación, o incluso por no tenerla, puede que ello esté bien –para usted. Si está totalmente dedicado a una actividad, una vocación, un negocio, una afición o una causa, eso también le puede hacer mucho bien. Incluso si es inusualmente cauto e inhibido, siempre y cuando no le importe imponerse restricciones, puede sentirse satisfecho.

Así que no todas las opiniones y acciones extremas son malas o autodestructivas. Pero muchas de ellas sí lo son. Una profunda tristeza, remordimiento o insatisfacción pueden resultar perjudiciales, aun cuando esos sentimientos sean deseables y apropiados después de haber sufrido una pérdida grave. Pero una extremada ansiedad, depresión, odio hacia uno mismo, ira y autocompasión raramente le ayudarán, tenderán a que pueda enfrentarse menos adecuadamente a los molestos problemas y puede que le dejen incapacitado y falto de energía.

Las acciones unilaterales harán que no disfrute tanto. Si solamente trabaja, trabaja, trabaja, se perderá otras satisfacciones, por ejemplo la de las relaciones íntimas. Si compulsivamente trata de relacionarse, relacionarse y relacionarse, puede que no obtenga ninguna satisfacción de su trabajo, del dinero y de la fama. Debido a que su tiempo, energía y talentos son limitados, la dedicación extrema a un proyecto o causa casi siempre impedirá que pueda disfrutar de otras cosas.

Irónicamente, eso es lo que ocurre cuando uno cae en el optimismo exagerado. El pesimismo, como han demostrado Martin Seligman y otros psicólogos, conlleva auténticos peligros, y puede conducir a la depresión, al desespero y a la inercia. Por otro lado, la ingenuidad o el optimismo excesivo, como Shelly Taylor y sus colegas han apuntado, puede contribuir, de manera poco realista, a que algunas personas piensen que si no es así no podrán soportar la dura realidad. La ingenuidad –la opinión de que todo ocurre para bien– también termina frecuentemente con un sentimiento de desilusión y horror. Porque, obviamente, no todo ocurre para bien; y en toda vida hay muchos días lluviosos. No es algo que queramos, pero ocurre de todos modos.

La ingenuidad o el optimismo excesivo también pueden soslayar una preocupación y una cautela prácticas y deseables. Cuando carece de trabajo, si está «seguro» de que pronto le llegará un empleo maravilloso, ¿qué pasos dará para conseguir uno? Si está «convencido» de que su pareja le querrá profundamente, simplemente por ser usted quien es, no importa como le trate –allá usted, ¡que tenga suerte con esa opinión tan poco realista!

Como ya dijo Aristóteles hace más de dos mil años, normalmente existe un punto medio entre dos extremos. Y si lo adopta, raramente le causará graves problemas. Piense en los hallazgos de Robert Schwartz y otros psicólogos en el sentido de que las personas que gran parte del tiempo tienen pensamientos positivos u optimistas (sobre un 65%) y pensamientos negativos o pesimistas (un 35%) llevan una vida bastante equilibrada y por tanto menos perturbada.

Ésta es también la opinión de la TREC. El realismo es un término medio aristotélico bastante bueno entre el pesimismo y el optimismo extremos. Ser realista es reconocer por completo los aspectos indeseables de la vida, considerarlos «malos» o «perjudiciales» y motivarse a sí mismo para intentar cambiarlos. Cuando no los puede modificar ni escapar de ellos, entonces se siente frustrado, triste o decepcionado, sentimientos que no son ninguna maravilla pero que siguen siendo saludables.

La TREC le enseña a no reaccionar exageradamente frente a las Adversidades. Ni las ignora ingenuamente, ni las niega, ni insiste en que realmente son buenas, y mucho menos se siente complacido por ellas. Pero tampoco exagera y las convierte en algo catastrófico u horroroso y con ello se hunde en el pánico, la depresión o el desespero. Debido a que permanece en una postura realista y se interesa por ellas, ni minimiza ni exagera las Adversidades. Se perturba menos por ellas y las afronta de manera más eficaz. Lo cual es uno de los objetivos principales de la moderación y el equilibrio: crear menos «horrores» en la vida y afrontar de manera más eficaz y menos ansiosa las dificultades que inevitablemente ocurren.

La moderación y el equilibrio también le ofrecen una visión más profunda y completa de la experiencia y con ello aumentan sus opciones. Si considera el «estar juntos» como el mejor objetivo de su vida, luchar por ello le puede aportar satisfacciones. Si lo considera el único y exclusivo objetivo, ignorará sus restricciones, frustraciones y limitaciones. También puede ignorar las ventajas de la soledad y la autosuficiencia. Una opinión equilibrada le anima a contemplar ambos lados –o los que sean– del estar con alguien o estar solo, trabajo y ocio, arte y ciencia. Le permite explorar nuevos horizontes, caminar por sendas desconocidas, convertirse en menos unilateral y rígido.

Recuerde que la opinión de la TREC es que la perturbación está basada principalmente en la rigidez, el dogma, el absolutismo y los *yo debo* y los *debe ser*. La moderación y el equilibrio compensan esta visión de o blanco o negro al añadir varios tonos de grises –¡así como vivos colores!–. La TREC es postmoderna en el sentido de que no acepta ninguna opinión definitiva, incuestionable ni absoluta de la «realidad», sino que la ve como un proceso siempre cambiante, que se va reinterpretando. Está a favor del relativismo, la subjetividad y las conclusiones provisionales acerca de los seres humanos y del universo. ¡Pero con algunos «hechos» añadidos!

Este concepto de equilibrio entre extremos puede que no le convenza del todo. Puede que esté acostumbrado a una visión de la vida más conservadora y ortodoxa, y puede que esa visión le funcione. Pero considere su reverso, sus restricciones y sus limitaciones. Intente tener la mente lo suficientemente abierta para ver las desventajas tanto del absolutismo como de un postmodernismo extremo. Sí, ¡de ambos! ¿Es necesario que esté estancado en una estricta inflexibilidad o en un relativismo desestructurado? ¿O puede contemplar tranquilamente algunos de los matices?

OLVÍDESE DE LAS SOLUCIONES MÁGICAS

Quizá exista la magia auténtica en el mundo. Quizá pueda conectar fácil y rápidamente con algún tipo de Conciencia Cósmica, algún Poder Elevado, algún Secreto Total, alguna Intuición Mística, o algún Significado Transpersonal que le liberará totalmente de sus problemas e infortunios y le ofrecerá una vida totalmente autorrealizada y bienaventurada.

Quizá. Pero si yo fuera usted, no contaría con ello. Sean cuales sean sus creencias sobre magia, chamanismo, terapia de vidas pasadas, conciencia superior, misticismo, sectas o cualquier otra forma de cura milagrosa, no deje que interfieran en sus propios esfuerzos en el terreno de la autoayuda.

No, con casi total seguridad no tiene, ni encontrará, ninguna solución mágica para sus problemas emocionales y conductuales. Y tampoco la necesita. Es fácil tener revelaciones. ¡Pero cambiar puede ser muy difícil! Cuanta más magia busque, menos hará lo que puede hacer: ¡dejarse la piel en su esfuerzo por cambiar! Así que crea lo que quiera sobre ayudantes mágicos y gurús milagrosos con soluciones perfectas. Pero trabaje para poner en marcha el viejo dicho: «¡Dios ayuda a quien se ayuda!».

Como ya mencioné anteriormente, incluso las Creencias equivocadas a veces le pueden ayudar. Creer que Dios siempre responderá a sus plegarias, o su fe en las revelaciones espirituales de un santo o un gurú que falleció hace varios siglos puede que le ayuden a darse a sí mismo un empujón y mejorar así su vida. ¡Quizá!

En la mayoría de los casos, no obstante, la creencia en las «soluciones mágicas» normalmente saboteará el duro y persistente esfuerzo por cambiarse a sí mismo que necesita para reducir su tendencia a perturbarse. La convicción de que puede reducir esa tendencia, y el esfuerzo necesario para respaldar esa convicción, casi siempre pasan por la opinión de que usted, no alguna fuerza ni poder mágico, es quien puede realmente lograrlo. Al confiar en la magia difícilmente mantendrá la pólvora seca, ¡ni su fuerza de voluntad incólume!

ACEPTE EL DESAFÍO DE LAS ADVERSIDADES

Muchas cosas malas contienen una parte buena. Los problemas difíciles son interesantes de resolver. Perder una relación amorosa le ofrece la oportunidad de encontrar otras intimidades, diferentes y a veces más satisfactorias. Ser despedido de un trabajo puede que le motive a mejorar sus aptitudes, buscar un empleo mejor o prepararse para una nueva vocación.

Si lo mira sensatamente, casi cualquier dificultad le ofrece un desafío para que experimente sentimientos negativos saludables, como tristeza, remordimiento, frustración y enojo, que le pueden ayudar a afrontar y cambiar esa Adversidad. Le ofrece el reto de negarse a experimentar los sentimientos autodestructivos de pánico, depresión, ira, autocompasión y odio hacia sí mismo.

La Adversidad no es algo exactamente agradable. Pero nos puede aportar auténticos beneficios ¡si la contemplamos correctamente! Éste es uno de los puntos principales que puede anotar en su plan de cómo llegar a estar mejor, seguir estando bien y finalmente lograr una salud emocional automática.

Examine este fascinante problema en términos de la fuerza de voluntad descrita en el capítulo 5. ¿Cómo se consigue la fuerza de voluntad para eliminar los pensamientos, sentimientos y acciones más perturbados, e impedir que vuelvan a surgir?

¡No es nada fácil! Se trata de un auténtico desafío, y uno en el que puede invertir considerable fuerza y voluntad. Repasemos nuestra exposición sobre la fuerza de voluntad. Puede aplicar estos pasos para aceptar el reto de las Adversidades y luchar para disminuir su tendencia a perturbarse:

1. Decida trabajar duro para llegar a una solución elegante para sus problemas emocionales, para disminuir considerablemente su tendencia a perturbarse y llegar a ser menos perturbable en el futuro. Acepte las Adversidades que no pueda cambiar y decida amargarse menos por ellas.

2. Dispóngase a actuar en base a su decisión de trabajar duro y reducir su tendencia a sentirse menos perturbado y a perturbarse menos en el futuro.

3. Adquiera el conocimiento de qué hacer y qué no hacer para poner en práctica su voluntad, su decisión. Estudie minuciosamente los métodos descritos en este libro y en otros escritos, materiales, charlas, cursos, talleres, cursos intensivos y (quizá) sesiones de psicoterapia individual o grupal. Así es: estudie.

4. Empiece a actuar en base a su determinación y su conocimiento. Trabaje para descubrir, Cuestionar y cambiar sus Creencias Irracionales (CI) y sustituirlas por Creencias Racionales (CR) que le ayudarán, o Nuevas Filosofías Efectivas (E). Esfuércese por convertir sus sentimientos negativos perjudiciales acerca de las Adversidades (A), como una grave ansiedad, depresión e ira, en sentimientos negativos saludables, como la tristeza, la decepción y la frustración. Esfuércese por cambiar sus Consecuencias (Co) conductuales indeseables, como las compulsiones y las fobias, por (Co) conductuales deseables, como la flexibilidad, la curiosidad y el espíritu de aventura.

5. Siga decidiendo de manera constante y persistente cambiar sus pensamientos, sentimientos y conductas perturbados, disponiéndose a cambiar, a adquirir conocimiento sobre cómo cambiar y a actuar, actuar, actuar para conseguir cambiar.

6. Si —como es posible que ocurra— recae en sus pensamientos, sentimientos y conductas perturbados, decida de nuevo minimizarlos, revise su conocimiento de cómo cambiar, dispóngase a actuar en base a su conocimiento y oblíguese a poner en práctica su decisión y su determinación. ¿Independientemente de lo difícil que le parezca ese pensamiento y esa acción? Sí.

7. Trabaje duro para conseguir tres objetivos relacionados entre sí:
   1) Tender a perturbarse menos ahora mismo;
   2) Mantenerse menos autodestructivo y socialmente destructivo;
   3) Trabajar dura y persistentemente para lograr estos dos objetivos, esforzándose sin desesperar para aceptar el fascinante desafío de reducir notablemente su tendencia a perturbarse. (¡Pero no para ser totalmente imperturbable!)

Con esta clase de voluntad, puede que lo consiga. Si le pone determinación y acción —es decir, fuerza— a su voluntad.

CAPÍTULO 9 **Pensar en maneras de llegar a ser menos perturbable**

Hasta ahora me he referido a los métodos de la TREC que puede utilizar para sentirse menos perturbado disminuyendo su tendencia a perturbarse. En los próximos cuatro capítulos explicaré algunas otras técnicas orientadas hacia el pensamiento, sentimiento y acción. Las puede utilizar sobre todo para dejar de perturbarse cada vez que le ocurra alguna desafortunada Adversidad (A) (sí, ¡incluso cuando sea usted quien colabore en su manifestación!).

Los métodos que estoy a punto de describir son los más básicos de una terapia eficaz y se suelen utilizar en la TREC y en otros populares sistemas. Están respaldados por un gran número de pruebas clínicas y experimentales. Yo personalmente he utilizado algunos aspectos de ellos durante casi medio siglo, muchas veces con buenos resultados. Sin embargo, no son válidos para todas las personas y en todas ocasiones. Incluso en algún caso tal vez resulten. Así que utilícelos con entusiasmo pero paradójicamente con cierta cautela.

¿Realmente podrán ayudarle los métodos de autoterapia descritos en los cuatro próximos capítulos? Es muy probable que sí. ¿Conseguirán que disminuya su tendencia a perturbarse? La respuesta es: a veces. Especialmente si los utiliza con energía y perseverancia. No obstante, también mencionaré sus limitaciones y, espero, le animaré a que pruebe los procedimientos más elegantes que propongo en este libro.

Repito: la terapia efectiva suele ser compleja. Lo que es válido para usted puede que no sirva para su hermano o hermana. Lo que hoy funciona puede que no sea eficaz mañana. Así que aquí encontrará un largo menú de métodos de TREC que han sido comprobados y son válidos, para algunas personas, y siempre en determinadas ocasiones. En este capítulo y en el siguiente (10) presento varias técnicas de pensamiento o cognitivas, seguidas por un capítulo (11) de métodos emocionales y evocativos y otro (12) sobre métodos conductuales. Examínelos, experimente con ellos, compruébelos con su sujeto más interesante. ¡usted!

La Terapia Racional Emotivo-Conductual es la primera de las principales terapias cognitivo-conductuales y multimodales. Desde sus inicios, la TREC ha destacado que sus pensamientos, sus sentimientos y sus acciones están relacionados entre sí: cuando piensa en algo que es importante para usted, tiene emociones y conductas. Cuando se siente enojado, triste o alegre tiene pensamientos y acciones. Cuando se pone en marcha, tiene pensamientos y sentimientos. Los tres van juntos y se influyen mutuamente, a pesar de que no son exactamente lo mismo y que solemos hablar de ellos como si cada uno tuviera una existencia aparte.

Cuando se siente y actúa de manera perturbada, también tiene pensamientos, sentimientos y conductas acerca de su perturbación. Observa y piensa en ellos: «El sentimiento que tengo es desagradable. ¿Qué puedo hacer acerca de ello?». Siente emociones por su causa: «Me siento triste y deprimido por tener un rendimiento bajo en el trabajo». Actúa con respecto a ellos: «Acudiré a terapia o tomaré algún fármaco ahora que me siento tan deprimido».

La TREC por lo tanto dice: cuando está siendo usted autodestructivo, vale más que investigue sus pensamientos, sentimientos y conducta, y que después utilice varios métodos cognitivos, emotivos y conductuales para vencer o reducir estos problemas.

El objetivo de este y el siguiente capítulo es mostrarle algunos de los principales métodos cognitivos o de pensamiento que puede utilizar siempre que vea que está funcionando por debajo de su nivel potencial en el trabajo, el amor y el ocio. Incluso uno solo de estos métodos puede que le ayude a aliviar su trastorno y a llevar una vida más satisfactoria. Si utiliza varios métodos obtendrá más ayuda, porque algunos de ellos se superponen y se refuerzan mutuamente.

Hablemos en primer lugar de los métodos habituales de la TREC, que también se utilizan en otros tipos de terapia y que han dado buenos resultados a lo largo de los años, algunos de ellos a lo largo de siglos.

DETECTAR SUS CREENCIAS IRRACIONALES AUTODESTRUCTIVAS

Como destaqué con anterioridad, y como podrá repasar en los cuatro primeros capítulos del libro, cada vez que se siente perturbado son elevadas las posibilidades de que esté consciente o inconscientemente pensando en algunas Creencias (en el punto C) irracionales o autodestructivas. Está atendiendo a algunos de sus deseos, objetivos o preferencias normales y convirtiéndolos en unos *yo debo* y unos *debe ser* absolutos. Los tres «debo» principales que usted y el resto de la raza humana tienden a inventar son: primero, el *yo debo* del ego: «¡Debo hacerlo bien y ganar la aprobación de los demás por lo que hago, de otro modo soy un inútil!». Segundo, el *debe de relación*: «¡Otras personas tendrían y deberían actuar de manera considerada, amable y justa conmigo o si no es que no son buenas!». Tercero, el *debe del entorno*: «Las condiciones en las que me encuentro deberían ser siempre como yo quiero que sean, ¡y si no es así la vida es un asco, el mundo es horrible y no lo puedo soportar!».

Asuma, entonces, que tiene una, dos o tres de estas exigencias absolutistas y reconozca que son sus exigencias, y no meramente sus preferencias acerca del éxito, las buenas relaciones y la comodidad las que le perturban cuando no se cumplen. Afróntelo: Es usted mismo quien se perturba. Los acontecimientos son ya suficientemente malos, y causan molestias y pérdidas reales. Pero cuando usted –sí, usted– se toma los infortunios de la vida demasiado en serio, con ello crea trastornos totalmente innecesarios que de otro modo no experimentaría. Usted no es ni un tonto ni un descuidado por actuar de esta manera, pero cada vez que se siente considerablemente perturbado es probable que esté pensando, sintiendo y actuando de manera tonta y negligente.

CUESTIONAR SUS CREENCIAS IRRACIONALES AUTODESTRUCTIVAS

Como comenté en los cuatro primeros capítulos del libro, debido a que sus desmesuradas y dictatoriales Creencias básicamente las ha adoptado o creado usted solo, afortunadamente también las puede cambiar. Tiende a creer en ellas de manera fácil y natural. Otros le animarán a creerlas. Ha practicado el creer en ellas y actuar en consecuencia en multitud de ocasiones. Y, si todavía le afectan, es que todavía cree en ellas. Pero también tiene la capacidad para dejar de creer. Es usted un autodestructivo innato; pero también tiene innata la facultad de ayudarse a sí mismo. Por tanto puede utilizar su capacidad para resolver problemas para deshacer sus tendencias destructivas. ¡Si decide hacerlo! Si se esfuerza por hacerlo.

Así pues: repase los métodos que he descrito en los capítulos 2, 3 y 4 para Cuestionar realista, lógica y pragmáticamente sus *yo debo* y sus *debe ser* autodestructivos.

✔ **Cuestionamiento realista:** «¿Dónde está la prueba de que siempre deba triunfar en este importante proyecto? ¿Por qué el fracaso me convierte en un individuo totalmente inútil?».

- ✔ **Cuestionamiento lógico**: «Yo te he tratado de manera amable y justa, pero ¿por qué razón deberías tú tratarme igualmente bien?».

- ✔ **Cuestionamiento pragmático**: «Si sigo creyendo que debo ganarme el amor y la aprobación de todas las personas que me importan, adónde me llevará esta creencia?».

Siga detectando sus *yo debo*, *debe ser* y sus exigencias y Cuestiónelas con convicción, hasta que comprenda de verdad que no se sostienen por ninguna parte. Tenga en cuenta que una vez que ha transformado casi todas sus preferencias en unos *yo debo* y *debe ser* arrogantes, tiende a construir Creencias Irracionales (CI) derivadas que aumentan su pesar, como horribilizar, ataques de «no-lo-puedo-soportar», culparse a sí mismo y a los demás, y todas y cada una de sus generalizaciones exageradas. Normalmente no debería resultarle muy complicado encontrar estas CI derivadas rápida y fácilmente y Cuestionarlas con convicción una y otra vez. Por ejemplo:

- ✔ **Cuestionar el horribilizar**: «¿Realmente es algo malo si fracaso en un proyecto importante, pero es realmente horrible y terrible? ¿Es 100% malo? ¿Es más que malo? ¿Es "más malo" de lo que debería ser, absolutamente?».

- ✔ **Cuestionar el «no-lo-puedo-soportar»**: «¿Realmente no puedo soportar perder el amor de fulanito? ¿Esta pérdida me matará? ¿Acaso el perderlo significa realmente que no puedo ser feliz en absoluto, ni ahora ni nunca?».

- ✔ **Cuestionar el culparse a sí mismo y a los demás**: «Aunque haya actuado mal al mentirle a mi amigo, ¿acaso esa acción me convierte en una persona totalmente mala y execrable? Si mis actos son malos, ¿me convierten en un total e indigno malhechor? De acuerdo que actué mal, pero ¿merezco por ello no tener ninguna satisfacción más durante el resto de mi vida?» «Si cometo un error, ¿me convierte ello en un error o un perdedor?».

- ✔ **Cuestionar las generalizaciones exageradas**: «Como fracasé miserablemente en este importante examen, ¿prueba ello que siempre fracasaré en cualquier tipo de proyecto que emprenda?» «Aunque me haya retrasado largo tiempo en este proyecto, ¿demuestra ello que jamás lo podré hacer y que jamás puedo terminar a tiempo otros proyectos que emprenda?».

✓ **Cuestionar la racionalización**: «Supongamos que diga que no me importa lo más mínimo, en absoluto, si fulanito me rechaza. ¿Me ayudará a llevar una buena vida el hacer ver que triunfar en este proyecto carece totalmente de importancia?».

Si detecta con firmeza y perseverancia sus filosofías generadoras de perturbaciones y las Cuestiona con convicción, tal vez no se librará de los trastornos para el resto de su vida, ni será continuamente feliz. ¡Pero estará muchísimo mejor!

FORMULAR Y UTILIZAR AUTOAFIRMACIONES RACIONALES PARA AFRONTAR LOS PROBLEMAS

Las autoafirmaciones racionales para afrontar los problemas –a veces llamadas pensamiento positivo– fueron inventadas hace miles de años, y podemos leerlas en los Proverbios de la Biblia y en las Analectas de Confucio, en el Manual de Epicteto y en otros escritos antiguos. En la época moderna, el pensamiento positivo fue especialmente promocionado por Emile Coué, el impulsor de la autosugestión, que se dio perfecta cuenta de que si se dice a sí mismo frases positivas, en especial su frase más conocida: «Día a día, en todos los aspectos, mejoro más y más», muchas veces ello contribuirá a vencer su malestar y a funcionar más eficazmente. En los años más recientes, el pensamiento positivo ha sido fomentado, dando o no el crédito correspondiente a los antiguos filósofos y a Cloué, por Norman Vincent Peale, Napoleon Hill, Dale Carnegie, Maxwell Maltz y un montón de otros autores de libros de autoayuda.

¿Funciona el pensamiento positivo? Sin duda, en ocasiones. Las personas siempre se han inventado lemas que a veces les han ayudado a curarse de varios tipos de dolencias. También está en sus manos si utiliza autoafirmaciones bien escogidas.

¡Pero cuidado! Emile Coué, el terapeuta más famoso del mundo durante la década de los años veinte, se quedó sin clientela porque sus autosugestiones positivas muchas veces eran demasiado ingenuas y poco realistas. ¿Quién mejora realmente día a día y en todos los respectos? ¡No muchos! ¿Quién, como Napoleon Hill le anima a hacer, simplemente por pensarlo se hace rico? ¡Prácticamente nadie!

Además, si insiste firmemente en darse ánimos con extraños pensamientos positivos, puede que pronto se desilusione y después abandone cualquier otro tipo de procedimiento de autoayuda. Uno de mis clientes, Sidney, de 50 años, leyó todo lo que Normal Vincent Peale había escrito, asistió a muchos de sus sermones en la Marble Collegiate Church de Nueva York y convenció a muchos de sus amigos para que confiaran totalmente en Dios y en el reverendo Peale para curarse de todos sus males. Cuando algunos de esos amigos, a pesar de sus firmes pensamientos positivos, acabaron en el hospital psiquiátrico, y cuando Sidney tuvo que tomarse dosis masivas de tranquilizantes para seguir funcionando, se desilusionó con todo tipo de psicoterapia y aconsejó a sus amigos y parientes que también lo dejaran. Pero después de verme a mí trabajar con la TREC con voluntarios en mi habitual taller del viernes por la noche en el Albert Ellis Institute de Nueva York, y al darse cuenta de que las personas podían Cuestionar sus Creencias Irracionales y descubrir sus propias y eficaces autoafirmaciones, Sidney abandonó su cruzada contra la psicoterapia, asistió a algunas sesiones de la TREC y pudo reducir la fuerte medicación que hasta ese momento había estado tomando.

El método de la TREC para crear afirmaciones racionales para afrontar los problemas difiere de otros métodos de pensamiento positivo porque empieza con el Cuestionamiento (Cu) de algunas de sus Creencias Irracionales (CI), sigue con Nuevas Filosofías Efectivas (E) y después utiliza sus nuevas ideas como base para formular sus propias afirmaciones. Por ejemplo, supongamos que en el punto A, Adversidad, obtiene una mala evaluación en el trabajo en lugar de la buena que creía que obtendría. Entonces puede pensar, sentir y actuar de la siguiente manera:

- ✓ **A (Adversidad)**: obtengo una mala evaluación.

- ✓ **CR (Creencias Racionales)**: «Odio obtener este tipo de evaluación. ¡Qué molesto! Es mejor que haga algo para que la próxima vez sea mejor».

- ✓ **Co (Consecuencias Negativas Deseables)**: «Me siento triste y decepcionado».

- ✓ **CI (Creencias Irracionales)**: «No debo obtener este tipo de evaluación. ¡Qué horror! Soy realmente un mal trabajador y una mala persona por hacerlo tan mal!».

- ✓ **Co (Consecuencias Indeseables)**: «Me siento ansioso y deprimido».

- ✓ **Cu (Cuestionamiento)**: «¿Por qué no debo obtener este tipo de evaluación? ¿Es realmente horrible obtenerla? ¿Cómo es que ello me convierte en un mal trabajador y una mala persona?».

✔ **E (Nueva Filosofía Efectiva):** «Obviamente no existe ninguna razón por la cual no deba obtener una mala evaluación, aunque sería mucho mejor si ello no fuera así. Es una pena que así sea, pero no es horrible ni espantoso. ¡Sólo muy inconveniente! Por supuesto que no soy un mal trabajador, porque muchas veces hago bien mi trabajo. E incluso si fuera incompetente en el trabajo, nunca podría ser una mala persona, sino simplemente una persona que ahora es incompetente en este tema y que puede cambiar y llegar a ser más competente».

Si piensa las cosas de esta manera y consigue llegar al punto E, su Nueva Filosofía Efectiva, entonces podrá volver a construir las frases y extraer de ellas varias afirmaciones racionales para afrontar los problemas. Por ejemplo:

1. «Es francamente indeseable obtener una mala evaluación en el trabajo, pero no existe ninguna razón por la que nunca deba obtener una».

2. «Existen muchas cosas inconvenientes en mi vida, como obtener una mala evaluación en el trabajo, pero ninguna de ellas es horrible ni espantosa».

3. «Tener un rendimiento bajo durante un tiempo no me convierte en un trabajador malo e incompetente».

4. «Obtener una mala evaluación en el trabajo no me convierte en una mala persona. Las personas que obtienen malos resultados no son malas personas, son solamente personas que ahora rinden menos de lo que podrían hacer».

5. «No me gusta obtener una mala evaluación en el trabajo, pero puedo vivir con ello y seguir teniendo una vida satisfactoria. Aunque me despidan, mi vida no tiene por qué ser una desgracia».

Si observa estas afirmaciones, verá que surgen de Cuestionar sus Creencias Irracionales. Su Nueva Filosofía Efectiva (E) y sus afirmaciones racionales para afrontar los problemas no son arbitrarias. No están tomadas de otros y no son ni poco realistas ni ingenuas. Son realistas, lógicas y posiblemente le sirvan de ayuda. Tienden a convertir sus Creencias Irracionales en

Racionales, en lugar de encubrirlas, barrerlas bajo la alfombra y evitar enfrentarse a ellas. Si es usted listo, no se limitará a repetir como un loro estas afirmaciones racionales, y con ello creer sólo a medias en sus efectos. También reflexionará demostrándose a sí mismo que son exactas y valiosas, y así reforzará su Creencia.

También se dará cuenta de que sus afirmaciones racionales para afrontar los problemas, como en la lista anterior, son filosóficas además de realistas. Así las afirmaciones 2, 3 y 4 son realistas o empíricas, en el sentido de que corroboran algunos de los hechos de la realidad social. Las afirmaciones 2 y 5 también son realistas pero van un poco más allá e incluyen una filosofía que es posible que le ayude a vivir feliz en lugar de sentirse desgraciado.

Otras afirmaciones que usted formule pueden ser ser realistas pero no filosóficas, como por ejemplo:

1. «Cuando obtuve esa mala evaluación pensé que era totalmente incompetente para ese tipo de trabajo y que nunca mejoraría, pero ahora que pienso en ello, estoy bastante seguro de que en el futuro lo podré hacer mejor».

2. «Pensé que mi supervisora me tenía manía cuando vi la evaluación tan baja que me había dado, pero ahora me doy cuenta de que probablemente no era el caso, y que quizá realmente lo hice peor de lo que creía que estaba haciendo. Si me esfuerzo por cambiar mis métodos, es casi seguro que lo haré mucho mejor».

Estas autoafirmaciones realistas pueden ser exactas y valiosas, pero todavía encubren dos de las principales filosofías autodestructivas. Si se dice a sí mismo que puede rendir mejor en el trabajo en el futuro, puede que todavía no se esté enfrentando a sus ideas irracionales para cambiarlas. Como por ejemplo: «Si nunca logro hacerlo mejor, ¡sin duda es porque soy una persona inferior e inadecuada!».

Al decirse a sí mismo que su supervisora le tenía manía y que en realidad su rendimiento era mejor del que ella pensaba, y que por ello se merecía una mejor evaluación, puede sentirse temporalmente bien por lo ocurrido. Pero puede que siga pensando, en primer lugar, que si su supervisora no le tuviera manía y realmente su rendimiento hubiera sido bajo, entonces es una persona incompetente. En segundo lugar, podría llegar a la conclusión de que si es cierto que ella tiene prejuicios en contra de usted, es ella la que es una mala evaluadora y una inútil total. En estos ejemplos, sus autoafirmaciones son temporalmente válidas para ayudarle a que se sienta mejor, pero no cambian su filosofía subyacente de condenarse a sí mismo cuando su actuación es mala y como consecuencia maldice a otras personas cuando no le tratan bien.

Insisto, no repita lo que les pasó a muchas de las personas que siguieron a Emile Coué y por lo tanto creyeron que «día a día, en todos los aspectos, mejoro más y más». Cuidado con crear afirmaciones ingenuas como éstas:

- ✔ «Sí, supongo que mi evaluación demuestra que no rendí gran cosa en el trabajo. Pero es que simplemente no utilicé la gran capacidad que tengo y que puedo utilizar la próxima vez. Estoy seguro de que puedo ser el mejor trabajador que la empresa ha tenido jamás, ¡y lo voy a ser!».

- ✔ «Supongo que mi baja evaluación demuestra que me sentía demasiado confiado y creía que lo estaba haciendo mejor de lo que realmente lo estaba haciendo. Pero por supuesto tengo más capacidad de trabajar bien que cualquier otro de mi departamento, estoy seguro de que la próxima vez le demostraré a mi supervisora lo fantástico que soy!».

- ✔ «Sí, esta vez no lo hice demasiado bien. Pero eso es porque este tipo de tarea está por debajo de mis posibilidades. Yo debería estar haciendo algo mucho más complicado, como análisis de costes o incluso cirugía cerebral. ¡A la porra con este empleo! Voy a asistir a la universidad y seré el mejor analista de costes o neurocirujano que jamás haya existido. ¡Les demostraré de lo que soy capaz!».

Este tipo de afirmaciones nada realistas, desmesuradas e ingenuas puede que le ayuden a sentirse mejor, a vencer su depresión y quizá a lograr más cosas de las que ha logrado hasta ahora. Pero una vez más este tipo de afirmación puede encubrir una filosofía irracional la cual exige que usted debe hacerlo todo bien, demostrar lo buena persona que es, obtener más aprobación de los demás y conseguir fácilmente todo lo que quiera en la vida. Así que Cuestione (Cu) sus Creencias Irracionales, llegue a una Nueva Filosofía Efectiva (E) y conviértala en afirmaciones racionales, pero revise estas afirmaciones para comprobar tanto el beneficio como el perjuicio que puedan reportar. Las afirmaciones para afrontar problemas del tipo: «Lo puedo hacer mejor. ¡Estoy seguro de que puedo!» son optimistas y a veces eficaces. Pero también conllevan muchos defectos y peligros.

IMAGINACIÓN POSITIVA Y VISUALIZACIÓN

Algunos pensadores de la antigüedad vieron claramente, igual que defendía Emile Coué más recientemente, que si utiliza una visualización positiva puede ayudarse a sí mismo a actuar mejor y sentirse bien por su conducta. Los experimentos psicológicos han confirmado esta teoría. Si las personas practican el imaginarse a sí mismos dándole correctamente a una pelota de tenis o hablando fluidamente en público, su práctica visualizada les ayudará tanto como una práctica real para emprender esas acciones. Pruébelo y lo comprobará por sí mismo.

Si, por ejemplo, tiene usted miedo de no salir bien parado de una entrevista de trabajo, imagínese sosteniendo una entrevista difícil, esquivando bien las preguntas, impresionando al entrevistador y consiguiendo una aceptación muy faborable. Si se imagina de forma intensa y repetida comportándose de manera competente, tenderá a desarrollar una sensación de ser eficaz, de que puede manejar la situación. En lugar de pensar: «Realmente no lo puedo hacer bien. No soy bueno para las entrevistas de trabajo» (pensamientos que le dejarán con la sensación de ser inadecuado), y empieza a decirse: «Esto es duro, pero puedo hacerlo. ¡Creo que soy perfectamente capaz!», estará adquiriendo lo que la TREC llama «confianza para el logro». Con una confianza así, como han demostrado los numerosos experimentos de Albert Bandura y sus estudiantes, tiene muchas más probabilidades de salir airoso de una tarea difícil que si carece de confianza o su filosofía es dudar de sí mismo.

El practicar una actividad mentalmente –entrevista laboral, discurso, golpe de golf– a veces se acerca mucho a hacerlo de verdad. El practicar un discurso de forma imaginativa, por ejemplo, puede que le aporte ideas excelentes, que le lleve a redactar unas buenas frases y puede ayudarle a desarrollar argumentos que de otro modo no sabría desarrollar.

Un inconveniente de la imaginación positiva es que puede desanimarle a cambiar su horror al fracaso, o en ocasiones incluso incrementarlo. Suponga, por ejemplo, que se siente ansioso por conocer a alguien socialmente. Su ansiedad casi siempre procede de una Creencia Irracional, como: «Debo, absolutamente, salir airoso del encuentro. Sólo tengo que impresionar a esta persona y hacerle pensar que soy una de las personas más expertas en relaciones que jamás habrá conocido. Sería terrible que me cayera de bruces y ella decidiera que soy un imbécil. ¡Me moriría si eso ocurriera!».

Al estar tan dispuesto a impresionar a esa persona, se imagina que le está hablando, que tiene ideas brillantes, que se le ocurren sabias afirmaciones y que la está impresionando. Incluso se imagina oyéndola decir a alguien más, después del encuentro, lo estupendo e inteligente que es usted. Todo este tipo de visualización positiva le hace sentir bien porque refuerza su idea: «Sabes, realmente puedo triunfar en mis relaciones. Estoy seguro de que puedo. Por tanto, aprovecharé la oportunidad de entablar relaciones sociales y haré todo lo que pueda para tener éxito».

Muy bien. Al acercarse pues a las relaciones sociales pensando de esta manera resulta más fácil empezar con muy buen pie. No obstante, seguirá estando ansioso de una manera subyacente (o muchas veces abiertamente). Se estará relacionando, es verdad, pero puede que siga creyendo en la misma filosofía que tenía antes: que debe tener éxito, que sería terrible si no lo hiciera, y que se moriría si le consideraran un «indeseable social». De hecho, su autoimagen de que está actuando bien –con la ocurrencia de frases brillantes, impresionando a la persona que quiere impresionar– puede que refuerce su perentoria necesidad de actuar bien y de obtener la aprobación del otro.

Es más, aun cuando su visualización positiva le ayude a relacionarse socialmente, casi nunca impedirá que siga pensando: «Bueno, es fantástico que me esté relacionando tan bien ahora. ¿Pero supongamos que fracaso más adelante? ¿Imaginemos que ya no se me ocurre nada inteligente que decir y que me quedo en blanco? ¿Qué pasaría si la persona con la que estoy hablando me aprueba pero más tarde descubre que soy realmente un estúpido? ¿Supongamos que entonces se da cuenta de lo bobo que realmente soy y empieza a despreciarme? ¡Qué horroroso sería! ¡Quisiera que se me tragara la tierra y nunca podría volver a mostrar mi cara en público!».

Así que aunque la imaginación positiva le da un empujón temporal, casi siempre se trata de una pequeña victoria que no cambia su enfoque básico y le mantiene tan ansioso como de costumbre. Porque puede encubrir, y realmente no mejora, su filosofía básica autodestructiva.

Por lo tanto: utilice la visualización y el pensamiento positivo, si así lo desea. Pero recuerde que si las usa como una negación no se va a resolver el problema. En lugar de ello, busque y cuestione las exigencias y los *yo debo* y *debe ser* subyacentes que tiene acerca del tener éxito y ganarse la aprobación de los demás. Identifique esas exigencias que probablemente todavía tiene, cuestiónelas enérgicamente y después abandónelas. Entonces puede que su pensamiento positivo y sus visualizaciones realmente funcionen ¡para que no se conviertan más tarde en actos de sabotaje!

UTILIZACIÓN DE LA RELATIVIZACIÓN
O ANÁLISIS DE COSTES Y BENEFICIOS

Relativización es un término que utiliza la TREC para referirse tanto a las ventajas como a los inconvenientes de una conducta, en lugar de adoptar una visión unilateral que pueda favorecer su nociva adicción a ella. Así pues, siempre que siga actuando en contra de sus intereses, y en especial cuando siga siendo adicto a una conducta que usted sabe que es autodestructiva. Puede que esté enfocando solamente a sus buenos o valiosos aspectos, al mismo tiempo que ignora sus aspectos nocivos. Puede que se esté diciendo a sí mismo: «¡Cambiar es demasiado difícil!» o «¡No puedo cambiar!».

Suponga, por ejemplo, que sabe que beber, fumar o jugarse el dinero es malo para usted y que se sigue prometiendo a sí mismo que dejará de hacerlo; pero sigue con ello. ¿Por qué se está comportando de una manera tan estúpida y autodestructiva? Porque, mientras practica esta conducta nociva, está enfocando hacia su gratificación inmediata, y puede que esté evitando mirar el daño que a la larga se hará. En otras palabras, se está concentrando en las ventajas: el placer de beber, fumar o jugar, y se niega a pensar en los inconvenientes: peligro para la salud, que la gente le rechace, y otros riesgos derivados de su adicción.

Si es así, será mejor que empiece a equilibrar su enfoque mediante la relativización o el análisis de costes y beneficios. Concéntrese y conecte con los auténticos inconvenientes de su conducta permisiva. Siéntese y dedíquele un tiempo –por ejemplo una semana o dos– para hacer una lista con los perjuicios reales de su conducta. Anote tantos inconvenientes como se le ocurran.

Si por ejemplo es un jugador compulsivo, haga una lista con los peligros principales derivados de ello: la cantidad de tiempo que pasa apostando; el dinero que suele perder al hacerlo; el distanciamiento de su familia, amigos y compañeros que no comparten su afición al juego. Todas sus desventajas evidentes.

Escriba esas desventajas y después tómese como mínimo diez minutos al día para pensar en los efectos nocivos de su conducta. Deliberadamente céntrese –en lugar de distraerse tontamente– en estos inconvenientes. Tómese su tiempo –quizá de tres a cinco veces al día– para recordarse estos costes. Repáselos, una y otra vez, hasta que los recuerde, y téngalos bien presentes.

Asimismo, siga recordándose las ventajas de no jugar: el tiempo y el dinero que se ahorra, la vida más larga que puede tener, la prueba de que puede ejercer una buena disciplina, el placer y los beneficios para sus amigos y familiares, el buen ejemplo que ofrece a sus hijos...

Tómese tiempo para hacer una buena lista con los beneficios de abandonar su hábito indeseable y con el dolor que le causa mantenerlo. Piense firmemente en las entradas de las dos listas, no se limite a repetirlas como un loro o a pasar por encima. Si puede, piense en casos reales de personas que conozca que hayan padecido los inconvenientes de su lista. Discuta estos inconvenientes con otras personas. Siga añadiendo más cosas a su lista que antes no había anotado. Oblíguese a repasar los peligros de su adicción. Compruebe que no se está diciendo a sí mismo que es mejor ignorar o negar sus hábitos. Cuestione cualquier Creencia Irracional que le anime a seguir enganchado. Utilice algunos de los métodos conductuales descritos en el capítulo 12.

Robert era un jugador compulsivo. No, no se dedicaba a apostar constantemente en los casinos de Atlantic City, pero varias veces al año se tomaba un fin de semana libre y perdía unos cuantos miles de dólares, algo que difícilmente se podía permitir. Porque lo cierto es que cuando estuviera ganando unos cuantos miles o más, irremediablemente mataba sus posibilidades al convencerse de que la suerte y la destreza estaban de su parte y que iba a triunfar por todo lo alto. Se sentía tan excitado por la posibilidad de ganar un buen fajo de dinero que difícilmente podía pensar con corrección y perdía gran parte de la habilidad que sí tenía en otras ocasiones para el póquer.

Robert utilizó un firme cuestionamiento de sus Creencias Irracionales para intentar mantenerse alejado de Atlantic City. Muchas veces lo lograba; pero también recaía en las Creencias Irracionales: «Mi vida como auditor es extraordinariamente aburrida y por tanto necesito un poco de diversión. Aunque a veces pierdo mucho dinero en un fin de semana, tampoco tengo ninguna otra afición cara, como coleccionar antigüedades, y por tanto no estoy en números rojos. Además, mi familia no sufre demasiado por mis pérdidas de juego».

Robert se resistía al principio a la relativización porque intuía que si lo hacía ya no sentiría placer por lo que «realmente necesitaba» para que su vida mereciera la pena ser vivida. Cuando la utilizó un poco, se olvidó de anotar algunos de los riesgos principales de su afición; y cuando tuvo una buena lista con todos ellos, sólo la repasaba de vez en cuando y muy por encima. Finalmente, estuvo de acuerdo con castigarse sin ir a Atlantic City hasta que no hubiera confeccionado una buena lista con todas las desventajas del juego. Ninguna de las pérdidas que anotó le impresionó especialmente, excepto una: siempre que apostaba y perdía una suma considerable su mujer se enfadaba con él y se negaba a mantener relaciones sexuales durante semanas. Cuando empleó la relativización, se concentró en esta gran desventaja.

Para su sorpresa, descubrió que no era tanto el sexo lo que echaba en falta –porque tenía cincuenta y tantos años y ya no se sentía tan erótico como cuando se casó a los 35. Pero el saber que su mujer estaba enojada por su juego, que sólo le hablaba con palabras duras y que le negaba el afecto que normalmente le demostraba, y también el saber que sus dos hijos estaban del lado de su esposa y que creían que ella tenía razón por estar enfadada, al concentrarse en estas realidades tan desagradables de su vida familiar, le fue posible dejar de ir a Atlantic City. Asimismo, ayudó a controlar su afición por las apuestas organizando una partida de póquer quincenal con apuestas limitadas con algunos amigos, de las que normalmente conseguía salir sin pérdidas ni beneficios.

TAREAS COGNITIVAS DE LA TREC PARA HACER EN CASA

La terapia efectiva normalmente enseña a la gente qué hacer entre sesiones y no solamente durante sus horas de terapia individual o grupal. En el transcurso de las primeras sesiones de mis clientes, les suelo decir: «Escriba durante la semana todos los sentimientos y conductas que le resulten molestos, como sentimientos de ansiedad y depresión, o evitar las cosas que realmente desearía hacer. Anote los Acontecimiento o Adversidades Activadores (A) que preceden a estos eventos. Ahora tiene el A y el Co de las reglas básicas acerca de sus sentimientos y acciones perturbados. Entonces asuma que también tiene Creencias Irracionales (CI) que detonan el autosabotaje en el punto Co. Descubra estas CI, entre las que casi siempre estarán los *yo debo*, sus *debe ser* y las exigencias. Entonces cuestiónelas firmemente hasta que llegue a E, su Nueva Filosofía Efectiva». Mis clientes normalmente no tienen ningún problema en hacerlo lo cual les posibilita ser pronto muy conscientes de todos los puntos importantes de sus perturbaciones.

Usted puede hacer lo mismo, tanto si asiste o no a psicoterapia. En primer lugar, compruebe sus Co para ver cómo siente y actúa autodestructivamente. Después observe lo que normalmente ocurre en el punto A, justo antes de su conducta perturbada. Descubra sus CI, cuestiónelas firmemente (Cu) y descubra su Nueva Filosofía Efectiva (E) (o lo que es lo mismo: Creencias Racionales Efectivas). No dude en repasar su lista con amigos o familiares, especialmente si saben algo de la TREC. Pero aunque no sepan, usted puede enseñarles algunos de los elementos principales de la TREC, para que le ayuden a usted y los utilicen con sus propios problemas.

Para ayudarle a escribir sus puntos principales de la TREC y su Cuestionamiento (Cu), y alcanzar así su Nueva Filosofía Efectiva (E), Windy Dryden, Jane Walker y yo hemos diseñado el siguiente impreso para registrar la autoayuda con la TREC, que puede utilizar regularmente. Al cabo de un tiempo se lo sabrá de memoria y probablemente lo podrá utilizar mentalmente.

IMPRESO PARA LA AUTOAYUDA CON LA TREC

A (ACONTECIMIENTOS O ADVERSIDADES ACTIVADORES)

. Resuma brevemente la situación por la cual se siente perturbado (¿qué es lo que vería si lo hiciera a través de una cámara?).
. Un A puede ser interno o externo, real o imaginario.
. Un A puede ser un acontecimiento pasado, presente o futuro.

CI (CREENCIAS IRRACIONALES)

Para IDENTIFICAR las CI, busque:
. LAS EXIGENCIAS DOGMÁTICAS (los yo debo/debe, los absolutos)
. LAS TENDENCIAS A HORRIBILIZAR (es horrible, espantoso, horripilante)
. LA BAJA TOLERANCIA A LA FRUSTRACIÓN (no lo puedo soportar)
. LA EVALUACIÓN PERSONAL Y DE LOS DEMÁS (yo soy/él-ella es malo, inútil)

Cu (CUESTIONAR LAS CI)

Para CUESTIONAR pregúntese:
. ¿Adónde me conduce el sostener esta creencia? ¿Es útil o autodestructiva?
. ¿Dónde está la prueba que demuestre la existencia de mi creencia irracional?
. ¿Es coherente con la realidad social?
. ¿Es lógica mi creencia? ¿Es una con tinuación de mis preferencias?
. ¿Es realmente horrible (todo lo malo que podría ser?
. Realmente no lo puedo soportar?

C (CONSECUENCIAS)

Principales **emociones** negativas indeseables:

Principales **conductas** autodestructivas:

Las emociones negativas indeseables comprenden:
. baja tolerancia a la frustración . ansiedad . depresión
. vergüenza/turbación . vejación . ira
. culpabilidad . celos

E (NUEVAS FILOSOFÍAS EFECTIVAS)

Para pensar de manera más racional, intente:
. LAS PREFERENCIAS NO-DOGMÁTICAS (deseos, necesidades, anhelos)
. EVALUAR LO MALO (es malo, desafortunado)
. ELEVADA TOLERANCIA A LA FRUSTRACIÓN (no me gusta pero puedo soportarlo)
. NO EVALUARSE A UNO MISMO NI A LOS DEMÁS DE FORMA GLOBAL (yo, y los demás, somos seres humanos falibles)

E (EMOCIONES Y CONDUCTAS EFECTIVAS)

Nuevas emociones negativas deseables:

Nuevas conductas constructivas:

Las emociones negativas deseables comprenden:
. decepción
. preocupación
. enojo
. tristeza
. remordimiento
. frustración

IMPRESO PARA LA AUTOAYUDA CON LA TREC

A (ACONTECIMIENTOS O ADVERSIDADES ACTIVADORES)

· Resuma brevemente la situación por la cual se siente perturbado (¿qué es lo que vería una cámara?).
· Un A puede ser interno o externo, real o imaginario.
· Un A puede ser un acontecimiento pasado, presente o futuro.

C (CONSECUENCIAS)

Principales **emociones** negativas indeseables:

Principales **conductas** autodestructivas:

Las emociones negativas indeseables comprenden:
· baja tolerancia a la frustración
· vergüenza/turbación
· culpabilidad
· ansiedad
· vejación
· celos
· depresión
· ira

CI (CREENCIAS IRRACIONALES)

Para IDENTIFICAR las CI, busque:
· LAS EXIGENCIAS DOGMÁTICAS (los yo debo/debe, los absolutos)
· LAS TENDENCIAS A HORRIBILIZAR (es horrible, espantoso, horripilante)
· LA BAJA TOLERANCIA A LA FRUSTRACIÓN (no lo puedo soportar)
· LA EVALUACIÓN PERSONAL Y DE LOS DEMÁS (yo soy/él-ella es malo, inútil)

Cu (CUESTIONAR LAS CI)

Para CUESTIONAR pregúntese:
· ¿Adónde me conduce el sostener esta creencia? ¿Es útil o autodestructiva?
· ¿Dónde está la prueba que demuestre la existencia de mi creencia irracional? ¿Es coherente con la realidad social?
· ¿Es lógica mi creencia? ¿Es una continuación de mis preferencias?
· ¿Es realmente horrible (todo lo malo que podría ser)?
· ¿Realmente no lo puedo soportar?

E (NUEVAS FILOSOFÍAS EFECTIVAS)

Para PENSAR de manera más racional, intente:
· LAS PREFERENCIAS NO-DOGMÁTICAS (deseos, necesidades, anhelos)
· EVALUAR LO MALO (es malo, desafortunado)
· ELEVADA TOLERANCIA A LA FRUSTRACIÓN (no me gusta pero puedo soportarlo)
· NO EVALUARSE A UNO MISMO NI A LOS DEMÁS DE FORMA GLOBAL (yo, y los demás, somos seres humanos falibles)

E (EMOCIONES Y CONDUCTAS EFECTIVAS)

Nuevas emociones negativas deseables:

Nuevas conductas constructivas:

Las emociones negativas deseables comprenden:
· decepción
· preocupación
· enojo
· tristeza
· remordimiento
· frustración

Asimismo, muchas veces verá que le resulta útil escribir sus propias reglas básicas, y así las podrá comprobar y revisar más adelante. Además, frecuentemente repetirá las mismas Consecuencias básicas y se disgustará innecesariamente. Así que consultando algunos de sus anteriores Impresos para la Autoayuda podrá ver rápidamente cómo se cuestionó antes sus CI y qué Nuevas Filosofías Efectivas (Creencias Racionales) descubrió.

LA UTILIZACIÓN DE LA TREC Y OTROS MATERIALES EDUCATIVOS COGNITIVO-CONDUCTUALES

Como ya mencioné anteriormente, una vez empecé a utilizar la TREC con mis clientes regulares y miembros del público, me di cuenta de que las personas podían utilizar materiales educativos escritos, grabados o de otro tipo, para ayudarse a sí mismos con su terapia y con su autoterapia. Porque la TREC por sí misma es inusualmente educativa, dentro y fuera de las sesiones terapéuticas. Sus principios se pueden explicar fácilmente, igual que yo los explico en este libro, y entonces casi todas las personas que las quieran aplicar las pueden utilizar. A su vez, aquellos que aprenden los principios los pueden enseñar a otros, tal como comentaré a continuación.

Se han escrito montones de folletos, libritos y libros que explican la TREC de manera clara y eficaz. En la clínica psicológica del Albert Ellis Institute de Nueva York, recomendamos a nuestros clientes que lean algunos folletos publicados por el Instituto que les damos en su primera sesión. Entre ellos están: *The Nature of Disturbed Marital Interaction*, («La naturaleza de la interacción marital perturbada»); *REBT Diminishes Much of the Human Ego*, («La TREC reduce gran parte del ego humano»); y *Achieving Self-Actualization* («Conseguir la autorrealización»).

También recomendamos que nuestros clientes de terapia lean algunas de las principales obras sobre TREC y TCC para el público en general, como mis libros *How to Stubbornly Refuse to Make Yourself Miserable About Anything – Yes Anything!* («Usted puede ser feliz»); *A Guide to Rational Living* («Guía para una vida racional»); *A Guide to Personal Happiness* («Guía para la felicidad personal»). Otros libros que solemos recomendar son: *Overcoming the Rating Game* («Vencer el juego de las evaluaciones»), de Paul Hauck, y mis propios *Overcoming Procrastination* («Vencer las dilaciones»); *How To Control Your Anger Before It Controls You* («Controle su ira antes de que ella le controle a usted»); *The Albert Ellis Reader* («Antología de Albert Ellis»); y *Optimal Aging: Getting Over Getting Older* («Envejecimiento óptimo: supere eso de hacerse viejo»). Estos son sólo algunos de los folletos y libros sobre TREC que puede utilizar. Puede conseguir muchos otros artículos y material audiovisual, como se indica en el apartado de Referencias del final del libro, así como una lista de nuevos materiales, en el Albert Ellis Institute, 45 East 65th Street, New York, NY 10021-6593, (212) 535-0822, fax (212) 249-3582. El catálogo gratuito del Instituto también comprende una lista de las habituales charlas y talleres sobre TREC.

La mayoría de personas creen que estos materiales, así como las charlas y talleres sobre TREC y TCC, son bastante útiles. Mis clientes, en particular, después de haber pasado por algunas sesiones de TREC, descubren que el revisar nuestra literatura y el material audiovisual les refresca algunos de los métodos que en ese momento están descuidando, así como algunos que puede que no hayan utilizado antes. Aunque no haya pasado por ninguna sesión de Terapia Racional Emotivo-Conductual, probablemente encontrará útiles estos materiales.

ENSEÑAR TREC A SUS AMIGOS Y FAMILIARES

Al poco tiempo de empezar a utilizar la TREC con mis clientes, descubrí que unos cuantos de ellos empezaban a enseñarla a sus amigos, familiares y compañeros de trabajo. Como dije antes, no tenían dificultades para hacerlo, siempre y cuando ellos la hubieran entendido bien antes. En segundo lugar, algunas de las personas a quienes enseñaban se beneficiaban de ello inmediatamente. Otras se resistían al principio pero después veían lo valiosa que era para mis clientes y entonces empezaban a utilizarla también ellos.

Cuanto más enseñaban TREC mis clientes a otros, más se ayudaban a sí mismos. Esto ya lo dijo el famoso educador John Dewey hace casi un siglo: «Aprendemos a hacer algo bien al enseñárselo a los demás». Esto es especialmente cierto de la TREC: cuando les muestra a otras personas que no se disgustan solamente por las Adversidades de la vida, como erróneamente creen, sino que también eligen, consciente o inconscientemente, reforzar esa idea en su mente y en su corazón; cuando les desvela a esas personas sus Creencias Irracionales y cómo Cuestionarlas, tenderá a ver sus propias CI más claramente y mejorará su forma de Cuestionarlas.

Ésta es una de las razones principales por las cuales inicié grupos de terapia TREC en 1959: me di cuenta de que en grupo mis clientes tenían una excelente oportunidad de ver las Creencias Irracionales de otros miembros y Cuestionarlas. Además, yo podía supervisar su trabajo con los demás, decirles qué CI habían observado, correcta o incorrectamente, y enseñarles cómo mejorar su Cuestionamiento. Aquellos que habían sido miembros activos de un grupo aprendían a cómo descubrir y Cuestionar mejor sus propias CI. El grupo también resultaba extremadamente educativo, porque unos miembros veían a otros luchar con problemas similares y también lo habitual que era que las CI de los demás fueran como las suyas. Aprendieron que podían utilizar la manera de Cuestionar de otros para sus propios trastornos. ¡Qué modelo tan eficaz!

Si puede reunir a un grupo de amigos para aprender TREC y utilizarla todos juntos, estupendo. Pero aun sin hacerlo así puede utilizarla con prácticamente cualquier persona que le hable de sus problemas. Una vez empieza a enseñar TREC incluso a una sola persona, él o ella a su vez la puede utilizar con usted, puede comprobar sus CI y Cuestionamientos, y así ambos verán si la están utilizando correctamente.

Rosalie estaba gravemente deprimida por la ruptura de su relación con Ronald hacía dos años, y en ocasiones incluso pensaba en el suicidio como solución a sus males. Después de que yo la tratara durante ocho semanas, se dio cuenta de que no era únicamente la pérdida de la relación lo que la deprimía, sino también el culparse a sí misma por haber perdido los estribos con Ronnie. Estaba segura de que nunca podría vencer su tendencia a tener berrinches infantiles, que nunca podría mantener una buena relación con otro y que por todo ello era una persona inútil e indigna de ser amada.

Durante el transcurso de sus sesiones de TREC, junto con sus lecturas y escuchas de material TREC, Rosalie aprendió que sus arranques procedían de sus propias exigencias ingenuas de que la gente no debía, en absoluto, obstaculizar sus intensos deseos, especialmente su gran necesidad de ser amada, y que eran unos «cabrones desgradecidos» cuando se los negaban. También se dio cuenta de que su «necesidad» de constantes muestras de afecto era poco realista e ilógica. Sólo era una «necesidad» porque ella lo había decidido así.

Rosalie vio que tenía un umbral de tolerancia a la frustración bajísimo y graves sentimientos de inutilidad, y que ello no procedía de que no consiguiera ganarse el suficiente afecto, sino de sus imposibles exigencias sobre sí misma y sus compañeros. Se esforzó duramente por mantener sus preferencias deseables al mismo tiempo que renunciaba a sus exigencias dogmáticas de amor. Con este cambio salió de la depresión y volvió a salir con hombres, algo que había dejado de hacer antes de empezar la terapia.

Cuando Rosalie comentó sus problemas con algunas de sus amigas y les mostró cómo los manejaba ahora con la TREC, descubrió que casi todas ellas tenían conflictos parecidos. Además de sus deseos saludables de amar y ser amadas, muchas veces caían en pensar que tenían que, absolutamente, realizar estos deseos. El mostrar su necesidad muchas veces asustaba a sus compañeros; y aunque sus relaciones fueran bien, seguían estando ansiosas porque pensaban: «Debo seguir siendo amada, de otro modo seré una persona inútil e indigna!».

Rosalie vio claramente sus propios errores al ayudar a sus amigas a descubrir que, igual que ella, estaban convirtiendo insensatamente sus sanas preferencias de amor en necesidades perentorias y que ello era autodestructivo. Algunas de sus amigas, con su ayuda y leyendo literatura sobre TREC, mejoraron notablemente. Una de ellas dejó de incordiar a su novio, igual que Rosalie había hecho anteriormente con el suyo, y empezó a consolidar una relación que había estado menoscabando gravemente. Otra amiga siguió con la relación que tenía pero no se sentía tan ansiosa cada vez que su compañero estaba preocupado por el trabajo y la descuidaba a ella. En resumen, las amigas de Rosalie se beneficiaron considerablemente de su ayuda con los principios de la TREC y ella los aprendió mejor. Como suele ocurrir en casos como éste, Rosalie decidió que disfrutaba tanto ayudando a los demás con la TREC que se matriculó en la universidad para convertirse en una asistente social clínica.

LOS MODELOS

Como Albert Bandura y otros psicólogos han demostrado, los niños y los adultos aprenden mucho siguiendo el modelo de otros, y puede que usted haya copiado de familiares y amigos algunos de sus *yo debo* y sus *debe ser* absolutistas y autodestructivos. Los miembros de su familia, sus profesores, su cultura, los medios de comunicación, todos ellos le han mostrado maneras de autoinculparse, de pelearse con los demás, quejarse por sus infortunios y en general amargarse la vida. Tampoco es que usted sea inocente a este respecto. Usted mismo puede crear sus propias e insensatas reglas y sus rígidas insistencias por seguir algunas de estas reglas. Pero también es una persona sugestionable y crédula –como el resto de los humanos- y no tiene problema en adoptar el modelo de otros, tanto de forma positiva como negativa.

Suzie, por ejemplo, era una imitadora nata y también por educación. Cambiaba su manera de vestir con cada nueva moda que aparecía. Copiaba el peinado, el maquillaje y los perfumes de los miembros más populares de su grupo social. Sus normas de conducta no eran propias, sino que se parecían mucho a las de las personas que admiraba en la escuela y en su conservadora vecindad de Long Island. Para empeorar las cosas, saboteaba su propia individualidad insistiendo en que sus reglas y las de su grupo eran indudablemente «correctas» y «adecuadas» y que cualquiera que las ignorara, incluyéndose a sí misma, era un marginado y un palurdo.

Suzie vino a verme por su ansiedad crónica, que surgía cada vez que rompía una de las «correctas» leyes sociales o cuando otros pensaban que las estaba rompiendo. Entonces, como usted imaginará, se ponía extremadamente ansiosa si otros veían su gran ansiedad.

Utilicé varios de los métodos habituales de la TREC con Suzie, especialmente el de identificar y cuestionar sus principales Creencias Irracionales: «¡Una conducta social impropia es algo terrible, que no se puede perdonar y que hay que evitar en todo momento y a cualquier coste!»; «Si yo sobresalgo de mi grupo como un bicho raro, todas las personas buenas me desprecian y tienen razón al hacerlo; soy una marginada social y lo peor de lo peor en la escala comunitaria!».

Tras varios meses de TREC, contra la que al principio se rebeló intensamente pero que acabó adoptando porque cinco años anteriores de psicoterapia no le habían servido para nada, Suzie se convirtió en moderadamente independiente y dejó de inclinarse ante a los miembros más conservadores de su grupo social. Se vistió y se maquilló con su propio estilo elegante, dejó de beber para adaptarse a los gustos de su grupo social e incluso hablaba con entusiasmo de sus lecturas liberales a algunos de sus amigos convencionales. También se relacionó con varias personas en Manhattan, menos convencionales, para sustituir a algunos de los «tipos de Long Island» con quienes ya no disfrutaba.

La ansiedad de Suzie disminuyó notablemente, especialmente su pánico por parecer ansiosa. Seguía manteniendo casi todos sus lazos familiares, aunque a veces se sentía avergonzada por sus envarados parientes, ahora que ocasionalmente salía y tenía relaciones sexuales con más de un hombre. Hacía ver que salía regularmente con sólo uno de sus amantes, lo llevaba a las reuniones familiares y nunca mencionaba que tenía también una relación estable con otro hombre, uno que era muy poco convencional y que nunca, en opinión de su familia, sería considerado un «buen partido» para casarse.

Suzie se sentía bastante incómoda por su falta de sinceridad, aunque ya había dejado de culparse por su «mala» conducta. Para vencer la incomodidad realizó varios ejercicios de TREC para combatir la vergüenza durante los cuales le contó a su familia varias de sus «extrañas» acciones. Consiguió no sentirse avergonzada cuando les informó, por ejemplo, de que había dejado de ir a la iglesia católica y que en lugar de ello había entrado en un grupo budista.

Yendo incluso más allá del riesgo de ganarse la desaprobación de su familia, Suzie leyó las obras de varios budistas zen, así como de cristianos inconformistas como Henry David Thoreau y Bronson Alcott, que sin rubor alguno habían roto muchas reglas sociales. Al tomar como modelo a estos inconformistas, Suzie pudo alejarse todavía más de las expectativas de la familia y convertirse en ella misma. Finalmente informó a todo el mundo, dentro y fuera de la familia, de cuáles eran sus actividades sexuales y se sintió cómoda al hacerlo. Se sentía orgullosa del hecho de que también pudo convencer a un par de amigas de más edad y más conservadoras para que llevaran una vida sexual y amorosa menos convencional.

Por supuesto no le estoy recomendando que adopte estilos poco convencionales como hizo Suzie y alguna de sus amigas. Es usted libre de mantener las costumbres liberales o conservadoras que quiera. Pero si realmente desea hacer algo inusual, en cualquier sentido, normalmente podrá encontrar personas, tanto en la vida real como en las biografías, que fueron contra corriente y que no les importó hacerlo. Así que usted puede tomar como modelo su desvergüenza.

EVITAR UN LENGUAJE CON GENERALIZACIONES EXCESIVAS

Como indicó Alfred Korzybski en 1933 en su inusual libro *Science and Sanity* («Ciencia y cordura»), así como otras autoridades, los seres humanos somos un animal único porque creamos un lenguaje. Sin el uso del lenguaje, incluyendo las autoafirmaciones, no podríamos pensar bien, pensar sobre el pensar, y pensar en pensar sobre el pensar.

El lenguaje realmente es un don para la raza humana, en muchos sentidos. Pero no siempre. Nuestra tendencia a inventar y a revisar nuestro lenguaje tiene sus peligros inherentes. Como demostró Korzybski, tendemos a generalizar excesivamente cuando nos hablamos a nosotros mismos y a los demás. Así, cuando utilizamos el ser de la identidad, decimos correctamente: «Yo actué de manera idiota al no estudiar para este importante examen», y después pasamos a generalizar exageradamente: «¡Por tanto soy un idiota!». Incluso podemos ir más lejos y decir: «Como he actuado estúpidamente, y por tanto ahora soy un estúpido, ello me convierte en una persona mala e indigna que siempre actúa mal y que no merece disfrutar de la vida».

Si piensa en estas afirmaciones comprobará que frecuentemente se las repite a usted mismo y a los demás, y que por supuesto no son ciertas. Tal vez sea verdad que actuó estúpidamente porque su objetivo, supongamos, era pasar el examen, y probablemente lo hubiera hecho si hubiera estudiado. Pero usted decidió no estudiar y con ello saboteó su propio objetivo. Como actuó en contra de sus propios intereses, puede decir legítimamente «me comporté estúpidamente». Esto sirve para atraer su atención hacia lo que hizo y lo que puede hacer de otra manera la próxima vez que tenga un examen.

Además, en términos de la TREC, si únicamente observa que actuó de forma estúpida en el tema del examen, probablemente concluirá que debido a que su conducta no fue muy afortunada, prefiere no repetirla. Entonces lo sentirá y estará decepcionado por esa conducta, y sus sentimientos negativos serán, de nuevo, saludables o útiles. Si se siente feliz o neutral por su conducta destructiva, tenderá a repetirla; mientras que si lo siente y está decepcionado por ella, tenderá a evitarla en el futuro.

¿Y qué pasa con su afirmación: «¡Por actuar de forma estúpida con respecto al examen, soy un estúpido!»? Bueno, ¿qué pasa con ella? Por supuesto es incierta, porque la conclusión: «¡Soy un estúpido!» implica que usted sólo y en todo momento –o al menos gran parte del tiempo– actúa de forma estúpida. En realidad, probablemente hace muchas cosas, quizá la mayor parte, bastante bien y nada estúpidamente. Así que está exagerando la generalización. También está siendo víctima de lo que Korzbyski llamó el ser de la identidad. Porque su afirmación: «¡Soy un estúpido!» de alguna manera hace que su conducta estúpida sea igual que usted, que toda su esencia y su ser. ¡Qué bobada! Usted realiza miles de cosas además de pasar un examen; incluso cuando tiene que hacer un examen, a veces estudia y lo aprueba; y otras, como en este caso en particular, a veces no lo hace. Así que obviamente no es, con toda probabilidad, «un estúpido con los exámenes», ni tampoco es, casi con toda certeza, «una persona estúpida».

¿Qué es usted? Bueno, ésta en sí misma puede ser una pregunta tonta, porque usted hace tantas cosas que no es ninguna de ellas. Si acaso, es una persona que actúa bien y mal; que esta vez actuó mal o estúpidamente; y que la próxima vez puede que actúe de manera diferente y mejor. A menos que sólo haga una cosa en la vida, y que siempre la realice de la misma manera, prácticamente nunca es usted lo que hace. Sí, usted hace lo que hace; y como tiene cierto grado de libertad o voluntad, puede decirse que es responsable de hacerla o no hacerla. Pero emprende muchas otras acciones y no puede ser etiquetado globalmente por ser bueno o malo en cualquiera de ellas. Aun cuando fuera casi siempre malo en alguna actividad, no se le podría calificar correctamente de mala persona. Como ha indicado el psicólogo Stevan Nielsen (comunicación personal), cuando se etiqueta como un mal individuo está definiendo duramente lo que una persona que se comporta adecuadamente debería ser, supuestamente. Se está inventando de un modo arbitrario la esencia de la adecuación humana: se la inventa para usted mismo.

Así que su capacidad para utilizar el soy o cualquier otra forma del verbo ser y designar todo su yo, todo su ser, como «yo soy esto» o «yo soy aquello», es algo muy arriesgado. Es mejor que controle y modere su uso. David Bourland Jr., uno de los miembros más destacados de la *International Society for General Semantics* (un grupo que sigue las enseñanzas de Korzbyski), ha concebido una forma de inglés llamada E-prime, que evita todos los usos del verbo ser y cuya utilización es por tanto menos propensa a que nos lleve al tipo de generalización excesiva, al «ser de la identidad», que estamos comentando. El utilizar el E-prime no convertirá todas sus maneras tortuosas de pensar en pensamientos exactos sobre usted y los demás, pero en ocasiones le puede ayudar.

Volvamos al *yo debo / debe se*r. Como antes comenté, cuando usted dice: «He actuado de manera idiota en el tema del examen», tiende a lamentarlo y a sentirse decepcionado, y estos saludables sentimientos negativos le ayudan a corregir su conducta en el futuro. Pero cuando añade: «Y por tanto soy un idiota», o bien, «Por tanto soy una mala persona por actuar de manera tan estúpida y por ser un estúpido», tiende a convertir su preferencia por una conducta válida en un yo debo absolutista. La afirmación: «¡Soy un estúpido!» implica que «estúpido» es su identidad como persona, y que siempre actuará de forma estúpida. Si se lo cree, ¡conseguirá unos resultados bastante desagradables! Si es así, de nuevo elevará su preferencia de no actuar mal a la categoría de una exigencia dogmática: «Como el actuar de forma estúpida me convierte en estúpido, y por tanto siempre seguiré comportándome estúpidamente, ¡no debo, en absoluto, actuar de esa manera! ¡Es horrible cuando lo hago! Mi estúpida conducta me convierte en una persona maldita e indigna!».

¿Dónde está ahora? ¡En ninguna parte! Su predicción de que siempre tiene que actuar estúpidamente se puede convertir fácilmente en realidad, en algo que le haga seguir comportándose de esa manera. También implicará que es incapaz de actuar de otra forma que no sea estúpidamente, así que no hace falta ni que lo intente. Asimismo implicará que otras personas verán lo estúpido que es, le despreciarán y prácticamente no le darán ninguna oportunidad de actuar correctamente. Algunos de los espectadores puede que incluso le pongan deliberadamente la zancadilla y estropeen sus intentos por mejorar. También puede implicar —si cree que el destino y el universo están personalmente interesados en usted y les molesta que sea un estúpido— que la gente y el destino le tendrán por un inútil total, y se asegurarán que jamás llegue a triunfar y a actuar bien, y puede que incluso le castiguen y le prohíban tener la oportunidad de actuar adecuadamente y obtener buenos resultados durante el resto de su vida.

¡MIRE QUÉ CAOS HA ORIGINADO!

Por supuesto, todos estos nefastos resultados puede que no procedan de etiquetarse, erróneamente, como una «buena persona» o una «mala persona». ¡Pero puede que sí! Así que vaya con cuidado: márquese objetivos y valores importantes y haga lo que pueda por conseguirlos, especialmente porque usted quiere hacerlo así. Y cuando no lo logre, aun cuando fracase porque está claro que no siguió el procedimiento correcto, como estudiar para un examen si lo quiere aprobar, califique solamente sus acciones como malas, estúpidas o ineficaces. No se etiquete –¡estúpidamente!– a usted, a todo su ser, a su calidad de persona, como malo. Dése cuenta de que, como el resto de los humanos, usted es verdaderamente falible.

No, ni tampoco etiquete a todo su ser, si quiere ser exacto, como «bueno» o «digno». El calificarse de persona buena o digna probablemente le dará mejores resultados que considerarse una persona mala o indigna, pero ambas etiquetas son inexactas. Porque, como han demostrado George Kelly y otros, los seres humanos tienden a pensar en categorías dicotómicas: siempre que piensa que algo es bueno, normalmente lo comparará con algo que usted cree que es malo. Así que siempre que piense en sí mismo como una buena persona también tenderá a creer que puede ser al mismo tiempo una mala persona. ¡Y esto es muy peligroso!

Adopte la elegante postura de la TREC acerca de la persona: evalúe o mida solamente sus pensamientos, sentimientos y acciones en cuanto a si son coherentes con sus objetivos y propósitos; no evalúe todo su yo. Vigile su lenguaje, especialmente cuando generaliza exageradamente. Observe, y trate con escepticismo, las autoafirmaciones de este tipo:

- ✔ «Como he fallado esta vez, y quizá algunas otras más, siempre fallaré».

- ✔ «Como fracasé en esta importante tarea, soy un Fracaso, con F mayúscula».

- ✔ «Como lo podía haber hecho mejor, y no lo hice lo bien que podía, no solamente soy responsable de mi bajo rendimiento, sino que también soy una persona deficiente, inadecuada e indigna».

- «Como otras personas se portan mal conmigo, me hacen sentir enfadado con ellas».

- «Como el mundo en el que vivo contiene muchas circunstancias desafortunadas y nefastas, ¡realmente este mundo es un asco!».

Éstas y otras etiquetas similares, así como las generalizaciones exageradas, no le harán sentir siempre perturbado. Pero muchas veces le causarán problemas consigo mismo y con otras personas, a las cuales no les guste ser etiquetadas por algunas de sus malas acciones. El etiquetar y generalizar en exceso no son la raíz de todo mal humano. ¡Pero sí en gran medida!

Así que deje de generalizar exageradamente. En especial deje de identificar todo su ser con algunas de sus conductas. Quizás nunca renuncie del todo a este tipo de generalizaciones, ¡pero puede reducirlas considerablemente! Descubrirá que se trata de una de las herramientas más importantes que están a su alcance para lograr ser una persona más saludable, feliz y menos perturbable.

CAPÍTULO 10 Más maneras de pensar: resolución de problemas, visiones profundas, espiritualidad y autoestima

RESOLUCIÓN PRÁCTICA DE PROBLEMAS

Una buena parte de la psicoterapia, incluyendo muchas veces la propia TREC, consiste en la resolución práctica de problemas. Obviamente, si soluciona sus problemas vitales, y si no exige tener una solución perfecta o la mejor posible para ellos, no se sentirá demasiado perturbado. Sin embargo, usted y otras personas muchas veces se sienten disgustados emocionalmente cuando se encuentran frente a algún tipo de problema vital, tienen dificultades para resolverlo y llegan a la conclusión de que no existe una buena solución. Los Acontecimientos o Adversidades Activadores (A) de su vida van en contra de sus intereses. En el punto C, su Sistema de Creencias, muchas veces piensa de forma irracional que no tiene soluciones para ellos. Y en el punto Co (Consecuencias) se amarga innecesariamente por el A. Su disgusto obstruye entonces su capacidad de manejar los problemas prácticos a los que se enfrenta.

Está bien solucionar problemas de índole práctica, y una terapia efectiva le ayudará a hacerlo. Pero si usted única o principalmente hace esto, tendrá dificultades para reducir su trastorno emocional. Es probable que los problemas prácticos resurjan al poco tiempo, y seguirá tendiendo a amargarse cuando no encuentre buenas soluciones para ellos. Así que en la TREC recomendamos trabajar para disminuir sus perturbaciones antes de buscar las mejores soluciones posibles para esos problemas.

Terry trabajaba como asesor de empresas y era bastante bueno en su profesión. Muchas veces conseguía mostrar a grandes compañías dónde estaban siendo poco eficaces y cómo lograr que sus procedimientos fueran más productivos. Le gustaba resolver problemas y tendía a hacer lo mismo con sus asuntos personales. Su ex mujer siempre le estaba persiguiendo para que le diera más dinero para sus dos hijos, así que concibió métodos para pacificarla, ganar más dinero, administrar sus ingresos y gastar juiciosamente. Incluso calculó que salir con mujeres le salía caro, y que por ello solamente saldría con aquellas con las que no tuviera que gastar mucho dinero. Estos métodos le funcionaban bastante bien; pagaba todas sus facturas y no se preocupaba demasiado por ello.

Cuando la empresa de Terry redujo personal y solamente le daba trabajo a tiempo parcial, sus ingresos descendieron repentinamente y empezó a gastar parte de sus ahorros. Empezó a preocuparse constantemente de que quizá tuviera que buscarse otro trabajo, que sus hijos le odiarían por pasarle menos dinero a su ex esposa y que las mujeres con las que salía le despreciarían por no ser económicamente solvente.

La preocupación de Terry por no tener suficiente dinero era un sentimiento negativo deseable, ya que no le ayudaba a hacer planes para ganar más dinero o vivir adecuadamente con sus ingresos reducidos. Terry estaba excesivamente preocupado, obsesionado por el dinero, constantemente inquieto aun cuando pagara sus facturas, y se sentía una persona inadecuada por ser «pobre». Pasaba muchas noches en blanco y tomaba frenéticas decisiones para ahorrar, que le creaban dificultades con su ex mujer y su actual amiga.

La TREC ayudó a Terry a mantener sus preocupaciones económicas saludables, y a abandonar su preocupación exagerada, incluyendo su predicción de que podría terminar viviendo de la caridad. Le demostré que efectivamente tenía problemas monetarios, pero aunque nunca lograra resolverlos, su valor como individuo no estaba en entredicho. También leyó el libro que escribí con Patricia Hunter: *Why Am I Always Broke?* («¿Por qué estoy siempre sin blanca?») y se dio cuenta de que una mala situación económica nunca le convierte en una persona inadecuada.

Terry llegó finalmente a esta conclusión: «Sabes, puede que nunca encuentre una gran solución a mis problemas financieros, porque en mi campo las cosas nunca vuelven a la normalidad. Si ello es así, será algo bastante malo, económicamente hablando. Pero, en el peor de los casos, simplemente tendré que gastar menos, dar menos dinero a mis hijos y soportar su insatisfacción. Si no me quieren entender, no lo harán. Y si mi amiga me desprecia por tener poco dinero, ello sólo indicará que no es la persona adecuada para mí. Aunque me vea como una persona inferior, ¡por supuesto yo no tengo que estar de acuerdo con ella!».

Cuando llegó a esta conclusión, Terry seguía teniendo aprietos económicos, pero estaba mucho menos ansioso y ya no se despreciaba. Seguía siendo bueno en la resolución de problemas. Pero ahora había adquirido la útil filosofía de que la situación era mala cuando no le iba muy bien económicamente, pero que él no era una persona mala o inepta.

Por descontado, haga todo lo que pueda por solucionar sus problemas prácticos. Utilice métodos que se emplean normalmente en el mundo de los negocios, la industria y la dirección de empresas, y que han sido fomentados por psicólogos y educadores como Donald Meichenbaum, Gerald Spivack y Merna Shure. Entre otras técnicas que ellos recomiendan están las siguientes:

- ✓ Analice los problemas importantes, en especial aquellos por los que tiene tendencia a disgustarse.

- ✓ Evite aceptar demasiados problemas que tengan una fecha de resolución señalada de antemano y que requieran soluciones rápidas.

- ✓ Intente descubrir las mejores respuestas para sus problemas pero no convierta «mejores» en «únicas». Esté asimismo preparado para soluciones alternativas –a veces, «peores».

- ✓ Ensaye varias soluciones posibles, tanto mentalmente como en la práctica, incluso cuando, de entrada, sólo una de ellas parezca realmente adecuada.

- ✓ Compruebe de nuevo sus soluciones en su cabeza pero preferiblemente en la práctica, para ver si dan el tipo de resultado que desea.

- ✓ Asuma que es posible que usted encuentre respuestas correctas a sus problemas, pero no que tienen que ser estupendas.

- ✓ Ayúdese a sí mismo a marcarse objetivos realistas exponiendo claramente sus problemas y trabajando con algunas posibles soluciones.

- ✓ Intente imaginar un buen número de soluciones potenciales para que pueda escoger mejor entre ellas.

- ✓ Cuando sienta tensión o ansiedad por sus problemas intente pensar qué harían otras personas para afrontarlos sin generar tanta ansiedad.

- ✓ Sopese los pros y los contras de cada una de las respuestas que imagine y haga una lista de mejor a peor en cuanto a sus posibles resultados.

- Intente ensayar algunas de las posibles estrategias y conductas antes de ponerlas en práctica. Al trabajar con ellas, intente imaginar otras posibles –y mejores– respuestas y compruebe esas posibilidades mentalmente.

- Espere algunos fracasos, a veces bastantes, y no insista en que no deberían ocurrir o se vea como una persona inferior si ello ocurriera.

- Dése cuenta de que es bueno que lo intentara, y de vez en cuando ofrézcase una recompensa por intentarlo, aun cuando sus planes no acaben de funcionar.

- Convénzase de que puede seguir funcionando aunque esté implicado en resolver un problema y que tiene probabilidades de que finalmente lo acabe resolviendo.

- Cuando esté bloqueado, dése cuenta de que es usted mismo quien lo está provocando. ¿Se está diciendo que es demasiado difícil para seguir? ¿Qué nunca será capaz de solucionar el problema? ¿Qué sólo conseguirá resultados mediocres, algo que no debe hacer? ¿Qué algo que merezca la pena hacer debe, absolutamente, hacerse bien?

- Piense en –y utilice– las afirmaciones que le ayudan a tirar adelante en la resolución de problemas. Considere autoafirmaciones como: «Realmente lo puedo hacer». «Disfruto con este tipo de resolución de problemas». «Ahora que lo estoy haciendo bien, puedo probablemente hacerlo incluso mejor». «Aun cuando no tenga éxito, puedo aprender mucho si lo sigo intentando».

- Convénzase de que si ocurre lo peor y nunca llega a alcanzar una buena solución para el problema, no será ningún desastre y que todavía podrá encontrar cosas que le den satisfacción.

- Intente ver la situación, aun cuando no esté teniendo mucho éxito en resolverla, como un auténtico desafío, a veces como un reto muy estimulante. Casi siempre puede obtener beneficios simplemente por intentar solucionar el problema, aprender aunque no lo resuelva, y disfrutar del proceso de intentar encontrar buenas y mejores soluciones. Esté preparado para aceptarse completamente, para tener lo que la TREC llama una autoaceptación incondicional (AAI), aun cuando sus soluciones no sean ninguna maravilla.

✓ También puede alcanzar una tolerancia elevada ante la frustración; es decir, convénzase de que la vida sería mejor si solucionara correctamente sus problemas, pero que no será horrible si ello no es así. Todavía lo puede soportar, y también puede decidir tener una vida relativamente satisfactoria aunque sus problemas importantes queden por resolver.

No olvide que el trabajar en sus problemas emocionales, que a menudo bloquean su implicación con los problemas prácticos, es por sí mismo una forma de resolución de problemas. Así que siga preguntándose: «¿Cómo puedo solucionar mis problemas emocionales?» aparte de: «¿Cómo puedo solucionar mis problemas prácticos?». ¡Para ambos se necesita la cabeza! El enfoque de la TREC es primero examinar los bloqueos emocionales y temas pendientes, resolverlos hasta cierto punto y después pasar a tratar con los problemas prácticos de la vida. Pero tampoco se trata de una regla invariable. Siempre y cuando a la larga mejore sus emociones perturbadas, se encontrará en buena forma.

TÉCNICAS CENTRADAS EN LA SOLUCIÓN

Un grupo de terapeutas, siguiendo el camino marcado por Steve deShazer, han popularizado recientemente la terapia centrada en la solución. Incluso antes que deShazer, Milton Erickson empezó a ejercer este tipo de terapia en los años cincuenta, y deShazer ha ampliado las técnicas un poco inusuales de Erickson. La TREC también ha defendido muchos de estos métodos desde los años cincuenta.

La terapia centrada en la solución no busca demasiado en el pasado, como el psicoanálisis. En lugar de ello, intenta demostrarle que usted tiene tendencias constructivas innatas, que a veces ha utilizado eficazmente, y que puede aprender mediante su propia experiencia a utilizar de nuevo estos métodos en el presente.

La perspectiva de centrarse en la solución le ayuda a darse cuenta de que en un grado elevado es usted un «resolvedor» de problemas nato y que su vida muchas veces depende de disponer de este tipo de capacidad. La terapia centrada en la solución le dice que usted tiene esta capacidad para cambiar y que a veces la utiliza muy bien. Por tanto, cuando ahora se encuentre frente a un problema práctico o emocional, puede recordar la manera en que afrontó con éxito problemas similares en el pasado, y puede utilizar o adaptar sus viejas soluciones para afrontarlo de nuevo hoy.

Sabiendo esto, se plantea varias cuestiones pertinentes. Suponga, por ejemplo, que se siente ansioso por suspender un curso importante y se sigue obsesionando de tal manera por el posible «horror» de suspender que se concentra mal cuando estudia y le entra el pánico al pensar en el examen. Si es así, formúlese varias preguntas importantes:

«¿Qué hice para vencer mi ansiedad la última vez que me encontré en una situación como ésta? ¿Qué fue lo que me funcionó? ¿Me obligué a concentrarme mejor a pesar de la ansiedad? ¿Me convencí de que el pasar este curso no es algo sagrado? ¿Qué fue lo que hice y que puedo intentar de nuevo?».

Y siga preguntándose: «¿Qué cambios fueron los más útiles en mi manera de estudiar? ¿Qué métodos para tranquilizarme funcionaron y cuáles no funcionaron en el pasado? ¿Qué interrumpió mi problema, cuando antes lo tuve, y me hizo manejarlo mejor? ¿Qué fue lo que lo empeoró?».

Otra vez: «¿Me sentí ansioso por mi ansiedad la última vez que me encontré en una situación así? ¿Insistí en que no debía sentirme ansioso y que no era una persona adecuada por sentirme ansioso? ¿Insistí en que mi ansiedad era demasiado difícil de aceptar, en que no debería existir, y en que la vida era insoportable por ello? Si no me desprecié por estar ansioso, ¿cómo lo conseguí? ¿Qué hice con mi baja tolerancia a la frustración en cuanto al tema de la ansiedad cuando anteriormente la sentí?».

Si se formula preguntas como éstas acerca de cómo resolvió previamente su ansiedad por pasar un examen, cuestionará su tendencia a horribilizar porque tenderá a pensar en qué cosas funcionaron cuando anteriormente consideraba la situación como «horrible».

Los terapeutas que se centran en la solución quieren que se centre en una orientación futura más concisa en lugar de en sus problemas presentes y pasados. Usted se concentra en las conductas que no le funcionan en lugar de obsesionarse por comprenderse a sí mismo y obtener un buen diagnóstico de lo que «es». Intenta establecer intervenciones (opciones forzadas) que le ayudan a cambiar de una manera u otra, sin importar qué opciones escoja.

Vuelvo a repetir: concéntrese en la acción y repase el progreso y los resultados de las tareas que tiene que hacer en casa. Interrumpa los patrones negativos de pensamiento y de conducta que tenga bien ensayados.

Todas estas sugerencias son válidas, y se superponen con los numerosos métodos de pensamiento, sentimiento y acción que prefiere la TREC. Sin embargo, la insistencia en el resultado de la terapia centrada en la solución puede ignorar los métodos más profundos y elegantes que yo defiendo. Por ejemplo:

- A veces usted no puede recordar cómo solucionó previamente sus problemas prácticos o emocionales, aun cuando en efecto llegara a resolverlos.

- ¿Eran sus soluciones anteriores realmente buenas o simplemente correctas y que le ayudaron a ir tirando? Por supuesto no fueron muy profundas, ya que si fuera así no volverían a aparecer tan fácilmente los mismos problemas.

- Sus soluciones previas, como «funcionaron» hasta cierto punto y a veces le ofrecieron un alivio inmediato, puede que impidieran que descubriera soluciones mejores y más profundas. Es posible que de forma natural tenga una baja tolerancia a la frustración, algo que le anima a elaborar y quedarse con soluciones rápidas y fáciles en lugar de otras más complicadas y eficientes.

- Puede que sus soluciones tiendan a ser unilaterales. Así pues, si consigue liberarse de su fobia a los trenes o a los ascensores, puede que no siga avanzando hasta vencer muchas de sus otras ansiedades, y puede que simplemente aprenda a tolerarlas y a convivir con ellas.

- Su tendencia, como ser humano, suele ser recaer en antiguas perturbaciones una vez las haya vencido parcialmente. Pero la TREC sostiene que, si coge algunos de sus yo debo básicos y los elimina de raíz, posiblemente volverá a perturbase sólo en contadas ocasiones, y por tanto no tendrá que seguir utilizando «soluciones» constantemente.

- Si tiene un claro trastorno de personalidad, la terapia centrada en la solución puede ignorar el hecho de que precise una terapia intensiva y a veces prolongada, y que podría ser útil tomar antidepresivos u otros fármacos.

Gerald, por ejemplo, se sentía muy incómodo con el sistema monogámico en el que fue educado en la zona del Midwest y que todavía seguía existiendo en Nueva York cuando se mudó allí a los 25 años. Así, con muchos problemas, logró durante los años siguientes ayudar a fundar un colectivo no monógamo en Brooklyn, donde cerca de una docena de hombres, mujeres y niños vivían juntos, compartían gastos y permitían un libre –y supuestamente sin celos– intercambio de compañeros sexuales. Pero pronto descubrió que casi todos los miembros de la comuna, incluyéndole a él, aportaban sus neuróticos pensamientos, sentimientos y acciones a esta nueva comunidad, y que cuando el grupo estaba entrando en su tercer año de funcionamiento, reinaba el caos. Él mismo se sentía extremadamente enojado gran parte del tiempo porque algunos de los miembros prometían seguir a rajatabla las reglas que se habían acordado y después las ignoraban, mentían sobre ello e incluso las saboteaban a propósito.

Para cuando la comuna se desmanteló, Gerald se dio cuenta de que también él era demasiado neurótico para vivir en ella satisfactoriamente, igual que prácticamente todos los demás miembros del grupo. De hecho, decidió que la única forma en que una comunidad podía funcionar era que casi todos sus miembros pasaran por una terapia efectiva, para mejorar sus tendencias al autodesprecio, a los celos, la ira y la baja tolerancia a la frustración, y después ver si su particular tipo de comuna podía realmente funcionar.

Por supuesto que puede utilizar algunos de los métodos de la terapia centrada en la solución. Si principalmente lo que desea es ayudarse en el presente, y posiblemente hacerlo brevemente, pueden funcionar bien. Pero si quiere realizar lo que yo sigo llamando un profundo y elegante cambio filosófico y conductual, entonces será mejor que refuerce un poco esos métodos con los «más profundos» que describo en este libro.

UTILICE SUS PUNTOS FUERTES, PERO EVITE CAER EN LA INGENUIDAD

Milton Erickson y los terapeutas centrados en la solución que siguen defendiendo algunas de sus opiniones demostraron a sus clientes que tenían una gran fe en sus procesos constructivos humanos «normales», y que creían firmemente en los puntos fuertes y el potencial de sus clientes. Este sistema de normalizar sus propios pensamientos, sentimientos y acciones tiene claras ventajas. Es cierto que posee muchas tendencias constructivas y las puede utilizar para salir usted solo de los agujeros prácticos y emocionales.

Cuando se concentra en sus puntos fuertes y sus posibilidades de cambio, muchas veces puede concebir cosas concretas que hacer para ayudarse, maneras concretas de pensar y actuar de forma menos autodestructiva de lo que está haciendo actualmente. Si por ejemplo tiene la capacidad de recuperarse fácilmente de los fracasos de negocios, verá que también se puede recuperar de un rechazo personal.

Por éstas y otras buenas razones, puede considerarse un individuo «normal», que tiene algunas conductas destructivas pero que puede llevar una vida feliz a pesar de ellas. Como dije en el capítulo 8, no sea ingenuo a este respecto. No pretenda tener talentos especiales que realmente no tiene, ni que puede vencer maravillosamente todas las Adversidades. Sus fallos son inconvenientes que es mejor que reconozca y se esfuerce por vencer. Pero, de nuevo, usted no es un Fracaso, sino una persona que ahora ha fracasado y que normalmente se puede corregir y hacerlo mejor mañana. Contémplese desde todas las perspectivas. No haga demasiado hincapié en sus deficiencias. Considere los métodos de corrección como un reto fascinante.

Éstos son algunos de los inconvenientes de caer en la ingenuidad:

- ✔ Puede que el hacer demasiado hincapié en sus rasgos positivos y «normales» le ayude temporalmente, pero estará contribuyendo a sentirse mejor, no a estar mejor. Llegar a estar mejor consiste en reconocer totalmente sus formas de autodesprecio y en esforzarse por mejorarlas. Sentirse mejor puede obstruir el proceso al contribuir a negar los fallos reales.

- ✔ Puede que considere «normales» o «buenos» algunos de sus actos cuando en realidad son destructivos. Así pues, puede creer que está evitando «peligros» cuando en realidad los está exagerando. Por ejemplo, puede que considere que el conducir es muy peligroso cuando en realidad se está inventando excusas para no molestarse en obtener la licencia y cuidar de un coche. Sus razones para la negación son entonces racionalizaciones que pueden limitar innecesariamente sus posibilidades de viajar.

Contraste sus conductas «normales» con algunos amigos íntimos o familiares. Vea si reconoce de manera saludable que no es usted «anormal», o quizá está fabricando excusas para no esforzarse en vencer algunos de sus problemas reales.

USO –Y ABUSO– DE LOS MÉTODOS DE DISTRACCIÓN

Como muchas personas han descubierto a lo largo de los siglos, la mente humana a veces sólo se puede concentrar adecuadamente en una única cosa a la vez. Cuando, por ejemplo, se preocupa intensamente por casi todo, se está distrayendo de otras cosas, y suele tener un bajo rendimiento en la escuela, el trabajo y en sus relaciones sociales. Pero cuando se obliga, a pesar de sus preocupaciones, a concentrarse intensamente en estudiar, o trabajar o en cómo lleva sus relaciones sociales, normalmente interrumpe sus preocupaciones y funciona bastante bien. Yo descubrí esto por mí mismo cuando, a la edad de 19 años, me sentía asustadísimo por tener que hablar en público. Durante la presentación de un debate por el que me sentía muy ansioso, preparé un borrador cuidadosamente escrito y después me concentré intensamente en su contenido mientras hablaba. Me apasioné tanto en exponer mi tema que momentáneamente dejé a un lado mi ansiedad y hablé muy bien.

Los antiguos pensadores se dieron cuenta de que existen varios tipos de concentración que detienen la ansiedad y la depresión. Así que recomendaron el yoga, los ejercicios de respiración, la meditación y otras formas de distracción. También incluyeron, como en el budismo zen, varios rituales y prácticas que pueden ser válidas por sí mismas pero que también sirven de distracción y ayudan a las personas a interrumpir sus preocupaciones.

Puede por tanto utilizar estos y otros métodos de distracción cuando sienta ansiedad, pánico, depresión, rabia y autocompasión. La técnica de relajación progresiva de Edmund Jacobson, con su atención gradual por relajar los principales músculos del cuerpo, sirve muy bien a este propósito. Pero también puede servir la televisión, el cine, la lectura, los juegos y otros tipos de diversiones y aficiones.

Herbert Benson, que ha estudiado y escrito sobre la respuesta a la relajación, destaca que la meditación y otras formas de práctica «religiosa» o «mística» se pueden realizar sin añadirles ningún credo ni perspectiva sagrada. Un tipo de ejercicio de relajación que recomienda es el siguiente:

Escoja una palabra, como *uno*, *paz*, *om*, o una frase corta que para usted tenga significado. Siéntese o tiéndase en una posición cómoda. Cierre los ojos y deje que los músculos del cuerpo se relajen. Respire de manera lenta y natural. Al exhalar, repita su palabra o frase. Intente descartar otros pensamientos, pero no de manera frenética. Quédese relajado y pasivo si aparecen y vuelva a concentrarse en su respiración y a repetir la palabra o frase. Puede utilizar esta técnica durante 5, 10 o 20 minutos siempre que se sienta tenso y ansioso. También la puede utilizar como práctica para tranquilizarse durante 10 o 20 minutos al día.

Muchos otros terapeutas también han recomendado diversas técnicas de distracción, entre ellos Robert Fried, Daniel Goleman, Maurits Kwee, D.H. Shapiro y R.N. Walsh. Casi todos los métodos funcionan si se esfuerza por utilizarlos. Algunas de las ventajas de usarlos son las siguientes:

- ✔ Puede aprender muchos de ellos rápidamente y sin gran esfuerzo, especialmente algunas de las técnicas de relajación muscular, respiración y meditación.

- ✔ Si los utiliza de forma habitual se sentirá inmediatamente más calmado, al cabo de pocos minutos. Incluso cuando esté siendo presa del pánico, si respira profundamente y/o se esfuerza por pensar en cosas agradables, puede que deje de sentirlo casi inmediatamente.

- ✔ Si utiliza técnicas de distracción puede que tenga un marco mental mucho más adecuado para utilizar otros de los métodos que describo en este libro. Si sigue estando perturbado, será menos capaz de utilizar estos sistemas.

- ✔ Algunos métodos de relajación, como la lectura, ver la televisión y otras formas de entretenimiento son placenteras por sí mismas y aportan alegría a su vida

- ✔ Cuando utilice correctamente métodos de distracción verá que realmente tiene el control de algunos de sus pensamientos y sentimientos y conseguirá una sensación de autoeficacia o confianza en sus logros. ¡Algo muy valioso!

- ✔ Algunas técnicas de distracción pueden perfectamente llevarle a cambios filosóficos. Si medita observando sus pensamientos ansiosos, puede llegar a la conclusión de que las cosas «terribles» que está prediciendo no llegarán realmente a pasar y que incluso en el caso de que algunas sí ocurrieran, podría afrontarlas y manejarlas. Contemplar su tendencia a horribilizar, desde una cierta distancia, le puede ayudar a detenerla.

Por razones como éstas, puede que muchos tipos diferentes de distracción le resulten útiles. Sin embargo, como muchos métodos de autoterapia, también pueden tener limitaciones concretas y pueden impedir que realice el tipo de profundos cambios filosóficos que yo defiendo en este libro. Por ejemplo:

✔ Puede distraerse de sus tendencias a horribilizar y a caer en el *yo debo* y los *debe ser*, pero no necesariamente cambiarlas. Puede seguir estando convencido de que debe ganar, absolutamente, la aprobación de alguien y que es un individuo indigno si no lo hace. Con la meditación, la respiración, el yoga y otros tipos de concentración, puede eliminar este pensamiento de la cabeza –¡temporalmente! Pero al poco tiempo de dejar de practicar estos métodos el pensamiento puede volver con facilidad. Así que el distraerse le puede ayudar a sentirse mejor; pero puede que no le ayude a Cuestionar sus locas ideas y de esa manera llegar a estar mejor. En ocasiones incluso los puede utilizar como excusa para no realizar el intenso Cuestionamiento que realmente cambiaría sus Creencias Irracionales: «Ya me siento mejor, así que ¿para qué Cuestionar mis ideas no realistas?».

✔ Los métodos de distracción pueden funcionar tan bien que impedirán que se dé cuenta de que es básicamente su propia filosofía autodestructiva la que le perturba. Puede que le lleven a creer que son los pensamientos negativos los que le asaltan, de forma natural, en lugar de comprender que es usted quien los genera y que por tanto los puede cambiar.

✔ Como resulta relativamente fácil distraerse, mientras que detectar y Cuestionar sus Creencias disfuncionales es más difícil, puede que se complazca en estos métodos y con ello empeore su baja tolerancia a la frustración. Se puede convencer de que los métodos más eficaces de la autoterapia son «demasiado difíciles» y que por tanto «no los puede» llevar a cabo o que «no merece la pena» hacerlo.

Jody descubrió que su mejor método para relajarse era sentarse en una silla cómoda e imaginarse en medio de un campo de margaritas, recogiendo las flores y disfrutando de su aroma. Cada vez que se sentía ansiosa por su empleo como profesora de instituto recurría a este método e inmediatamente se sentía calmada y serena. Incluso, en ocasiones, les ponía tareas a sus alumnos para que mientras las hacían ella pudiera relajarse sentada a su mesa. Rápidamente aliviaba su ansiedad por no enseñar bien y por haberse ganado una reprimenda del director. Utilizaba esta técnica de relajación siempre que sentía que la asaltaba la ansiedad.

Por desgracia, la ansiedad de Jody volvía al poco tiempo y a veces utilizaba su método de relajación varias veces al día, así como por la noche, siempre que sus sentimientos de ansiedad no la dejaban dormir. Pero su filosofía de que tenía que ser la mejor profesora de instituto nunca cambió y dedicaba más tiempo a la distracción. Cuando seguía sintiéndose ansiosa recurría al Xanax y a otros tranquilizantes, pero vio que ocurría lo mismo. Rápidamente le aliviaban la ansiedad, pero sólo por un breve tiempo. Sus dosis de sedantes también fueron en aumento.

Finalmente Jody acudió a uno de mis talleres sobre *Cómo vencer la ansiedad* en el Albert Ellis Institute de Nueva York, empezó a leer libros sobre TREC (véase Bibliografía), y se puso en contacto con sus exigencias perfeccionistas sobre la enseñanza. Al Cuestionarlas con convicción y practicar algunos de los ejercicios para combatir la vergüenza (que más adelante describiré), finalmente cambió su filosofía generadora de ansiedad y a partir de entonces sólo utilizaba ocasionalmente su técnica de distracción. Disfrutaba mucho más de su trabajo y raramente se sentía ansiosa en clase.

Así pues, aprenda una o más técnicas de distracción adecuadas, y utilícelas de vez en cuando cada vez que se sienta agitado o que esté funcionando mal por ello. Pero dése cuenta de que, en su mayor parte, tales técnicas alivian pero no curan y que tienden a soslayar en lugar de cambiar sus actitudes generadoras de perturbaciones. Así que utilícelas como complemento a —y no en lugar de— un activo y convincente Cuestionamiento de sus Creencias Irracionales.

UTILIZACIÓN DE MÉTODOS ESPIRITUALES Y RELIGIOSOS QUE LE AYUDEN CON SUS PROBLEMAS EMOCIONALES

Existen varias formas de autoterapia religiosa y espiritual que se vienen utilizando desde tiempos inmemoriales y que tienen un evidente mérito. ¿Por qué son útiles? Principalmente porque las opiniones religiosas y espirituales comprenden ideas, significados y valores. Si, por tanto, usted tiene una clara filosofía destructiva, podrá reemplazarla por una filosofía religiosa que, en primer lugar, le distraerá de sus ideas actuales y, después, le ayudará a sustituirlas por un conjunto de ideas más útiles.

Éstas son algunas de las ideas que están incluidas en varias religiones y que pueden resultar útiles para combatir su tendencia a la perturbación:

✔ Las ideas y prácticas religiosas suelen ser muy envolventes y le pueden animar a dedicarse a un grupo, a una iglesia o a una causa, que le distraiga de sus pensamientos, sentimientos y acciones perturbados. Por ejemplo, cuando reza, está ocupado con sus plegarias y no con lo «horrible» que es su vida. El estudio de textos religiosos o espirituales también puede servir para distraer la ansiedad (igual que otros estudios no religiosos). El compartir actividades religiosas con otras personas puede también distraerle bastante. Si está preocupado por la ansiedad, la depresión o la ira, las prácticas religiosas le alejarán la atención de estas perturbaciones y le ayudarán a estar más calmado.

✔ Los seres humanos, como Viktor Frankl y otros pensadores existencialistas, parecen ser naturalmente propensos a crear un significado central para sus vidas. Si simplemente vive de momento en momento puede que funcione bastante bien. Pero si tiene algún objetivo, propósito o ideal central, normalmente se sentirá más involucrado y feliz. Existen muchos significados políticos, sociales, económicos, familiares y de otro tipo que puede adquirir, y la religión es uno de ellos. En especial muchas religiones instan a sus seguidores a trabajar en algunas causas de forma activa para promocionarlas junto con otros correligionarios.

✔ Si se involucra profundamente en una causa o proyecto tiende a adquirir lo que Robert Harper y yo, en *Guía para una vida racional*, llamamos un «interés vital absorbente», es decir, uno que le puede tener intensamente ocupado durante muchos años, incluso toda la vida. Si realmente se compromete con ello y sigue trabajando para una causa, el importante significado que le ofrece suele ser extremadamente satisfactorio y le da respuestas a importantes cuestiones en las que cree y por las que siente entusiasmo. Un interés vital absorbente también puede ser de índole social, como trabajar para salvar nuestros bosques, y puede ayudar a lo que Alfred Adler llamó «un sano interés social».

✔ Como antes mencioné, cuando se encuentra emocionalmente perturbado tiene pensamientos negativos perjudiciales y suele tener una gran fe en esos pensamientos. Así, puede creer firmemente que no puede cambiar su manera de actuar y que debe seguir sintiéndose desgraciado. La mayor parte de ideas religiosas y espirituales le ofrecen una gama de pensamientos optimistas en lugar de pesimistas. Entre ellos está la creencia de que saldrá ganando si es una persona religiosa, que Dios sin duda le ayudará, que la devoción a su religión beneficiará mucho a los demás, etc.

Estos pensamientos optimistas le pueden aportar fe en sí mismo y en su capacidad de cambio. Este tipo de fe normalmente le será de ayuda, igual que la fe en un tipo concreto de terapia y en su terapeuta personal.

Aunque parezca extraño, el objeto de su fe puede que no importe. Así que puede beneficiarse mucho de creer devotamente en Dios, en un hada madrina o en un chamán, incluso en el diablo, y puede llegar a creer de manera absoluta que esta entidad le puede ayudar con un dolor de cabeza, con su ansiedad o con sus problemas prácticos. Cuando se tiene este tipo de fe, se puede beneficiar de varias maneras:

1. Dejar de quejarse por su problema, cosa que por sí misma ya le puede ayudar a mejorarlo.

2. Se puede distraer de su dolor y preocupación y por tanto sufrir menos.

3. Puede tranquilizarse y dedicarse a pensar en medidas que resulten de utilidad.

4. Puede darle al cuerpo una oportunidad para que utilice sus recursos naturales de afrontar sus dolencias físicas.

5. Puede tender a «salirse de sí mismo», como sostiene Alcohólicos Anónimos, y volverse menos egocéntrico.

Así pues, como digo en la edición revisada de *Reason and Emotion in Psychotherapy* («Razón y emoción en psicoterapia»), aunque es improbable que el Poder Superior que usted ha escogido haga gran cosa por ayudarle, su firme creencia de que sí lo hará puede llevarle a sentirse mejor y por tanto resultar eficaz.

Cualquier credo religioso o espiritual le puede resultar válido, siempre y cuando crea fervientemente en él. El problema es que no existen dogmas religiosos que puedan ser confirmados o desmentidos científicamente y que únicamente es su fuerte creencia en ellos lo que realmente parece funcionar para hacerle sentir mejor.

Por tanto, ¿es mejor negarse a creer en que los seres sobrenaturales le ayudarán con sus problemas? Muchas veces así es, pero no necesariamente. Yo y otros seguidores religiosos de la TREC, especialmente los psicólogos Brad Johnson y Stevan Nielsen, hemos demostrado cómo las creencias absolutistas a menudo son peligrosas para la salud mental, pero algunas tradiciones cristianas, judías y otras han desarrollado filosofías sensatas y aplicables que son muy similares a las útiles opiniones de la TREC. Así, la Creencia judeocristiana de que Dios acepta al pecador pero no el pecado es similar a la filosofía de la TREC de la Autoaceptación Incondicional (AAI). Las personas que creen que necesitan el apoyo de un Poder Superior para que les ayude a pensar racionalmente se pueden beneficiar de esa Creencia, siempre y cuando no la utilicen de manera autodestructiva. Así pues la religión dogmática le puede resultar válida. Sin embargo, también puede tener inconvenientes, como éstos:

✔ Debido a que su creencia en algo sobrenatural no se puede realmente demostrar ni desmentir, y por tanto se trata de algo no científico, corre más riesgo de decepcionarse fácilmente con tal creencia y sentirse ansioso y deprimido cuando parezca que la teoría no se sostiene. Ello es especialmente cierto si su fe contiene algún elemento ingenuo. Si sostiene, por ejemplo, que si le reza a Dios para que le ayude, Él o Ella indudablemente lo hará, ¡cuidado! es probable que esté convencido, de manera poco realista, de que existe algún tipo de energía transformativa en el Universo con la que puede conectar para que consiga vencer su adicción a la bebida o al tabaco. O que su deidad o gurú elegidos le eximirán de cualquier esfuerzo que tenga que realizar para mejorar su vida. Si estas creencias demuestran ser falsas ello le llevará a decepciones.

✔ Cuando cree que absolutamente necesita un Poder Superior para que le ayude con su adicción u otro problema emocional, también tenderá a pensar que no lo puede lograr por sí mismo, sin la ayuda de ese poder. Esto, por supuesto, es falso: millones de individuos que no creen en ningún dios, gurú ni Poder Superior se ayudan a sí mismos para reducir sus perturbaciones. A muchas personas les ayuda temporalmente su creencia en un Poder tal, pero después renuncian a esta Creencia, y a veces se ayudan a sí mismos más que nunca con Creencias más realistas.

✓ La creencia en cualquier tipo de espíritu, dios, religión o poder trascendental se puede convertir fácilmente en adicción. Un alto porcentaje de auténticos creyentes, como Eric Hoffer demostró hace algunos años, se obsesionan compulsivamente con sus opiniones religiosas y espirituales. Otro cierto número de devotos creyentes, similar a los devotos seguidores del fascismo, nazismo, comunismo y otros credos que a veces son ateos, se vuelven tan fanáticos que se oponen violentamente a otros grupos y a los no creyentes y muchas veces los han metido en la cárcel, torturado y asesinado. Este tipo de conducta intolerante y obsesivo-compulsiva puede ser en sí misma una perturbación y puede conducir a la injusticia y a males sociales.

✓ La creencia en los procesos sobrenaturales o trascendentes puede, a veces, ser realmente útil pero no le acerca a las soluciones más profundas, intensas y duraderas para los problemas emocionales que se describen en este libro. Porque cuando alcanza una solución elegante de ese tipo, lo hace a través de sus propios pensamientos, sentimientos y conducta, y no a través de fuerzas externas. Por tanto casi siempre tiene control sobre su propio destino emocional. Puede reaccionar ante las nefastas Adversidades o los Acontecimientos Activadores de la manera que libremente elija hacerlo; y puede hacerse sentir saludablemente triste, arrepentido y frustrado, pero no gravemente trastornado por ello.

Por motivos como éstos, la dependencia de la ayuda religiosa y espiritual tiene sus claras limitaciones. Puede funcionar perfectamente en ocasiones, y si éste es el único camino que quiere tomar, entonces sígalo. Pero existen otras rutas, más elegantes, hacia la salud emocional y la autorrealización. ¡Téngalas en cuenta!

Al mismo tiempo, si quiere mantener sus creencias religiosas, puede descubrir en ellas filosofías racionales eficaces. Como Stevan Nielsen y Brad Johnson indicaron —ambos practicantes de la Terapia Racional Emotivo-Conductual y creyentes— las filosofías religiosas también comprenden creencias de autoayuda como perdonarse a sí mismo y a los demás, aceptar lo que no puede cambiar mientras se trabaja para solucionar lo que sí puede; aprender a convivir con los demás de una manera ordenada y aceptar que tiene un cierto grado de libre albedrío en su toma de decisiones.

PROFUNDIZAR EN LA COMPRENSIÓN
DE SUS PERTURBACIONES E INSUFICIENCIAS

A pesar de su incapacidad de realmente ayudar a las personas con sus problemas emocionales, el psicoanálisis sigue siendo popular. Probablemente sirve para que la gente gaste más tiempo y dinero en un resultado mediocre que cualquier otro método inventado hasta ahora. ¿Por qué? Porque a las personas les gusta tener una visión profunda o comprensión de las así llamadas causas de sus perturbaciones y disfrutan hablando incesantemente sobre sí mismas. ¡También les encanta echar la culpa de sus fobias a hablar en público a sus «recuerdos recobrados» sobre abusos sexuales de su infancia!

¿Acaso la visión psicoanalítica explica realmente cómo se convirtió en la persona que es ahora, cómo desarrolló sus principales trastornos? Después de recibir una formación psicoanalítica y trabajar con ella durante los primeros seis años de mi carrera, yo diría que prácticamente nunca. A veces le ofrece profundas «explicaciones», de cómo se vio influido por sus padres y otras personas significativas durante sus primeros años y cómo estos apegos le siguen afectando gravemente en la actualidad. Gran parte de ello es interesante y en parte cierto, porque de niño era muy sugestionable, recogió un montón de normas y valores, y actualmente sigue reteniendo algunos de ellos. Así que fue (y sigue siendo) influenciable. De acuerdo.

Pero las normas, objetivos y valores no le convierten, por sí mismos, en perturbado, aun cuando fracasara lamentablemente en su cumplimiento. Como vengo repitiendo, sus *yo debo,* sus *debe ser* y sus exigencias acerca de estas normas son los principales culpables. No importa cuanto le guste el amor de sus padres, la aprobación social o el pan de maíz, no tiene que insistir en que debe tenerlos y que es terrible cuando no es así. Básicamente le enseñaron que estos objetivos son altamente deseables, pero no que debía alcanzarlos exactamente o de lo contrario se acabaría el mundo. Solamente le enseñaron una parte de este *yo debo.*

Tiene una cierta opción en cuanto a lo que aprende, sigue y retiene. Puede –como hacen muchos– ignorar las normas correctas que aprende. Otra opción –como hacen muchos más– consiste en aceptar esos valores, creer en ellos, normalmente seguirlos, pero sin convertirlos en necesidades perentorias. También su decisión puede ser centrarse en sus intensos deseos personales –hacia un alimento o el amor de una persona en particular– y convertirlos en «necesidades perentorias», aun cuando su familia y su cultura no le animen a exigir el cumplimento de estos objetivos personales.

Todo esto demuestra que la comprensión de sus deseos, anhelos, normas y valores es interesante y de alguna manera importante con relación a sus problemas emocionales. ¡Pero en muchas ocasiones no lo es tanto! Más importante, desde el punto de vista de la TREC, es la comprensión de sus *yo debo,* de sus *debe ser* y de sus exigencias, que desempeñan un papel vital en su perturbación y en cómo puede cambiar. Y eso es exactamente lo que ha estado aprendiendo en este libro. La TREC le muestra cuáles son sus exigencias específicas; lo ilógicas y poco realistas o prácticas que parecen ser; y cómo las puede reemplazar por preferencias lógicas, realistas y prácticas.

El dónde y el cuándo se formaron sus *yo debo* también es interesante, pero normalmente no demasiado. Probablemente sacó muchos de sus deseos de su educación, estuvo de acuerdo cuando sus padres y profesores le dijeron que era mejor que actuara bien y se ganara la aprobación social. Pero después impuso su propia interpretación, fue más allá de las expectativas de sus padres y decidió que tenía que actuar bien, absolutamente. O desarrolló algunos de sus propios e intensos deseos; y con facilidad –en parte debido a su innata tendencia a la desmesura– los convirtió en exigencias arrogantes para consigo mismo.

¿Acaso importa exactamente cómo llegó a amargarse con los *yo debo / debe ser*? Probablemente no, a menos que esté escribiendo su autobiografía. Repase su historia, si así lo desea, y descúbralo, si es que puede. Si cree que es imposible tampoco se pierde nada. Siempre y cuando descubra cuáles son sus principales *yo debo,* cómo contribuyen a su perturbación y qué puede hacer por cambiarlos, ¡ya es suficiente!

¡De vuelta al presente! Sea cual sea la «fuente original» de sus perturbaciones, ahora se encuentra a su merced. ¿Qué va a hacer ahora para aliviarlas? ¡Vuelva a las visiones profundas de la TREC nº 1, 2 y 3! Compréndalas y utilícelas. Aquí están de nuevo, para una rápida revisión:

1. «No solamente estoy amargado, sino que básicamente me amargo a mí mismo».

2. «No importa cuándo y cómo empecé a perturbarme por las adversidades; todavía lo sigo haciendo».

3. «La visión profunda no es suficiente. Sólo el mucho trabajo y práctica me ayudarán a cambiar mis pensamientos, sentimientos y acciones autodestructivos».

REFORZAR SU AUTOEFICACIA Y AUTOESTIMA

Dos métodos que son muy utilizados por terapeutas pero que tienen sus limitaciones y riesgos son aumentar su sentido de autoeficacia y reforzar su autoestima (autoconcepto). La «autoeficacia» es un término popularizado y bien estudiado por Albert Bandura y sus estudiantes. Es sinónimo de lo que yo denominé confianza para el logro en 1962, y significa que usted se da cuenta de que puede realizar bien alguna tarea, como tocar el piano o aprender matemáticas, y usted, por tanto, tiene un alto grado de confianza en que podrá repetirlo de manera competente. Como han demostrado muchos experimentos, si tiene autoeficacia normalmente realizará mejor ciertas actividades que si tiene un sentimiento de no ser eficaz. ¡Así que es algo muy útil!

Sin embargo, puede adquirir un falso sentido de autoeficacia cuando cree que está haciendo algo bien pero en realidad no es así. Aunque parezca extraño, mientras que su falsa confianza en realidad le puede ayudar a realizar mejor esa tarea, también puede conducir a la decepción, a una menor confianza y al autodesprecio. Así que la manera de conseguir un buen sentido de autoeficacia es practicar, practicar y practicar. Entonces lo hará bien, y sabrá que puede hacerlo.

La autoeficacia frecuentemente lleva a un sentimiento de autoestima, algo peligroso e incluso tóxico para su salud mental. ¿Por qué es así? Porque cuando se tiene una autoestima elevada, evalúa su yo y su esencia, además de su actuación. Normalmente se dice a sí mismo: «Como hago esta cosa importante –matemáticas, deporte, relaciones sociales, amar o cualquier otra cosa– ¡soy una persona buena y competente!». ¡Estupendo para el ego!

Por desgracia, la autoestima también comprende su opuesto: la falta de autoestima o «auto-odio». «Como hago mal esta cosa importante, ¡soy una persona mala e incompetente!». ¿Adónde le llevará esa idea? A la depresión y a la ansiedad. Estará deprimido cuando su rendimiento sea insuficiente; ansioso cuando tenga miedo de que puede meter la pata. Como siempre es un individuo falible e imperfecto, puede convertirse fácilmente, con esta filosofía, en perpetuamente ansioso y deprimido.

La autoestima es un buen sentimiento, pero es muy frágil. Su otra cara es el autodesprecio. Tiende a crear tanta ansiedad y depresión que muchas veces sabotea su autoeficacia. Así que de vez en cuando aplauda sus actos y acciones, pero no su yo o esencia. En lugar de ello, intente lograr el tipo de autoaceptación incondicional (AAI) que yo defiendo en este libro. Ésa es una solución mucho más profunda y elegante.

CAPÍTULO 11 **Maneras de sentir para lograr ser menos perturbable**

Cuando era adolescente, las novelas de H.G. Wells, Tolstoy, Turgeniev, Dostoyevski, Sinclair Lewis, Upton Sinclair, Theodore Dreiser y otros autores, y los dramas de Ibsen, Shaw, Chejov, Strindberg, O'Neill, además de otros dramaturgos serios, me llevaron a la filosofía. Pronto empecé a utilizar ideas filosóficas conmigo mismo para vencer mis tendencias innatas hacia la ansiedad y la inseguridad.

Al principio me dejé guiar por un buen número de filósofos antiguos y modernos, así como algunos psicólogos, que indicaban que si uno quiere cambiar sus sentimientos y conducta, la manera mejor y más rápida era cambiar la forma de pensar. Para algunos de nosotros esto es cierto. Incluyéndo-me a mí. Pero cuando empecé a utilizar filosofía antigua y moderna para enmendar mis costumbres emocionales, me sentí tan intrigado al hacerlo, y disfruté tanto al intentar cambiar mis ideas autodestructivas por otras más eficaces, que descubrí que el trabajo me resultaba sorprendentemente fácil. Quizá la resolución de problemas sea lo mío. ¡Fácil!

No pasa lo mismo con la mayoría de mis clientes. Cuando empecé a hacer terapia en 1943 (antes de que me desviara para practicar el psicoanálisis en 1947), me sentía muy orientado hacia la acción y no dudaba en aplicar algunas de las sensatas ideas que había aprendido utilizando la filosofía para vencer mi propia ansiedad.

¡Vaya trabajo! Pronto descubrí, cuando empecé a practicar la Terapia Racional Emotivo-Conductual en 1955, que la mayoría de mis clientes estaban de acuerdo en que tenían Creencias Irracionales (CI) y que era mejor que las cambiaran por Creencias Racionales (CR). Pero a pesar de ello se aferraban a menudo y con mucha fuerza a sus CI. Aun cuando dijeran: «Sí, supongo que no tengo que tener siempre éxito con los proyectos importantes», sostenían ligeramente esta CR y simultáneamente creían con firmeza en: «¡Pero en realidad sí!». Al ser miembros de la raza humana (¡y tan humana!), fácilmente sostenían dos Creencias contradictorias al mismo tiempo. Pero basando sus acciones en la más irracional.

¡Vaya! ¿Qué podía hacer yo para ayudar a mis clientes todavía perturbados? Estaba claro: inducirles de alguna manera a Cuestionar firmemente sus CI para reafirmar con fuerza sus CR hasta que de verdad se debilitaran las CI y las CR se fortalecieran. Sencillo, ¡pero nada fácil!

También me di cuenta de que las preferencias débiles («No me gusta que me mientas») normalmente conducían a emociones débiles (como una hostilidad moderada) mientras que las exigencias fuertes («Odio que me mientas ¡así que no debes mentir!») tendían a conducir a emociones autodestructivas, como una intensa ira. Así que elaboré y adapté algunos potentes métodos emotivos –cogniciones y sentimientos calientes– que ahora utilizan los practicantes de la TREC.

Usted puede utilizar estos métodos para debilitar sus Creencias Irracionales y reforzar las racionales. En este capítulo presento algunos de los mejores.

UTILIZACIÓN DE POTENTES AUTOAFIRMACIONES PARA AFRONTAR LOS PROBLEMAS

Usted puede formular el mismo tipo de autoafirmaciones para afrontar los problemas que describí en el capítulo 9 y repetírselas a sí mismo con mucha fuerza hasta que realmente se convenza, y realmente sienta, sus mensajes. Por ejemplo:

- ✓ **Potentes autoafirmaciones realistas:** «¡Yo nunca, nunca necesito lo que quiero, no importa cuánto lo prefiera!». «Yo PUEDO abandonar mi adicción si sigo obligándome a pasar por el sufrimiento del síndrome de abstinencia!».

- ✓ **Potentes autoafirmaciones lógicas:** «Aunque fracasé en varias relaciones ello no significa que tenga que fallar de nuevo. No, ¡no tengo que hacerlo! ¡Puedo tener una buena relación!». «Si trabajo duro en esto probablemente ganaré la aprobación de mi jefe, pero ello no quiere decir que él deba hacerlo y que me aumente el sueldo! ¡Una cosa no tiene nada que ver con la otra!».

✓ **Potentes autoafirmaciones prácticas:** «Exigir que mi amigo debe, absolutamente, prestarme dinero sólo hará que me sienta ansioso y enojado. Sí, realmente ansioso. ¡Y muy enojado! Será mejor que desee que me haga un préstamo, pero no que lo exija». «Si me convenzo de que necesito, absolutamente, que haga buen tiempo mañana para que pueda jugar al tenis, ¿adónde me llevará eso? ¡A ninguna parte! Sólo a sentirme extremadamente ansioso y deprimido –¡y mi ansiedad y mi depresión no afectarán en absoluto al tiempo!».

Si convincentemente va repitiendo estas autoafirmaciones, en voz alta o mentalmente, y si cree firmemente en ellas y demuestra lo correctas que son, será más fácil que emprenda acciones basadas en ellas que si las repite sin mucha convicción. Tenga en cuenta que las autoafirmaciones de la TREC utilizan las mismas Nuevas Filosofías Efectivas (E) derivadas de las respuestas al Cuestionamiento (Cu) de sus Creencias Irracionales (CI). Por tanto, son más exactas que otros tipos de pensamiento positivo menos realista.

UTILIZACIÓN DE LA IMAGINACIÓN RACIONAL-EMOTIVA (IRE)

La TREC utiliza varios métodos imaginativos porque la imaginación es un potente proceso cognitivo y emocional. Maxie Maultsby Jr., un psiquiatra conductista racional que estudió conmigo en los años sesenta, creó la Imaginación Racional-Emotiva (IRE) en 1971. Como la IRE me pareció un método cognitivo-emocional eficaz, la modifiqué, la hice incluso más emotiva y la vengo utilizando con éxito desde hace un cuarto de siglo con miles de clientes y con cientos de voluntarios de mis talleres.

Permítame que le cuente cómo utilicé la Imaginación Racional-Emotiva con Marty, un mecánico de 35 años que se sentía totalmente avergonzado por su hábito de comer en exceso y de tener más de veinte kilos de sobrepeso. En nuestras primeras sesiones descubrimos que creía firmemente, cuando se atiborraba de pasteles y dulces: «¡No debo verme privado de estas deliciosas cosas! ¡No puedo soportar una frustración tan terrible! ¡La vida no vale la pena vivirla si me estoy muriendo de hambre!».

Después de darse el atracón y de reconocer que iba a ganar todavía más peso, Marty se fustigaba de la siguiente forma: «¡Mira lo que he hecho! ¡Otra vez atiborrándome! ¡No debería hacerlo, pero lo hago! ¡Qué idiota que soy! ¡Me odio!».

Marty y yo estuvimos de acuerdo en que tenía estas Creencias, que eran irracionales, que era preferible que renunciara a ellas y que podía hacerlo. Pero no lo hacía. Solamente creía tímidamente en: «No tengo que comer, aun cuando tenga apetito; y es realmente estúpido de mi parte que me dé atracones, ¡pero eso no me convierte en una persona mala y estúpida!». Así que seguía comiendo en exceso y criticándose.

Utilicé la Imaginación Racional-Emotiva con Marty de la siguiente manera: «Cierra los ojos e imagina una de las peores posibilidades: que sigues comiendo pasteles y dulces incesantemente y sigues ganando peso todas las semanas. Te prometes parar pero no lo haces. Si acaso, lo que haces es comer aún más durante y entre comidas. Tus amigos y familia están asqueados por tu estúpido comportamiento. ¿Te lo puedes imaginar?».

–¡Oh, sí! Fácilmente.

–¿Cómo te sientes en lo profundo de tu ser, cuando te visualizas tragándote la comida superflua e innecesaria?

–¡Fatal! Como un cerdo. Es algo asqueroso y me siento muy débil. Muy deprimido.

–Bien. Creo que sinceramente has contactado con tus sentimientos. Así que sigue sintiéndolos. Siéntete mal, abatido, deprimido, como un blandengue total. Siéntelo. Concéntrate en sus sentimientos negativos.

–Oh, ya lo hago. Muy deprimido. ¡Como un asqueroso gusano!

–¡Bien. Siente profundamente, siente profundamente. Y ahora que te sientes tan bajo, tan deprimido, sigue manteniendo la imagen de ti mismo atiborrándote estúpidamente –no cambies la imagen. Pero mientras la observas, trabaja con tus sentimientos –es algo que puedes hacer– y cámbialos por sentimientos negativos deseables. Mantén la misma imagen pero haz que te sientas solamente triste y decepcionado acerca de tu comportamiento autodestructivo. Sólo triste y descepcionado, no deprimido, no como un gusano.

–¿Puedo hacer eso? –preguntó Marty.

–Por supuesto que puedes –contesté–. Es tu sentimiento y tú lo creaste. Así que en todo momento eres capaz de cambiarlo. ¡Prueba! ¡Ya verás!

Al cabo de dos minutos de silencio, durante los cuales estaba claro que Marty luchaba consigo mismo, dijo:

–Vale, lo hice.

–¿Y cómo te sientes ahora?

–Triste, muy triste. Y muy decepcionado por lo que estaba haciendo, por cómo me estaba atiborrando.

–¿Algún sentimiento depresivo?

–No, en realidad no. Tristeza, pero no depresión.

–¡Bien! ¡Muy bien! ¿Qué hiciste para cambiar tus sentimientos?

–Me hablé a mí mismo, tal como comentamos antes. Pero esta vez lo hice con más convicción, ya que tenía que luchar contra mis sentimientos depresivos. Así que me dije: «Qué pena que recayeras, bobo. ¡Realmente idiota! Pero no eres un idiota total. Simplemente una persona falible que de vez en cuando actúa de manera estúpida. ¡Qué lastima! –pero sigues siendo válido».

–Bien. Eso estuvo muy bien. Eso funcionará para hacerte sentir triste y decepcionado en lugar de deprimido. Ahora puedes seguir sintiéndote saludamente triste y decepcionado haciendo este ejercicio una vez al día durante los siguientes treinta días, hasta que empieces a sentirte automáticamente decepcionado con tu conducta y no te condenes por ello. Sólo te llevará un par de minutos al día, y pronto verás los buenos resultados que consigues.

–¿Una vez al día?

–Sí, todos los días. Una vez al día, hasta que siempre que te imagines atiborrándote estúpidamente, o incluso cuando empieces a hacerlo en la realidad, ya te habrás entrenado para sentirte automáticamente triste y decepcionado –y no como un cerdo o un gusano despreciable.

–Eso estaría bien.

–Sí, lo estaría. Veamos ¿te comprometerás contigo mismo para hacer este ejercicio de Imaginación Racional-Emotiva una vez al día hasta que te sientas saludablemente triste en lugar de indeseablemente deprimido?

–Sí, estoy de acuerdo. Y si no lo cumplo del todo, ¿qué pasa?

–Puedes utilizar refuerzos o condicionamientos operativos para ayudarte a cumplirlo. Déjame que te enseñe. ¿Qué es lo que realmente te gusta hacer, que prácticamente lo haces todos los días de la semana simplemente porque te gusta?

–A ver..., –dijo Marty–. Bueno, pues jugar al ping-pong. Realmente disfruto con ello.

–Bien. Durante los próximos treinta días permítete jugar al ping-pong sólo después de haber realizado la Imaginación Racional-Emotiva y cambiado tus sentimientos. Entonces podrás jugar al ping-pong todo lo que quieras.

–¿Y si quiero jugar a primera hora?

–Haz el ejercicio de IRE antes de jugar. Sólo tardarás un par de minutos.

–Pero suponga que aun así evito hacer el ejercicio...

–Entonces también te puedes fijar una penalización o un castigo.

–¿Cómo qué?

–Bueno, ¿qué es lo que odias hacer, y por tanto intentas evitar hacer? Alguna tarea que realmente detestes y que sería un castigo.

–¿Qué le parece limpiar el cuarto de baño? Lo odio.

–Bien. Si llega la hora de acostarte, cualquier día del próximo mes, y todavía no has hecho tu Imaginación Racional-Emotiva y cambiado tus sentimientos ese día, dedica una hora a limpiar el cuarto de baño. Si lo has hecho, nada de limpiar baños ese día. ¿Vale?

–Vale. Estoy seguro de que eso me ayudará a hacer el ejercicio de Imaginación Racional-Emotiva.

–¡Seguro que sí!

Marty siguió adelante y sólo ocasionalmente tuvo que utilizar algún refuerzo o castigo para ayudarse a hacerlo. Después de utilizar la IRE durante veintidós días seguidos empezó a sentirse automáticamente triste y decepcionado cada vez que se imaginaba vívidamente comiendo en exceso. El único día que realmente se atiborró de pasteles y dulces, también se sintió triste y decepcionado, pero no se despreció, y volvió a su dieta de no comer pasteles ni dulces en exceso.

Así que pruebe usted también la IRE, especialmente si tiene dificultades para creer en sus propias autoafirmaciones racionales. Esfuércese por cambiar sus sentimientos negativos indeseables por otros más deseables. Básicamente se siente tal como piensa. Así que cambie alguna de sus autoafirmaciones para minimizar su ansiedad, depresión e ira. Piense mejor y sienta mejor. Puede controlar su destino emocional.

UTILIZACIÓN DE EJERCICIOS PARA COMBATIR LA VERGÜENZA

Me di cuenta, al poco tiempo de empezar a practicar la psicoterapia a principios de los años cuarenta, de que la vergüenza es la esencia de gran parte de –¡no, no todas!– las perturbaciones humanas. Cuando se siente avergonzado, turbado o humillado por algo que ha hecho –o ha dejado de hacer– está viendo que, en primer lugar, hizo algo malo, algo que otras personas criticarían. Pero incluso entonces se puede decir a sí mismo: «Siento haber actuado mal y que la gente me critique por ello. Pero no tengo que tomarme ni la mala acción ni sus críticas demasiado en serio. Intentaré hacerlo mejor la próxima vez». Si piensa de esta manera no se sentirá avergonzado sino únicamente triste y arrepentido. Entonces estará pensando y sintiendo positivamente y no tendrá graves problemas emocionales.

Pero si la vergüenza es muy profunda, se estará diciendo algo así: «¡No debería, en absoluto, haber hecho lo que hice! ¡Que horrible! ¡Soy una persona asquerosa por hacerlo y me merezco que los demás me desprecien!».

Para hacerse sentir solamente triste y decepcionado por su conducta «vergonzosa», puede renunciar a fustigarse con sus *yo debo* y volver a desear, pero no exigir, que su conducta sea mejor. Sí, desear.

Ya que puede que tenga una fuerte tendencia a seguir provocándose una indeseable vergüenza cada vez que haga algo «malo» o reprobable, en 1968 me inventé un ejercicio para combatir la vergüenza y brindarle así una práctica emocional y conductual con la que vencer los fuertes sentimientos de vergüenza. Así que el ejercicio es uno de los principales métodos emocionales para ayudarle a conseguir la autoaceptación incondicional (AAI).

Así es como explico el ahora famoso ejercicio para combatir la vergüenza al público de mis conferencias y talleres, después de presentarlo primero con un resumen de los tres párrafos anteriores:

Piensen en algo que podrían hacer y que ustedes personalmente consideran que es vergonzoso, insensato, ridículo, embarazoso o humillante. No algo que podrían hacer por divertirse, sino algo de lo que se sentirían realmente avergonzados. No una cosa –por supuesto– que pudiera dañar a alguien, como darle un bofetón a otra persona. Tampoco algo que les pudiera perjudicar personalmente, como decirle a su jefe o supervisor que son unos inútiles. Ni algo que les pudiera llevar a la cárcel, como insultar a un policía. Debería ser algo que ustedes consideren vergonzoso, por lo que otras personas pudieran despreciarles, pero que no les metiera ni a ustedes ni a otros en líos.

Este ejercicio tiene dos puntos importantes. Primero: realice este ejercicio para combatir la vergüenza con frecuencia y –en público. Segundo: trabaje con sus sentimientos, mientras lo está realizando y después, para no sentir vergüenza. Sienta quizá tristeza y decepción por su vergonzosa conducta, pero no vergüenza, ni autodesprecio, no se sienta como una persona inferior.

¿Qué pueden hacer? Cualquier cosa de la que normalmente se sentirían avergonzados. Algunas de las más populares que nuestros clientes del Instituto de Terapia Racional Emotivo-Conductual repiten son ponerse a gritar en las paradas del metro o de otro tipo de tren, decirle a un extraño: «Acabo de salir del hospital psiquiátrico y me gustaría saber en qué mes estamos», y pasear un plátano con una correa y darle de comer a otro plátano.

Bien. Piensen en ello. Prueben con alguno de estos ejemplos para hacer el ejercicio, o con cualquier otra cosa de la que sentirían avergonzados. Hagan uno o más de estos ejercicios, esfuércense por no sentirse avergonzados ni turbados, ¡y podrán ayudarse considerablemente!»

Como dije antes, decenas de millares de clientes de la TREC y lectores han utilizado ejercicios para combatir la vergüenza para ayudarse a sí mismos a disminuir su autodesprecio. ¡Pruebe y verá!

UTILIZACIÓN DEL PSICODRAMA AL ESTILO TREC

La TREC ha tomado prestada la técnica del psicodrama que inventó J.L. Moreno y popularizaron Raymond Corsini y otros. Pero en la TREC le hemos añadido algunos aspectos inusuales.

Puede utilizarlo en primer lugar conductualmente, pidiéndole a un amigo o un familiar que encarne a un entrevistador, supervisor, jefe, profesor o a cualquier persona con quien tenga problemas para trabajar y ante la cual se sienta ansioso. Su interlocutor puede hacerle pasar deliberadamente un mal rato durante la entrevista mientras usted intenta contestar lo mejor que sabe. Deje el juego de rol después de estar hablando un rato y pídale a su interlocutor y preferiblemente a otros observadores que critiquen su actuación. Argumente y decida cómo mejorarla, y siga practicando hasta que lo haga mejor. Ésta es una forma de ensayo de conducta que suele funcionar bastante bien.

Lo «extra» que aporta la TREC a este psicodrama es estar alerta de cuándo se empieza a sentir ansioso, deprimido o enojado durante el transcurso de la sesión, detener temporalmente el ejercicio y que usted, su interlocutor y los observadores descubran exactamente lo que está usted pensando para que usted mismo se esté perturbando. Descubra y Cuestione sus Creencias Irracionales que le conducen a la perturbación y esfuércese por cambiar estas Creencias en Nuevas Filosofías Eficaces que la minimizarán. Utilizando este aspecto de la TREC, el psicodrama adquiere un aspecto emotivo adicional y resulta más real que el Cuestionamiento habitual. Esta forma de psicodrama ayuda inmediatamente a sacar algunos de los sentimientos perturbados que de otra manera quizá no se atreviera a experimentar. También le ayuda a afrontar esos sentimientos mientras están surgiendo y no solamente entre sesiones o después de haberlos experimentado en el pasado.

PSICODRAMA INVERSO

Si tiene problemas para cambiar sus Creencias Irracionales indeseables en Creencias Racionales más deseables, puede que quiera practicar el psicodrama a la inversa con sus amigos o compañeros. Para hacerlo, dígale a su interlocutor una de sus Creencias Irracionales (CI), como por ejemplo: «¡Necesito, absolutamente, que John (o Joan) me quiera, y no puedo disfrutar en absoluto de la vida sin su amor incondicional!».

Su compañero de psicodrama adopta entonces su CI y se atiene a ella, de manera intensa y rígida, mientras que usted intenta que la abandone. ¡Nada que hacer! Su compañero no cede, y así le ofrece una estupenda práctica para Cuestionar con convicción y fuerza su propia Creencia disfuncional. Como practica el Cuestionamiento con mucha intensidad y persistencia, realmente llega a ver lo insensatas que son algunas de sus ideas, observa cómo se agarra a ellas con fuerza y de manera ridícula, y aprende finalmente a soltarlas. Una vez más, como en el ensayo de conducta, su compañero o compañeros de psicodrama, y quizá algunos observadores (si trabaja en grupo), critican su manera de Cuestionar las CI de su interlocutor (que en realidad son las suyas propias), y sugieren maneras más eficaces de Cuestionamiento que usted puede utilizar.

UTILIZACIÓN DEL SENTIDO DEL HUMOR PARA NO TOMARSE LAS COSAS DEMASIADO EN SERIO

Tomarse las cosas en serio, y en especial crear algún interés vital absorbente y serio por un tema, afición o actividad, probablemente le ayudará a disfrutar considerablemente de la vida. ¡Pero no si se toma las cosas demasiado en serio! La perturbación consiste principalmente en dar importancia a las cosas y después exagerar esa importancia, cayendo en el *yo debo* y el *tengo que*. Por ejemplo, si usted dice: «Realmente quiero tener éxito en la ciencia o en el arte», se animará para hacerlo bien, estará estupendamente ocupado mientras lo hace, y probablemente contribuirá a conseguir el éxito. Pero si salta al: «¡Debo, absolutamente, triunfar en la ciencia o el arte!» probablemente se sentirá ansioso por si no lo logra y sus resultados seguramente serán bajos. Aun cuando lo esté haciendo bien, estará preocupado por si no lo hace tan bien en el futuro, y puede que no disfrute de sus logros.

El sentido del humor sin duda le ayudará con sus fustigamientos excesivos. En primer lugar porque reduce la sacralidad de sus pensamientos y, en segundo lugar, porque le enseña que puede reírse de sus fracasos y le indica que tener éxito y ganar la aprobación de los demás sigue siendo importante, pero no tanto. En lugar de creer que llega el fin del mundo cuando fracasa o le rechazan, el sentido del humor le muestra que no es así, y que a menudo las nuevas posibilidades suelen ser más interesantes. Si algo puede hacer estallar la burbuja de su desmesura y volverle a convertir en un ser humano falible pero aceptable, esto es el sentido del humor. El humor se ríe de sus propios defectos, pero de una manera aceptable y tolerante.

Así que busque el reverso de las cosas estúpidas que piensa o hace. Vea la ironía de esforzarse excesivamente y de no poder disfrutar del proceso de intentarlo. Vea lo estúpido que resulta tomarse las cosas demasiado en serio, tanto si son sus propios errores, los fallos de los demás, las maneras injustas en que es tratado, e incluso el sufrimiento innecesario que hace recaer sobre sus propias espaldas.

Ríase especialmente de su perfeccionismo. Como ser humano, no solamente no será perfecto –bueno, quiza en algún momento determinado, en alguna tarea concreta, pero intentar desesperadamente llegar a la perfección constante es tomarse las cosas demasiado en serio, y eso es ridículo.

Considere lo irónico que es creer que usted puede cambiar a los demás –algo imposible de hacer– y al mismo tiempo insistir en que no se puede cambiar a sí mismo, al fin y al cabo lo único que (si se esfuerza) normalmente está en sus manos!

He sido compositor de canciones desde los quince años, época en que me di cuenta de que las letras de las canciones más populares son realmente tontas, por no decir muy ingenuas. Ese apasionado amor por la señorita X o el señor Y no va a durar toda la vida, y por supuesto tampoco a ti te amarán apasionadamente por toda la eternidad. Cuando tu amado te deja (o por desgracia muere), puedes recordarle durante el resto de tus días, pero es mejor que no cometas la estupidez de matarte, como dicen innumerables baladas que deseamos en esos momentos. El amor y el sexo puede que realmente sean las cosas más grandes del mundo, al menos durante un tiempo. Pero ciertamente no son las que lo hacen funcionar. Hay otras muchas cosas buenas en la vida, muchas razones por las que seguir viviendo y contribuir al bienestar propio y al de los demás.

Desde 1943 he venido descubriendo que el burlarme de algunas de las Creencias Irracionales de mis clientes –aunque no de las personas que tienen esas Creencias– muchas veces les servía de ayuda. Especialmente en mis diversas sesiones de terapia de grupo semanales. Descubrí que bromear acerca de algunos de los problemas de mis clientes y llevarlos a extremos humorísticos aligeraba las sesiones y les ayudaba a ver cómo exageraban la importancia de muchas cosas.

En la Convención Anual de 1976 de la Asociación Psicológica Americana celebrada en Washington, D.C., di una charla sobre el sentido del humor y la psicoterapia. Decidí incluir algunas de mis canciones humorísticas racionales en mi presentación y grabé algunas de ellas para la presentación. Por desgracia mi magnetófono se estropeó, así que las tuve que cantar en directo, con mi horrible voz de barítono. Ante mi sorpresa, cayeron muy bien, a pesar de cantarlas yo. Así que desde entonces he incluido algunas de estas canciones en la mayor parte de mis charlas y talleres. En la clínica psicológica del *Albert Ellis Institute* les damos una hoja con todas ellas a nuestros nuevos clientes. Entonces ellos pueden cantarse a sí mismos una canción contra la ansiedad cuando se sienten ansiosos, una canción contra la depresión cuando se sienten deprimidos, etcétera.

Éstas son algunas de esas canciones humorísticas racionales que usted puede utilizar cuando se esté tomando algunas cosas de su vida demasiado en serio.

¡QUEJAS, QUEJAS, QUEJAS!
(Música de: *Yale Whiffenpool Song*, de Guy Scull
–¡un alumno de Harvard!)

No puedo hacer que se cumplan todos mis deseos
–¡quejas, quejas, quejas!
No puedo dejar que amainen todas las frustraciones
–¡quejas, quejas, quejas!
La vida realmente me debe las cosas que echo en falta,
¡el destino me tiene que traer la felicidad eterna!
Y como me tengo que conformar con menos que todo eso
–¡quejas, quejas, quejas!

PERFECTA RACIONALIDAD
(Música de: *Funiculi, funicula*, de Luigi Denza)

Algunos piensan que el mundo debe ir en la dirección adecuada,
¡y yo también! ¡y yo también!
Algunos piensan que, con la menor imperfección,
ya no pueden continuar –¡y yo también!
Porque yo, yo tengo que demostrar que soy sobrehumano,
¡y mucho mejor que los demás!
Demostrar que tengo una inteligencia milagrosa
¡y estar siempre entre los grandes!
La perfecta, perfecta racionalidad
es, por supuesto, ¡lo único válido para mí!
¿Cómo puedo pensar en existir
si tengo que vivir de forma falible?
¡La racionalidad debe ser algo perfecto para mí!

¡ÁMAME, ÁMAME, SÓLO A MÍ!

(Música de: *Yankee Doodle Dandy*)

Ámame, ámame, sólo a mí
¡o me moriré sin ti!
Oh, haz que tu amor esté garantizado,
¡para que nunca dude de ti!
Ámame, ámame completamente –inténtalo, inténtalo
      de verdad, cariño.
Pero si tu también exiges amor,
¡te odiaré hasta que muera, cariño!
Ámame, ámame siempre,
¡de forma total, completa!
¡La vida se convierte en barro
si no me quieres en exclusiva!
Ámame con gran ternura,
sin condiciones, cariño.
¡Y si me quieres un poco menos,
te odiaré a muerte, cariño!

TÚ PARA MÍ Y YO PARA MÍ

(Música de: *Tea for Two*, de Vincent Youmans)

Imagínate que estás sobre mi rodilla,
¡tú sólo para mí, y yo para mí!
¡Y entonces verás
lo feliz que yo seré!
Por mucho que me implores,
nunca me alcanzarás,
¡porque soy autista
como cualquier auténtico místico!
¡Y sólo me relaciono conmigo mismo
con muchas alharacas, cariño!
Si se atreves a intentar quererme
verás como mi cariño pronto se desvanece,
¡porque no puedo emparejarme y hacer que
      nuestro compartir sea justo!
Si quieres una familia

ambos acordaremos que tú me cuides como a un niño
−¡Entonces verás lo feliz que seré!

¡ME GUSTARÍA NO ESTAR LOCO!
(Música de: *Dixie*, de Dan Emmet)

Oh, me gustaría ser de una sola pieza
−¡suave y lustroso como el charol!
Oh, ¡qué estupendo, que te consideren
       innatamente sereno!
Pero me temo que estaba predestinado
a ser un tanto aberrante
−Oh, ¡qué triste estar tan loco como mi padre y mi madre!
Oh, ¡ojalá no estuviera loco! ¡Bravo, bravo!
¡Desearía que mi mente no tendiera tanto
a ser del tipo confuso!
Podría, sabes, aceptar estar menos loco
pero yo, ¡qué pena!, ¡estoy loco de remate!

Letras de Albert Ellis, Ph.D.
© Albert Ellis Institute, 1977-1990.

MODIFICACIÓN DE LAS REGLAS BÁSICAS DE LOS TRASTORNOS EMOCIONALES

La percepción, el pensamiento, el sentimiento y la conducta humanas tienen sus límites y puede que no siempre sean lo que a primera vista parecen ser. Tenemos prejuicios por los pensamientos y las filosofías que proyectamos en las cosas que nos ocurren. Muchas veces no percibimos acertadamente nuestros sentimientos. Incluso en distintas ocasiones juzgamos nuestra conducta de manera diferente. Si simplemente observa a los testigos durante un juicio importante, verá que los abogados rivales y varios de los miembros del jurado ven las cosas de manera muy diferente unos de otros, y con frecuencia hacen que sea prácticamente imposible descubrir los «auténticos» detalles del supuesto delito.

Cuando está usted emocionalmente perturbado por algo, sería mejor que se mostrara escéptico con respecto a las reglas básicas de su perturbación. Tomemos por ejemplo el nivel A. A normalmente es un Acontecimiento

Activador que va en contra de sus intereses, algún tipo de Adversidad, como un fracaso, falta de aprobación o incomodidad. Pero estas Adversidades muchas veces difieren mucho según la opinión del observador. Si suspende un examen, normalmente lo consideraría un fracaso. Pero podría pensar que en realidad fue un éxito porque logró terminar el curso, reconocer algunas respuestas del examen final y aprender un montón de cosas a pesar del hecho de que suspendió el curso. Si en otro curso recibe un notable, puede considerarlo un «terrible fracaso», porque debería haber sacado un sobresaliente o matrícula de honor.

Las Adversidades (A) son especialmente difíciles de evaluar, debido a las opiniones tendenciosas que les aporta. Suponga que desea intensamente tener un hijo y usted y su pareja, de momento, no han resultado ser fértiles y sus posibilidades de tener un hijo son bajas. Puede que considere este «hecho» como algo absoluto y llegue a la conclusión de que nunca podrá tener un hijo. ¿Pero realmente dispone de todos los datos, ha logrado demostrar que no existe ninguna posibilidad, por pequeña que sea, o incluso relativamente buena, de que se dé un embarazo?

Aun cuando sepa con certeza que usted y su pareja no son fértiles, ¿tiene que considerar este hecho una pérdida total? ¿Puede considerarla una pérdida grave, o incluso moderada? ¿Se sentiría bien, mal o indiferente con la idea de adoptar un niño? ¿Puede trabajar en un entorno –como el de una guardería– donde todavía pueda disfrutar del contacto con los niños? ¿Puede disfrutar considerablemente de los hijos de sus amigos o parientes?

Por supuesto usted tiene opciones sobre cómo percibir y evaluar las Adversidades de su vida. Así que siempre que se sienta ansioso, deprimido o enojado por ellas, compruebe la importancia «real» del hecho. Vea si puede cambiar esas A y si puede encontrar buenos sustitutos para ellas. También si es posible modificar su opinión sobre las A y ver que no son tan malas como tal vez le parecían antes.

Beatrice quería realmente ser contable pública diplomada pero seguía suspendiendo el examen, y llegó a la conclusión de que nunca lo lograría. Al principio se sintió hundida, pensó en dejar la contabilidad y estuvo gravemente deprimida por esta posiblidad. Yo la ayudé a revisar su Adversidad, a ver si realmente era imposible que pasara el examen. Al parecer, no era así, ya que era candidata para pasar de nuevo la prueba, y por tanto podía aprobar.

Beatriz había decidido que si no lograba convertirse en contable pública no podría trabajar como contable. Pero ya estaba trabajando bien y su actual empresa estaba dispuesta a retener sus servicios tanto si conseguía el grado de contable pública como si no.

Beatriz también había asumido que si dejaba la contabilidad no podría encontrar ninguna otra buena profesión. Pero calculó que podía hacer algunas otras cosas relacionadas con lo mismo, como ser actuaria. Como resultado de nuestras primeras sesiones, Beatrice empezó a ver las A de su vida de manera muy diferente. No eran tan desesperadas como creyó en un principio.

Luego pasamos al nivel C, a su Creencia de que debía, absolutamente, conseguir el diploma de contable pública. Pronto se dio cuenta de que no era necesario que lo consiguiera. Podría seguir disfrutando con la contabilidad y ganarse bien la vida sin convertirse en contable pública.

Asimismo Beatriz, con mi ayuda, revisó las Consecuencias (Co) de sus sentimientos depresivos por no conseguir ser contable pública. Por supuesto, eran malas. Pero también era ella quien las empeoraba, deprimiéndose por su depresión, convenciéndose de que era una persona inútil, primero por no ser contable pública, y segundo por sentirse deprimida. Cuando echó otra ojeada a su depresión, vio que realmente era lamentable, pero que no tenía que despreciarse por experimentarla. Así que se esforzó por conseguir la autoaceptación incondicional (AAI) mientras todavía estaba deprimida, y lo hizo tan bien que renunció a su depresión por estar deprimida, ¡y también a su depresión por no ser todavía una contable pública!

El caso de Beatrice demuestra que usted puede modificar las percepciones de sus Adversidades (A), de sus Creencias acerca de sus Adversidades (C) y de sus Consecuencias (Co) emocionales perturbadas. Puede, naturalmente, caer en la ingenuidad, e incluso hacerse sentir feliz por las Adversidades que le salgan al paso. ¡Pero esto entraña sus peligros! Es mejor que considere estas Adversidades como desafíos a los que hay que enfrentarse, y en este sentido incluso se puede sentir contento en parte porque ocurran. Después de suspender varias veces su examen de contable pública, Beatrice finalmente consideró que era un reto el descubrir métodos de aprobarlo en el futuro, y también era un reto el no deprimirse si no lo lograba. También lo consideró una invitación, si así lo decidía, a encontrar alguna otra profesión adecuada.

Usted también puede casi siempre convertir sus Adversidades en retos que tiene que conquistar, eliminar, cambiar, o convivir con ellos cuando no les pueda encontrar una salida práctica. Casi todas ellas tienen algunos puntos positivos, si los busca. Por ejemplo, el no convertirse en contable pública tenía la ventaja para Beatrice de disponer de más tiempo y energía para otros proyectos. El fracasar en una relación amorosa le da la libertad para iniciar otras. El perder un empleo le da la oportunidad de encontrar otro mejor, o incluso prepararse para un tipo de profesión más interesante. Ser rechazado por una persona que acaba de conocer le da la oportunidad de estar alejado de alguien a quien no gusta ¡y librarse rápidamente de esa persona!

Cuando las personas le tratan mal o injustamente durante una A (Experiencia Activadora), también puede revisar sus intenciones y motivos por hacerlo así. ¿Realmente querían molestarle, o simplemente estaban demasiado absortos en sus propios intereses? ¿Se dieron cuenta de que le estaban tratando injustamente, o consideraron sus acciones justas? ¿Realmente podían tratarle bien, o eran tan ineptos que les resultaba imposible cumplir con las reglas de un trato justo? Examine estas posibilidades y puede que después siga pensando que sus actos fueron desafortunados e injustos, pero sin inventarse intenciones malignas que puede que no existan.

Beatrice, por ejemplo, pensaba que era terriblemente injusto que su jefe no la hubiera eximido, al menos en parte, de su trabajo de contable durante un par de meses antes del último examen, como ella le había pedido a fin de tener más tiempo para estudiar. Estaba muy enfadada con él por esta injusticia, hasta que reflexionó sobre el tema y se dio cuenta de que él y su empresa estaban pasando por dificultades económicas y que no se podían permitir darle el tiempo libre que ella necesitaba. Al darse cuenta de ello, cesó su enojo, dejó de obsesionarse por el «horrible» trato que le había dado el jefe y pudo dedicarse mejor a estudiar.

Si opta por una solución elegante –¡de TREC!– a sus problemas emocionales, verá que uno de los grandes retos es negarse a disgustarse por cualquier Adversidad que le ocurra. Le puede parecer relativamente fácil negarse a sentirse ansioso o deprimido cuando ocurren pequeños infortunios. Pero cuando realmente se esfuerza por disminuir su tendencia a la perturbación, puede pensar con antelación en las Adversidades graves, como la pérdida de un empleo realmente bueno o la muerte de uno de sus familiares más cercanos, y aceptar el reto de hacerse sentir muy triste y decepcionado, pero no miserablemente deprimido por la mala situación. Si realmente consigue creer que no hay nada horrible en esta vida, no importa lo triste que sea, el negarse a disgustarse puede convertirse en uno de los puntos claves de su existencia. Puede hacer que este tipo de desafío le ayude a evitar el sufrimiento innecesario y también que pueda disfrutar con el proceso.

Una excelente manera que tiene la TREC para modificar los daños y las injusticias que le puedan ocurrir es examinar las Creencias Irracionales (CI) que otras personas seguramente tienen cuando le están tratando mal. Como antes mencioné, Beatrice modificó la negativa de su jefe de darle más tiempo libre para que estudiara para su examen al reconocer que él y su empresa tenían sus propios problemas financieros y que era muy posible que no pudiera permitirse darle el tiempo libre que ella deseaba. Pero también pensó que su jefe no estaba siendo muy razonable, porque tampoco es que la empresa estuviera a punto de quebrar, y ésta podría sobrevivir aunque ella tuviera un poco de tiempo libre. Así que, con mi ayuda, se preguntó: «¿Qué es lo que probablemente se está diciendo a sí mismo cuando se niega a atender mi petición de tiempo libre? ¿Cuáles son sus dogmáticos *yo debo* y *debe ser* que hacen que actúe de manera poco razonable?».

Pronto llegó a una respuesta: «Creo que se está diciendo a sí mismo que el plan de trabajo de su empresa no debe ser interrumpido en absoluto, y que sería horrible si yo no estuviera presente durante algunas semanas para encargarme de algunas de mis mejores cuentas. Está insistiendo en que no podría soportar el trastorno que ello ocasionaría y que si mis clientes le criticaran a él porque yo no estuviera disponible como de costumbre, eso le haría sentirse una persona inadecuada, y se sentiría avergonzado por ello».

Al descubrir esto, Beatrice comprendió mejor que nunca la negativa de su jefe de darle el tiempo libre para estudiar; y aunque todavía se sentía descontenta por la manía de su jefe, lo aceptaba con sus problemas emocionales y de nuevo se sentía mucho menos enojada por su conducta.

Del mismo modo, siempre que se sienta disgustado, vuelva a las reglas básicas de su trastorno e intente verlas desde una perspectiva más exacta. Muchas veces tendrán varias facetas, con lo cual sus primeras impresiones probablemente no sean exactas ni definitivas. Cuando las vea más claras será menos propenso a convertirlas en problemas de estado, a horribilizarlas y a amargarse por sentirse mal por ellas.

Si sus Adversidades (A) son realmente difíciles, reconozca que ciertamente son un problema. Intente imaginar que el afrontarlas es un reto. ¿Por qué no tener en cuenta lo que supone de aventura el enfrentarse a los problemas?

CUESTIONAMIENTO INTENSO DE LAS CREENCIAS IRRACIONALES

Cuando usted (igual que otras personas) cuestiona sus Creencias Irracionales (CI) normalmente aprende a hacerlo y encuentra respuestas válidas rápidamente. Esto es así en parte porque las cuestiones habituales que se plantea durante el Cuestionamiento son comunes y obvias, y las respuestas también son, desde el punto de vista realista, lógico y práctico, bastante claras.

Supongamos, por ejemplo, que usted insiste: «Debo, absolutamente, obtener el amor de John (o Joan), de otro modo seré una persona indigna de ser amada, que no merece nada bueno en la vida, que no conseguirá nada de nada, ¡y que valdría más que se hiciera ermitaño!». Una primera opción obviamente consiste en descubrir sus CI y preguntarse: «¿Dónde esta la prueba de que yo debo absolutamente ganarme el amor de John (o Joan)? ¿Por qué rázon el no conseguirlo me convierte en una persona indigna de ser amada? Aunque lo fuera, ¿por qué no sería merecedor/a de cualquiera de las cosas buenas de la vida? ¿Cómo sé que nunca las conseguiré? ¿De qué serviría que me hiciera ermitaño? ¿Por qué me podría convertir eso en una persona más digna de ser amada, más meritoria o feliz? Si me aferro con fuerza a estas Creencias Irracionales, ¿adónde me llevarán? ¿Me ayudarán a tener éxito con John (o Joan)? ¿Harán que me sienta menos ansioso y deprimido? ¿Me ayudarán a tener una vida más feliz?».

Puede responder fácilmente a estas preguntas y con ello demostrarse que: no tiene que lograr absolutamente el amor de John (o Joan); que el no lograrlo nunca le convertirá en una persona indigna ni le impedirá que obtenga cualquiera de los placeres de la vida; que el universo no tiene registrado el término «merecer»; y que solamente conseguirá sentirse ansioso y deprimido si sigue con estas indeseables Creencias Irracionales.

¡Fantástico! Pero como ya dije anteriormente, el decirse a sí mismo esas Nuevas Filosofías Efectivas no tiene realmente tanto peso como el creer en ellas. Como ser humano que es, tiene la capacidad de decírselas a usted mismo de forma débil y ligera y, al mismo tiempo, convencerse firme y profundamente de lo contrario. También tiene la capacidad de repetir como un loro cualquier tipo de autoafirmación e incluso de seguir sin estar convencido de ellas después de repetirlas muchas veces. ¿Por qué tiene esta capacidad —o incapacidad? Probablemente porque sus fuertes deseos y hábitos muchas veces bloquean su pensamiento racional. Así pues, aun cuando «sabe» que no tiene suficiente dinero para comprar algo que realmente desea, todavía puede convencerse de que sí tiene suficiente, tirar de tarjeta de crédito y hacer un agujero en su cuenta corriente que después le causará problemas graves.

Massina, por ejemplo, le dijo a Myron que le quería mucho como amigo pero que no se sentía románticamente atraída hacia él y que por tanto no quería irse a vivir con él. Él se dijo a sí mismo que sería mejor que dejara de proponérselo y que intentara salir con otras mujeres que le quisieran de forma romántica. De todos modos, siguió insistiendo en lo mucho que Massina disfrutaba charlando con él y acudiendo a actos culturales, y se siguió convenciendo de que algún día ella se enamoraría de él y que tendrían un matrimonio ideal. Incluso cuando Massina se casó con otro, Myron nunca renunció a su idea de que a la larga se divorciaría de su esposo y que se daría cuenta de que él, Myron, era el hombre adecuado para ella. Finalmente Myron se casó con

Elizabeth, que estaba muy enamorada de él y demostró ser una pareja perfecta, pero él seguía pensando esperanzadamente en Massina, lo cual impedía que realmente pudiera disfrutar de su relación con Elizabeth.

Después de escuchar su historia convencí a Myron para que utilizara este método de cuestionamiento de forma muy intensa y con bastante frecuencia, para demostrarse a sí mismo que Massina nunca le amaría de la manera que él quería y que su obsesión por ella no le llevaría a ninguna parte. Después de ello seguía admirando a Massina y ocasionalmente pensaba en ella, incluso dejó de convencerse de que algún día la historia con su ex amiga tendría un final feliz y se dispuso a disfrutar de su vida con Elizabeth. De hecho, casi se abofeteó por no haber conseguido hacerlo antes. Pero yo le ayudé a criticar su obstinación sin despreciarse a sí mismo por tenerla.

Teri, una antigua practicante de la TREC, se sintió excepcionalmente enojada durante semanas por haber tenido que estar apretujada contra una adolescente que mascaba chicle en un abarrotado vagón de metro. Insistía en su grupo de terapia que esa chica «debería haber sabido que me estaba molestando, a mí y a otras personas, y que debería haber dejado de hacer ruido con el chicle en ese vagón tan lleno». Aunque Teri conocía bastante bien la TREC y muchas veces ayudaba a otros miembros del grupo cuando estaban irracionalmente enfadados porque alguien les trataba «injustamente», al principio no podía soltar su odio obsesivo hacia la chica del metro. En un momento determinado se me ocurrió, viendo que no íbamos a ninguna parte, que cogiera una grabadora y que expresara las Creencias Irracionales que la ponían furiosa y que después las Cuestionara intensamente hasta que pudiera abandonarlas.

Al principio Teri realizó algunos Cuestionamientos inexactos y obstinadamente llegaba a ideas equivocadas: que la ofensiva muchacha no debería, en absoluto, ser de la manera que sin duda era; que merecía totalmente ser torturada hasta la muerte —de lo que se encargaría la propia Teri, por supuesto. (De ese modo, Teri quedaría, al final de esta fantasía irracional, eximida de culpa por doce respetables miembros de un jurado y recibiría una felicitación del juez por haber aniquilado a esa chica tan destestable.) A la semana siguiente Teri Cuestionó eficazmente sus Creencias de que la chica merecía ser gravemente castigada por su delito, pero lo hizo de una manera artificiosa. Seguía estando enojada. A instancias de su grupo de terapia, Teri realizó por tercera vez su Cuestionamiento ante la grabadora, se obligó a hacerlo con gran convicción, para que lograra penetrar en su cabeza y en sus entrañas. Finalmente, tras casi tres semanas de que ocurriera ese «asqueroso» hecho, pudo aceptar a la muchacha como una persona falible y confusa que hizo algo malo pero que merecía vivir y tener una vida feliz.

Si sigue este método –que yo he utilizado desde los años setenta en terapia individual y grupal con centenares de individuos perturbados– puede coger una grabadora, grabar una de las Creencias Irracionales que le perturban y después Cuestionarla enérgicamente unas cuantas veces, hasta que realmente se convenza de que es irracional, de que le traerá malos resultados y de que la puede cambiar por una buena preferencia en lugar de considerarla como una orden. No deje de Cuestionar sus CI hasta que, cuando usted y sus amigos escuchen la grabación, estén todos de acuerdo en que es suficientemente fuerte y que las Nuevas Filosofías Eficaces a las que habrá llegado realmente están penetrando en su cabeza y en sus entrañas. Puede descubrir que, al principio, no se está convenciendo a sí mismo de sus conclusiones realistas y lógicas. Puede ver que solamente cree en ellas sin demasiada convicción. Si persiste, casi siempre podrá llegar a creer firmemente en ellas y de ese modo cambiar sus sentimientos y acciones indeseables por otros mucho más deseables.

UTILIZACIÓN DE INTERVENCIONES PARADÓJICAS

Numerosos pensadores antiguos, entre los que se cuentan algunos budistas zen, descubrieron que los seres humanos son a menudo contradictorios: se disgustan incluso más de lo habitual cuando intentan desesperadamente dejar de estar disgustados. Cuando siente pánico, si se repite firmemente: «¡No debo sentir pánico! ¡Es horrible sentir pánico! ¡No puedo soportar sentir pánico!» lo único que conseguirá será que surjan más sentimientos de pánico y que éstos se prolonguen. ¿Por qué? Porque estas CI comprenden las nociones implícitas de que el pánico es algo terrible, que no puede conseguir el autocontrol y que cosas horribles le ocurrirán si sigue sintiendo pánico, como morirse de un ataque cardíaco, perder el control para siempre o acabar en una institución psiquiátrica. Su ansiedad secundaria –el pánico por su pánico– le hace sentir mucho peor que su primer sentimiento de disgusto; y su obsesión por sus sentimientos muchas veces le impide afrontarlos de forma eficaz.

Si, al contrario, considera su pánico como algo paradójico, puede que lo desvíe, que adquiera la idea de que puede manejarlo eficazmente y que crea que no le pasará nada espantoso si lo sigue experimentando. Así pues, suponga que se dice, y que realmente cree: «El pánico es un estado de ánimo estimulante. ¡Me siento realmente vivo cuando lo experimento! Demuestra que soy capaz de tener una amplia gama de experiencias y puedo conseguir valiosas comprensiones mediante el pánico».

Si piensa de esta manera, al principio tenderá a desviarse de sus sentimientos de pánico. Después puede que incluso los disfrute. En tercer lugar, probablemente dejará de predecir resultados catastróficos por experimentarlos. Y cuarto, se puede dar cuenta de que si es capaz de controlar este estado de pánico, puede manejar prácticamente cualquiera de las Adversidades de la vida. Los pensamientos e intervenciones paradójicos suelen ser sorprendentes y chocantes, y puede que le despierten bruscamente de su tendencia a horribilizar y le lleven de vuelta a la resolución de sus problemas prácticos y emocionales.

Connie estaba deprimida porque le fallaba la memoria. Eso presumiblemente impediría que siguiera enseñando en el instituto y haría que suspendiera los cursos de graduado que le aportarían un aumento de sueldo. También se hacía sentir excepcionalmente deprimida por sus sentimientos depresivos. Los métodos habituales de la TREC la ayudaron en parte, especialmente para que se convenciera de que ni el director ni los demás compañeros le darían la espalda si era menos competente de lo que había sido antes. Así que mejoró moderadamente, pero recaía en sus estados depresivos.

Connie finalmente, y de forma paradójica, utilizó varias parábolas del budismo zen, como pensar en el sonido de una sola mano aplaudiendo o concentrarse en el placer de comer una suculenta fresa cuando se está colgado de la rama de un acantilado y a punto de morir. Estas paradojas la distrajeron de su tendencia a horribilizar. Pero también le demostraron que la vida podía darle satisfacciones aun cuando la gente la desaprobara, que no consiguiera jamás un aumento de sueldo o que perdiera su empleo de profesora. La idea de que existen cosas buenas en medio de acontecimientos negativos le pareció al principio muy extraña. Pero posteriormente se dio cuenta de que ésta era una de las grandes paradojas de la vida misma y que la podía utilizar en beneficio propio.

No utilice las técnicas paradójicas simplemente porque son sorprendentes y fascinantes, sino porque puede comprender que, aunque a primera vista parecen incorrectas, realmente contienen una intención de autoayuda. Aquí tiene un ejemplo que solemos recomendar a nuestros clientes de la TREC: si tiene miedo de fracasar en los encuentros sociales, provoque deliberadamente algunos rechazos por parte de las personas con quien quiere entablar amistad. Impóngase una tarea, por ejemplo, conseguir al menos tres rechazos en una semana. Si lo hace así, probablemente no tendrá miedo de ser rechazado e incluso puede disfrutar con ello. Al no centrarse en el «horror» del rechazo, seguirá intentándolo y posiblemente conseguirá algunas aceptaciones. Además, se sentirá menos ansioso y sus intentos pueden mejorar. También, por supuesto, tendrá más práctica en relacionarse; y verá que no pasa nada «horrible» cuando verdaderamente es rechazado.

Esta idea de provocar deliberadamente el rechazo puede parecer estúpida, pero en realidad está concebida para ayudarle. También puede crear usted algunos otros métodos malos que al final le aportan buenos resultados. Vuelvo a repetir: obligarse a ser rechazado como mínimo le mantendrá ocupado; la idea de hacer algunas cosas paradójicas puede llevarle a pensar en asumir riesgos que de otro modo nunca imaginaría.

Si tiene dificultades para imaginar métodos paradójicos que le puedan ayudar, lea cierta literatura sobre el tema, como los escritos de Knight Dunlap, Viktor Frankl, Milton Erickson y Paul Watzlawick. Hable con sus amigos sobre cómo elaborar técnicas adecuadas. Siga algunas sesiones de terapia con un terapeuta especializado en paradojas. No eleve las intervenciones paradójicas a los altares, pero experimente con ellas. Adapte cualquiera de ellas para que le resulte útil y déjela estar si parece que no le funciona.

UTILIZACIÓN DE GRUPOS DE APOYO Y AUTOAYUDA, TALLERES Y CURSOS INTENSIVOS

Es mejor utilizar las técnicas emotivas y experimentales con otras personas, como en el contexto de grupos de apoyo, de autoayuda, talleres y cursos intensivos. Fritz Perls, Will Schultz, yo y otros terapeutas hemos elaborado algunos ejercicios experimentales que se pueden emplear eficazmente en este tipo de contextos. En los grupos de apoyo se reúne regularmente con algunas personas que tienen su mismo tipo de problema, hablan de manera abierta y sincera sobre sus sentimientos acerca del problema, descubre cómo lo afrentan los demás y a veces recibe valiosos consejos por su parte. En los grupos de autoayuda, como *Alcohólicos Anónimos* (AA), *Recovery Inc.*, *Rational Recovery* y los grupos de *Self-Management And Recovery Training* (SMART), normalmente tendrá la posibilidad de reunirse con otras personas con problemas que le ayudarán a usted a abrirse, a expresar sus sentimientos y a aceptarse a sí mismo con sus dificultades. En los talleres y cursos intensivos, los líderes del grupo utilizan una serie de ejercicios experimentales y cognitivos en los que usted tiene la posibilidad de participar y de expresar sus sentimientos abiertamente.

Todos estos grupos resultan interesantes, informativos y útiles. Pero también tienen sus inconvenientes. Yo le recomiendo que no se convierta en un seguidor devoto, ni en un sectario que inconscientemente sigue las pautas que le marcan. Éstos son algunos de los inconvenientes:

✓ **Los grupos de apoyo**, como esos en que todo el mundo tiene cáncer o ha perdido a algún ser querido, pueden consistir principalmente en personas que no son demasiado racionales, que se están tomando sus aflicciones demasiado en serio y que fomentan las quejas y los lamentos por su triste destino. Si el grupo al que se apunta es de este tipo, puede que le resulte negativo en lugar de útil. Sería mejor que buscara otro grupo o trabajara solo.

✓ **Algunos grupos de autoayuda**, como los de AA, insisten en que su aflicción (el alcoholismo) es una enfermedad incurable, que debe asistir a las reuniones de grupo regularmente para siempre, y que necesita algún tipo de Poder Superior para ayudarle a vencer sus dificultades. En realidad puede volverse adicto a este tipo de grupos y renunciar a alguna de sus facultades para sanarse a sí mismo.

✓ **Los talleres y cursos intensivos** están patrocinados por líderes que pueden tener o no como objetivo que usted mejore, aun cuando sinceramente crean en sus métodos. Muchos de estos líderes no son profesionales con formación y pueden utilizar métodos altamente emocionales que pueden ser tanto positivos como perjudiciales, y también disminuir su propia fuerza para curarse a sí mismo. Muchos de esos líderes son ingenuos; y algunos de ellos son autoritarios e intentarán atraparle para siempre en sus prácticas sectarias. Algunos talleres y cursillos son instrumentos para sacar dinero e intentarán convencerle para que gaste literalmente miles de dólares antes estar totalmente «limpio» o «curado». Investigue cuidadosamente ese tipo de grupos antes de apuntarse. Mantenga una opinión escéptica hacia muchas de sus prácticas. Intente no engancharse de forma obsesiva y compulsiva a ninguno de ellos. Utilice algunas de sus enseñanzas en beneficio propio pero no se convierta en un seguidor devoto. Antes de firmar, lea el libro *I'm Dysfunctional, You're Dysfunctional* («Yo soy disfuncional, tú eres disfuncional.»), de Wendy Kaminer, para saber el daño que pueden causar algunos de esos grupos.

Recuerde que la esencia de gran parte de las perturbaciones humanas es el dogma, la devoción y la sacralización. Así que compruebe si los grupos que le interesan fomentan este tipo de pensamiento y conducta perturbada. Si es así, piénselo dos veces –de forma racional– antes de pedirles «ayuda».

CAPÍTULO 12 **Maneras de actuar para ser menos perturbable**

Cuando me interesé por primera vez por ayudarme a mí mismo con mis problemas emocionales y conductuales leí mucha filosofía y muchos libros de psicología, entre ellos las obras de los conductistas pioneros Ivan Pavlov y John B. Watson. Estos autores, junto con los líderes de muchos grupos religiosos, decían que las acciones hablan más claramente que las palabras y que si usted quiere mejorar sus pensamientos, sentimientos y conducta, puede que tenga que forzarse, aunque le resulte incómodo, a actuar de manera distinta de lo que acostumbra. Al actuar en contra de sus hábitos autodestructivos puede acostumbrarse a nuevas y mejores maneras de comportarse, sentirse cómodo con ellas y disfrutarlas, y demostrarse a sí mismo que puede cambiar, a pesar de las dificultades que ello implica.

Así que, para vencer mi fobia a hablar en público, y algo más tarde para erradicar mi gran miedo de entablar relaciones con mujeres, me forcé a hacer aquello que me daba miedo y, a la edad de 19 años, casi me había curado totalmente de ambas fobias. Para esa época ya me encontraba inmerso en el estudio de la filosofía, especialmente la filosofía de la felicidad, y me di cuenta de que yo era el principal creador de mis propias confusiones y que tenía la capacidad de cambiar mi pensamiento mientras que simultáneamente cambiaba mi conducta. Así que hice las dos cosas: me convencí a mí mismo de que no sería algo «terrible», en todo caso solamente muy inconveniente, que no lograra hablar bien en público; y me esforcé –al principio con gran incomodidad– a hablar, hablar y hablar ante públicos numerosos a pesar de mi miedo a hacerlo. También, algo más tarde, me convencí firmemente de que si alguna mujer adecuada rechazaba mis propuestas para salir, me sentiría frustrado y notaría la carencia, pero no por ello sería una «persona indigna», y no me deprimiría por las negativas.

Como resultado de la experimentación conmigo mismo, y con mi gratificante éxito al vencer mi fobia social y a hablar en público, incluso escribí un manuscrito, a los veintitantos años, cuando todavía no había decidido convertirme en psicoterapeuta: *The Art of Not Making Yourself Unhappy* («El arte de no hacerse infeliz»). Nunca logré que publicaran el libro y perdí el manuscrito cuando el Instituto fue trasladado al nuevo edificio en 1965. Pero contenía muchas de las ideas y prácticas que posteriormente incorporé a la Terapia Racional Emotivo-Conductual.

¿Y qué pasa con usted? Bueno, definitivamente tiene la capacidad, como ser humano dotado de tendencias constructivistas, a pensar, sentir y comportarse de forma menos perturbada. Como ya he comentado a lo largo de todo el libro, así como en mis escritos desde el año 1955, puede hacer esto trabajando sobre sus pensamientos, sentimientos y acciones, ya que están todos relacionados entre sí de forma significativa. Hasta ahora he hecho hincapié en las técnicas de pensamiento y de sentimiento. Ahora describiré algunos de los principales métodos de acción (conductuales). No cambiarán automática y permanentemente sus pensamientos y sentimientos perturbados; pero, ¡qué caramba!, le ayudarán considerablemente.

HACER LO QUE IRRACIONALMENTE TIENE MIEDO DE HACER

Muchas cosas, como escalar montañas o criticar al jefe, son realmente peligrosas o potencialmente perjudiciales. ¡Es bueno que sienta un temor racional y sensato por hacerlas! Seguirá estando vivo y feliz si es cauto, está alerta y se preocupa por las malas consecuencias de ciertas conductas. Puede dejar de hacer, suavizar o modificar algunas posibles acciones. Puede mirar a un lado y a otro antes de cruzar la calle y estar atento a lo que le dice a profesores, jefes y oficiales de policía.

Pero algunas dudas y negaciones son obviamente irracionales o autodestructivas. Por ejemplo, negarse a acudir a entrevistas de trabajo, evitar hablar ante un grupo de amigos o evitar caminar por las calles principales de su ciudad a plena luz del día por miedo a que le peguen un tiro son estúpidas negaciones que le traerán dificultades o harán que no pueda obtener auténticas satisfacciones. Será mejor que piense en ellas, que reconozca que por supuesto pueden implicar algunos riesgos, pero reconozca que el no llevarlas a cabo es algo que le limita y probablemente le perjudica más que le beneficia.

Vale. Pero puede que todavía conserve el hábito de la evasión, que se bloquee a sí mismo de una manera excesivamente temerosa. ¿Qué pasa entonces?

Si se dedica a Cuestionar sus Creencias Irracionales acerca de las acciones «peligrosas», se esforzará a hacer lo que irracionalmente tiene miedo de hacer. Otra opción consiste en hacerlo gradualmente y minimizar el sufrimiento de la acción. Así pues, puede empezar a caminar gradualmente por la calle, intentar salir con alguien, acudir a alguna entrevista de trabajo o hablar cuando se encuentre en un grupo de amigos. Cuanto más frecuente y firmemente lo haga, mejor.

Carl, por ejemplo, tenía miedo a las entrevistas de trabajo. Sentía que le saldrían mal, que revelaría su ansiedad ante el entrevistador, que siempre le rechazarían y se fustigaba implacablemente por estar ansioso y ser rechazado. Después de leer varios libros sobre la TREC, intentó ocasionalmente ir a alguna entrevista, pero seguía sintiéndose muy ansioso cuando lo hacía. A medida que su seguro de desempleo empezaba a acabarse, tuvo miedo (racional) de que tendría que recurrir a sus ahorros para vivir. Así que se forzó a ir a veinte entrevistas en un mes, aun cuando pensaba que no estaba cualificado para ciertos trabajos y que jamás los conseguiría.

Resultó ser que ninguna de las entrevistas funcionó, aun en los casos en que sí estaba cualificado para el trabajo, aunque en un par de ocasiones tuvo llamadas de seguimiento. Pero a pesar de su fracaso, empezó a creer firmemente lo que antes ya se había dicho pero sin demasiada convicción: que nada terrible pasaría si era rechazado. Adquirió una estupenda experiencia en ser entrevistado y mejoró muchísimo su fluidez. Incluso empezó a disfrutar del proceso de la entrevista, como el desafío de ofrecer una respuesta adecuada cuando el entrevistador le estaba poniendo a prueba.

Un mes después, Carl consiguió uno de los trabajos que solicitó. Aunque le pagaban menos de lo que él quería ganar, se dio cuenta de que temporalmente sería una ayuda económica. Durante los meses siguientes, mientras trabajaba en este empleo, siguió concertando entrevistas para mejores puestos y finalmente consiguió uno. También empezó a ayudar a algunos de sus amigos con sus entrevistas laborales, enseñándoles cómo podían utilizar la TREC para vencer sus ansiedades, llegar a disfrutar del proceso y mejorar sus habilidades.

Usted puede hacer algo similar. Empiece por identificar cuáles de sus acciones –o no acciones– son autodestructivas y por tanto estúpidas. ¿Le dan miedo algunas actividades inocuas, útiles y placenteras, como los deportes, entablar relaciones, cruzar puentes, hablar en público? Si es así, haga una lista con los inconvenientes de su negativa y otra con las satisfacciones de vencer sus temores irracionales. Utilice estas listas para convencerse de que, le pasara lo que le pasara con respecto a ellas en el pasado, como hablar en público y que se rieran de usted, no se trataba de nada horrible ni espantoso, a pesar de lo incómodo que pudo resultar. Convénzase de que sobrevivió al fracaso y que volverá a sobrevivir. Dése cuenta de que la mayor parte de fracasos, si es que ocurren, son inocuos. Vea que sus negativas le harán temer aún más –y no menos– las acciones «peligrosas», porque se estará diciendo a sí mismo cosas como: «Si me metiera en el ascensor y se detuviera durante unos minutos, ¡no lo podría soportar! ¡Me moriría!».

Demuéstrese que aun cuando al principio le puede resultar incómodo hacer lo que está evitando hacer, es posible vivir con esa incomodidad, manejarla y fortalecer su tolerancia a la frustración. Reconozca que si otras personas le desprecian por hacer algo no demasiado bien, éste es principalmente su problema. Usted es más listo y no se despreciará por tener una conducta no muy buena. Dése cuenta de que su fobia forma parte de la condición humana y que la mayoría de personas también sienten miedo por cosas que no son peligrosas aunque no necesariamente las mismas que le afectan a usted. Acéptese con su incapacidad y nunca se condene como persona por tenerla.

En otras palabras, céntrese en sus Creencias Irracionales (CI) que le llevan a evitar acciones inocuas, y Cuestione estas CI de manera intensa y persistente hasta que las modifique o renuncie a ellas. A medida que lo haga, oblíguese a arriesgarse —sí, arriesgarse— a llevar a cabo lo que le tiene aterrorizado y observe sus pensamientos y sensaciones mientras lo hace. Vea cómo repite insensatamente sus CI y lo estúpidas que son. Preste mucha atención a su diálogo mental y a cómo se perturba con él. Hable con otras personas y descubra que ellos también tienen CI similares. Vea lo estúpidas que son, e incluso ayúdeles a vencerlas, mientras persevera Cuestionando las suyas propias.

Emprenda alguna acción, una acción en contra de sus fobias y negativas extremas. Dígase a sí mismo que definitivamente las puede realizar; y siga obligándose a hacerlas hasta que disminuya el horror o se vaya del todo. Si muere mientras está haciendo lo que tiene miedo de hacer, como de manera rutinaria les decimos a nuestros clientes de la TREC, le prometemos que le haremos un bonito entierro, ¡con flores y a todo lujo! Pero no morirá, por supuesto, aunque sí estará dejando que muera una buena parte de su vida si no emprende todas esas acciones que le dan un «miedo tan terrible».

Deje de hacer cosas «fáciles» que hace deliberadamente para evitar realizar las que «le dan miedo». Por ejemplo, puede que emprenda largos viajes en autobús para ir al trabajo en lugar de utilizar el «horrible» metro. O puede estar diciéndose a sí mismo que tendrá que quedarse en casa a leer en lugar de arriesgarse a salir y relacionarse y ser terriblemente rechazado. Decida si algunas de las cosas que hace son realmente de este tipo. Si es así, deje de hacerlo. O bien, como digo más adelante en este mismo capítulo, haga cosas agradables solamente después de haber hecho algunas de las cosas que le dan miedo. Así pues, permítase quedarse en casa a leer un buen libro sólo después de haber salido a relacionarse y corrido el riesgo de ser rechazado.

Una vez más, el tema principal es seguir arriesgándose, arriesgándose, arriesgándose a vivir la incomodidad hasta que se sienta más cómodo, ¡y entonces podrá incluso disfrutar de la actividad que antes le asustaba!

Lo mismo ocurre, por supuesto, al probar nuevas experiencias: alimentos y otros «peligros». Si tiene miedo de comer ostras y se obliga a comerlas, puede que acabe aficionándose y las disfrute por el resto de su vida. Si tiene miedo o le molesta tener que aprender a conducir un coche y se obliga a aprender, puede que descubra que el hacerlo es una de las cosas más placenteras que puede hacer, que le abrirá todo tipo de nuevos horizontes en su vida.

Así que repito: haga aquello que tiene miedo de hacer, y preferiblemente hágalo con frecuencia, una y otra vez. Eso no será una panacea total para todos sus temores irracionales. ¡Pero apuesto a que le resultará muy útil!

UTILIZACIÓN DE TÉCNICAS DE REFUERZO

El famoso psicólogo B.F. Skinner, el padre del conductismo, demostró que si tiene dificultades en hacer algo que usted sabe que es positivo, puede dejar de demorarlo y obligarse a cumplir con esa cosa dificultosa antes de emprender una tarea más fácil o placentera. Así pues, si tiene que trabajar una hora al día en algún proyecto, pero sigue postergándolo, puede comprometerse consigo mismo para hacer algo que realmente le guste, como leer, hacer ejercicio, hablar con sus amigos, sólo después de haber trabajado en el proyecto difícil durante una hora.

Pruebe esta técnica con las tareas conductuales que se impone a sí mismo para ayudarse a cambiar a medida que lee este libro. Si tiene alguna dificultad en hacer sus deberes cognitivos, subir a un ascensor o incluso leer el libro, puede conseguir que la tarea sea más agradable realizándola solamente antes de algo que realmente le gusta hacer y que se sentiría privado si no lo hiciera. El recompensarse de esta manera no hará exactamente que realice los deberes que está evitando, pero le ayudará a darle un empujoncito en esa dirección, puede que haga que la tarea que está evitando parezca mucho más fácil y será más probable que finalmente la haga.

También puede examinar sus penalizaciones o castigos cuando evita hacer las cosas deseables que decide hacer. Puede actuar con la misma obstinación; si es así, podrá ver qué es lo que se está diciendo a sí mismo para generar esta resistencia. Por ejemplo: «No debería ser castigado por algo que no quiero hacer de manera espontánea. Simplemente me esperaré hasta que realmente sienta ganas de hacerlo. ¡La gente no me puede obligar a hacer algo que no quiero hacer! ¡Ya lo verán!».

Esta resistencia infantil es una exigencia de que únicamente debe hacer lo que realmente desea hacer y no tiene que ser forzado a hacer lo que no le gusta, aun cuando, a la larga, sea algo beneficioso para usted. Puede Cuestionar su rebeldía y renunciar a ella.

Pero aun puede descubrir que se resiste a hacer las cosas difíciles que son necesarias para obtener beneficios más adelante. Si es así, se puede imponer un castigo por no hacerlas. De este modo se asegurará de que come algunos alimentos desagradables, pasa tiempo con gente aburrida o realiza cualquier tarea (como limpiar el cuarto de baño) si no hace las cosas beneficiosas que se ha prometido a sí mismo hacer, como por ejemplo hacer ejercicio, seguir una dieta, Cuestionar sus Creencias Irracionales o vencer alguna de sus fobias.

Por supuesto que es duro poner en práctica el castigo que usted mismo se ha impuesto. Su baja tolerancia a la frustración puede exigir que usted no debe hacer cosas pesadas, no importa lo beneficiosas que puedan ser. Así que puede rehusar sufrir un castigo autoimpuesto por no hacer las tareas difíciles. Puede que tenga que pedirles a amigos o familiares que controlen el cumplimiento del castigo cuando se escaquea de realizar las tareas beneficiosas que se ha marcado.

El recompensarse cuando está abandonando una adicción grave, digamos al alcohol, a la marihuana o al tabaco, puede que no funcione demasiado bien porque la recompensa que utiliza para abandonarla no le da tanto placer como el que consigue –¡como mínimo temporalmente!– con su adicción. Pero las penalizaciones graves pueden funcionar si se las impone de forma específica, junto con procedimientos para asegurarse de que las pone en práctica, como que alguien cercano a usted le obligue a cumplir con la penalización si usted se niega.

Algunos terapeutas conductistas han sugerido la utilización de penalizaciones extremas. Si, por ejemplo, es usted adicto a beber todos los días y quiere dejarlo, se podría obligar a dar dinero a una causa que detesta, o a quemar un billete de cien dólares, o a destruir un libro antes de leerlo, todas y cada una de las veces que toma una bebida. Como yo les suelo decir al público de mis talleres: si quiere dejar de fumar, se puede meter el extremo encendido del cigarrillo en la boca cada vez que da una calada (un castigo), o puede encender cada uno de los cigarrillos que se fume con un billete de veinte dólares (una penalización). ¡Ya verá el tiempo que sigue fumando si lo hace así!

Puede que las penalizaciones de este tipo tengan que ser controladas por alguna otra persona antes de que las lleve a cabo. Aquí tiene un sistema, por ejemplo, que le funcionó a Jenny, cuando lo estaba pasando mal por querer dejar de fumar marihuana. Jenny encontró una causa que consideraba execrable –el Ku Klux Klan– y les escribió una carta, diciéndoles lo encantada que estaba con su labor y acompañándoles un billete de cien dólares. Entonces le dio la carta y el dinero a su mejor amiga y compañera de habitación, Annabel, con instrucciones de enviarla al Ku Klux Klan cada vez que Jenny se fumara un canuto. Después de que Annabel hubiera enviado tres cartas con el dinero de Jenny incluido, y parecía dispuesta a seguir haciéndolo, Jenny dejó la marihuana.

Las recompensas, penalizaciones y castigos definitivamente le pueden ayudar a cambiar sus conductas disfuncionales. Pero no necesariamente le ayudarán a cambiar sus Creencias Irracionales. Así que le aconsejo que utilice estos métodos junto con –y no en vez de– detectar sus CI, Cuestionarlas con energía y cambiarlas por preferencias deseables.

UTILIZACIÓN DEL CONTROL DE ESTÍMULOS

Cuando es adicto a una sustancia o a una conducta, tiende a complacerse en ella, aun cuando se prometa que no lo volverá a hacer, especialmente cuando existen ciertos estímulos o condiciones. Por ejemplo, tenderá a beber más alcohol en un bar que en una sala de conferencias, y a comprar más dulces si pasa por una pastelería que si no. Puede ejercer cierto grado de control sobre las condiciones que favorecen las conductas autodestructivas. Puede negarse a tener cigarrillos dentro de casa; a mantenerse alejado de los amigos que beben y se drogan; y a coger un camino que no pase por la pastelería.

¿Es el control de estímulos una solución poco elegante para sus problemas de adicción? Sí, en cierta manera lo es, porque si se permitiera estar en una situación tentadora y aun así se resistiera, estaría esforzándose más por vencer su Baja Tolerancia a la Frustración (BTF) y estaría cambiando sus Creencias Irracionales, que generan y sustentan esta BTF. Pero no existe ninguna razón por la cual no pueda hacer ambas cosas: Cuestionar sus CI y también emplear una medida de control de estímulos.

Charles comía demasiado, incluyendo alimentos grasos, y su médico le había avisado acerca de su sobrepeso y alta presión sanguínea. Le gustaba especialmente ir a almorzar a un buen restaurante con algunos de sus amigos y casi siempre comía en exceso cuando lo hacía, tomando también un suculento postre. Para hacerse abandonar esta adicción, se obligó a dejar de comer fuera a la hora del almuerzo, a llevar su propio almuerzo al trabajo, a comer en la oficina o en un parque cercano y a evitar los buenos restaurantes. Como ejercicio para combatir la vergüenza incluso imaginó que podía a veces ir a un buen restaurante con sus amigos, pedir solamente un café o un refresco sin calorías y sacar el almuerzo que se había traído de casa y comérselo en el restaurante mientras sus amigos disfrutaban de una comida normal. Se acostumbró tanto a ello que su vergüenza inicial desapareció y, aparte de seguir una dieta adecuada, también perdió parte de su fuerte necesidad de ganarse la aprobación de los demás, ¡incluyendo la de sus amigos y la del propietario del restaurante!

El control de estímulos, igual que otros métodos de la TREC, puede ser utilizado solo, pero es mejor hacerlo junto con un buen Cuestionamiento de sus Creencias Irracionales y otros métodos cognitivos. Aunque no se trata en absoluto de un método elegante para librarse de sus adicciones, tiene una utilidad real y puede que le ayude en situaciones especiales.

UTILIZACIÓN DE PROCEDIMIENTOS DE «TIEMPO MUERTO»

Puede utilizar procedimientos de tiempo muerto con buenos resultados, especialmente si los combina con otros métodos más filosóficos. «Tiempo muerto» significa interrumpir su perturbado estado mental, emocional y conductual para reconsiderar el derrotero en el que se encuentra y darse un poco de tiempo para cambiarlo. Es especialmente útil cuando está enojado con un amigo o alguien cercano y él o ella también está enojado con usted. Si no se hace nada, probablemente empezarán a insultarse y a decirse cosas que en el fondo no quiere, a llevar a cabo alguna acción insensata y las reacciones airadas irán en aumento. Con un procedimiento de tiempo muerto ustedes acuerdan –preferiblemente de antemano– darse un descanso de unos veinte minutos o más, reflexionar sobre el tema y después reemprender su discusión.

Sin embargo, también puede establecer un tiempo muerto cuando se mete en algún tipo de lío estando solo. Donald era propenso a enfadarse con sus vecinos, especialmente a las dos de la madrugada, cuando seguían con sus ruidosas fiestas, no atendían a sus ruegos telefónicos e incluso seguían molestando después de que hubiera intervenido la policía. Naturalmente se decía a sí mismo que eran muy injustos, que no deberían ser así, y que alguien tenía que detenerlos, para que él pudiera dormir y seguir con su trabajo de auditor a la mañana siguiente. Se ponía tan furioso en estas ocasiones que su presión sanguínea subía considerablemente –algo que no se podía permitir– y hacía cosas tontas, como ponerse a insultar a los vecinos en voz alta y llamarles por teléfono para molestarles durante varios días después de la fiesta. Incluso pensaba con frecuencia en enviarles a un matón para que los eliminara, pero nunca llegaba a ese punto.

Donald se daba cuenta de que era aconsejable que hiciera algo para tranquilizarse, y empezó a utilizar la TREC para descubrir sus violentos *yo debo* y *debe ser* acerca de sus vecinos y cómo podía cambiarlos por firmes preferencias. Hizo muchos progresos al respecto, pero cada dos meses aproximadamente volvía a sentir una fuerte rabia y recaía en acciones autodestructivas.

Una vez le pegó a uno de los hijos adolescentes del vecino y estuvo a punto de ir a la cárcel por su actitud. En otra ocasión la compañía telefónica le cortó la línea por sus llamadas injuriosas y tuvo que tirar de muchos hilos para que le instalaran otro teléfono en el piso.

Donald hizo el voto de que cada vez que empezara a sentirse enojado se tomaría un tiempo muerto de cómo mínimo 15 minutos, se relajaría y no haría nada excepto tranquilizarse antes de emprender cualquier tipo de acción. Esto funcionó bastante bien, pero sólo temporalmente. Al poco tiempo, o a la mañana siguiente, volvía a estar cabreado y a veces se comportaba como un idiota. Así que a su tiempo muerto le añadió el Cuestionamiento y, muy forzadamente, empezó a convencerse de que sus vecinos deberían ser tan injustos e inconsiderados como eran; que podía soportar su reprobable conducta; y que incluso podía disfrutar, especialmente escuchando música con los auriculares puestos, mientras los vecinos seguían con su alboroto. Cuando empezó a comprobar que esas ideas racionales le funcionaban, Donald descubrió que seguía estando menos enojado durante períodos más largos de tiempo y que, cuando los vecinos daban otra de sus escandalosas fiestas, básicamente se sentía muy enfadado e irritado por sus acciones pero ya no les maldecía con tanta furia ni estaba dispuesto a detenerles a cualquier precio.

Así pues, el tiempo muerto puede resultar bastante útil por sí mismo, pero lo puede utilizar más eficazmente si se da cuenta de cómo crea los sentimientos perjudiciales de los que se está intentando alejar y si se esfuerza por cambiar sus exigencias básicas, que son las que en gran medida crean estos sentimientos.

UTILIZACIÓN DEL ENTRENAMIENTO DE APTITUDES

La TREC, como cualquier otra psicoterapia eficaz, intenta ayudarle a que venza su tendencia a perturbarse por prácticamente cualquier cosa negativa que le ocurra en la vida. Pero, como comenté en el apartado de resolución de problemas, en el capítulo 9, también le intenta ayudar para que solucione sus problemas de índole práctica. Las dificultades suelen surgir porque puede que carezca de aptitud en ciertos campos, como los deportes, el baile, las relaciones y la búsqueda de empleo. Una vez se tranquiliza por sus deficiencias sobre el tema, puede aportar más placer y eficacia a su vida con un poco de entrenamiento de aptitudes.

En las relaciones personales, una de las características más útiles es tener aplomo personal, sin exigencias ni irritaciones. Por un lado, usted puede ser poco firme o pasivo, porque tenga miedo de que si pide las cosas que quiere le dirán que no, y que eso «demostrará» que es usted una persona indigna o «confirmará» que no puede conseguir prácticamente nada de lo que desea. En este sentido, usted tiene una necesidad perentoria de aceptación, o cree que sus deseos deben, absolutamente, cumplirse. Puede afrontar estos problemas, que en realidad son problemas emocionales, descubriendo sus exigencias irracionales y minimizándolas. Pero puede que le sigan faltando algunas de las aptitudes necesarias para reafirmar la personalidad.

Por otro lado, usted puede exigir que otras personas hagan lo que usted les mande y puede reafirmarse de manera irritada y brusca, algo que normalmente pone a la gente en su contra y les anima a darle menos cosas de las que quiere. Aquí vemos también que tiene la desmesurada exigencia de que las personas deben, absolutamente, darle «lo que es debido» y que son malas si no lo hacen. Si es así, descubra sus órdenes internas y externas, cámbielas por preferencias y conviértase en alguien afirmativo en lugar de agresivo.

Una vez haya trabajado con la filosofía del deseo pero no de la necesidad, y con desear pero no insistir en que la gente deje de molestarle para que haga cosas que no quiere hacer, podrá aprender entonces habilidades específicas para la reafirmación de la personalidad. Para ello podrá recurrir a un buen terapeuta, a una serie de talleres eficaces o a libros y cintas de cassette adecuados. Después, claro está, tendrá que poner en práctica sus aptitudes.

También puede adquirir otras aptitudes mediante terapia, cursos, talleres o material escrito o grabado. Muchas habilidades, como tocar el piano o ser un buen jugador de tenis, le aportarán grandes satisfacciones en la vida. Algunas de ellas, como la habilidad de comunicarse y relacionarse, le ayudarán a funcionar mejor, tanto en materia de trabajo como de ocio. Por supuesto, no tiene que convertirse en ningún experto en nada, pero si carece de alguna aptitud que usted considere importante, puede seguir un entrenamiento o formación. Pero antes que nada deje de despreciarse por carecer de esas aptitudes. Cuanto más se critique por ser deficiente en la reafirmación de personalidad, el arte de la conversación o cualquier otra cosa, más bloqueará su rendimiento y su participación en ellas.

Lo que nos lleva de nuevo a los dos problemas emocionales que normalmente son tan importantes: el autodesprecio y la baja tolerancia a la frustración (BTF). Si en especial utiliza la TREC para adquirir una autoaceptación incondicional (AAI) cuando carece de alguna aptitud y para lograr una más alta tolerancia ante la frustración (ATF) cuando esté pasando por las dificultades de un entrenamiento, será más capaz de aprender las habilidades que desea.

Y eso le puede llevar directamente a una mayor felicidad y a ser notablemente menos perturbable.

CAPÍTULO 13 **Abrirse paso hacia la autorrealización y una mayor felicidad**

La mayor parte de psicoterapias tienen como mínimo dos objetivos principales: primero, ayudar a las personas a disminuir sus perturbaciones; y segundo, animarles a aumentar su felicidad y autorrealización. La Terapia Racional Emotivo-Conductual siempre ha intentado específicamente ayudar a la gente de estas dos maneras. En nuestra edición original de 1961 de *Guía para una vida racional*, Robert Harper y yo enseñamos a nuestros clientes a cómo aliviar sus problemas, y a cómo adquirir lo que llamamos un «interés vital absorbente», así como otros medios para llegar a la autorrealización.

Intente estar vitalmente absorto en algunas personas o cosas aparte de usted mismo. Usted nace y es educado con una fuerte tendencia para amar y ser amado. Otras personas muchas veces se relacionan estupendamente con usted, porque tanto usted como ellas son criaturas sociales. Los niños, adolescentes y la mayoría de adultos aman de forma natural y quieren ser amados. Incluso en las culturas no románticas las personas tienden a enamorarse «locamente» como mínimo alguna vez en su vida. Y la mayoría de nosotros amamos a nuestros familiares, compañeros y amigos de forma no romántica. ¿Por qué? Porque amar a los demás forma parte de nuestra naturaleza.

El apego a las cosas, objetos, proyectos y causas tiene sus buenas recompensas y puede darle más relieve a su vida. Puede, por ejemplo, dejarse absorber vitalmente por la práctica de un deporte, una profesión, por levantar un negocio o una organización política. Este tipo de involucración puede a veces ser más duradera y más absorbente que amar a otras personas. Lo ideal es querer tanto a personas como a cosas. Pero si se empeña, especialmente durante un período de tiempo, en seguir un interés vital absorbente, puede conseguir lo que el psicólogo M. Csikszentmihalyi llama «fluir», y puede pasarlo muy bien.

Si busca un interés absorbente, pruebe a descubrir personas y actividades en las que se pueda implicar honestamente porque usted así lo desea. Puede parecer bueno y noble dedicarse a los miembros de su familia, a una causa social o a alguna de las profesiones de ayuda a los demás. Pero usted tiene un derecho, como ser humano con sus gustos propios, a dedicarse «egoístamente» a una afición, como coleccionar monedas o restaurar coches antiguos, que tiene relativamente poco valor «social». Si se siente feliz haciéndolo, puede incluso convertirse en un mejor ciudadano y ser menos problemático para su grupo social.

Comprométase con un proyecto a largo plazo, que implique un cierto desafío, en lugar de dedicarse a algo más sencillo y a corto plazo. Puede dominar rápidamente tareas más sencillas, como jugar a las damas, y después considerarlas aburridas. ¡Pero el escribir un buen tratado sobre el juego de las damas le puede ocupar un tiempo mucho más largo! Así que puede ser más aconsejable elegir un objetivo a largo plazo, como escribir novelas, hacer descubrimientos científicos o convertirse en un ocupado hombre de negocios.

Por cierto, es estupendo tener éxito en el campo de interés que elija, pero no crea que tiene que ser así, de forma absoluta. Libérese de sus *yo debo* y de sus *debe ser* y descubrirá que su dedicación por sí misma es fascinante, aun cuando no tenga un éxito notable.

Asimismo, no tiene que descubrir un tema absorbente de forma espontánea. Puede que tenga que buscar un poco, forzarse en experimentar algo que elija y perseverar cierto tiempo antes de que realmente se encuentre absorto por ello. No abandone un proyecto hasta que lo haya intentado sincera y justamente. Entonces, si sigue sin estar convencido del todo, busque, experimente un poco más y escoja algo distinto. Tampoco tiene que dedicar toda su vida a un solo interés. Puede disfrutar de uno durante unos años, después sustituirlo por otro, y otro, y otro, ¡si es que vive tantos años!

Aun cuando tenga algún interés principal, puede decidir variar un poco y dedicarse a otros proyectos secundarios. Una variación de sus aficiones, su círculo de amigos y sus actividades puede ayudarle a sentirse más vivo que si sigue con una rutina básica.

Bob Harper y yo consideramos, a finales de los años cincuenta, que la psicoterapia sirve tanto para fomentar la felicidad como para aliviar los trastornos, y seguimos siendo de la misma opinión. La autorrealización es algo que a lo largo de los años ha sido defendido de forma entusiasta por Abraham Maslow y otros pensadores, como Rudolf Dreikurs, S.I. Hayakawa, Carl Jung, Alfred Korzybski, Rollo May, Carl Rogers, Ted Crawford, etc. Es un concepto importante dentro de la psicología humanista y existencial.

¿Significa ello que para llevar una vida satisfactoria usted debe tener algún interés absorbente a largo plazo? ¡No! Usted es diferente de otras personas, y lo que es bueno para usted puede que no lo sea para otros. Los individuos, de hecho, son tan variados que algunos pueden permanecer sanos y ser felices viviendo como vagabundos. Quizá no muchos, pero algunos sí.

No conseguirá fácilmente la autorrealización si está perturbado. Tenderá a sentirse abrumado por sentimientos de ansiedad y depresión, y le quedará poca energía para los objetivos deseables. Además, puede que sus objetivos sean en sí mismos destructivos, como la necesidad perentoria de triunfar en casi todo. El tener una «necesidad» como esta puede ser un interés vital absorbente que le mantenga ocupado toda la vida. ¡Pero no precisamente feliz! De hecho, puede caer en conductas autodestructivas porque se siente impulsado a ello, a colgarse de obsesiones, compulsiones y estados de pánico, para evitar experimentar los momentos vacíos o aburridos. ¡La perturbación puede resultar muy apasionante! Así que puede que no esté motivado para renunciar a ella, ¡y a partir de entonces tener una vida menos estimulante!

¿Pero merece la pena? ¡Casi nunca! ¿Acaso los placeres destructivos le permitirán buscar satisfacciones mayores y mejores, y esforzarse por conseguirlas? ¡Difícilmente! Suelen ser tan absorbentes que casi nunca le dejan el tiempo o la energía para pensar en ser más feliz. Sus perturbaciones pueden bloquearle fácilmente para que no consiga sus objetivos de autorrealización.

LAS LIMITACIONES DE LA AUTORREALIZACIÓN

¿Tiene limitaciones la autorrealización? Por supuesto que sí. Muchos críticos, como Maurice Friedman, Martin Buber, Christopher Lasch y Brewster Smith sostienen que la versión de Abraham Maslow de la autorrealización es demasiado individualista y poco social, que básicamente ignora el hecho de que los seres humanos son criaturas sociales y que si principalmente van en busca de la autosatisfacción, puede que ello perjudique algunos de sus mejores intereses de grupo. Los terapeutas seguidores de Adler, que hacen hincapié en el interés social, ciertamente no fomentan el narcisismo.

Kenneth Gergen, James Hillman, Edward Sampson y otros comentaristas también han apuntado que la autorrealización es básicamente un concepto occidental. Algunas culturas asiáticas y de otros lugares hacen hincapié en la parte social y sitúan al grupo por encima del individuo. Otros críticos de la autorrealización también han dicho que por el hecho de que ésta incluye la búsqueda de objetivos, al ir buscando el progreso uno va descubriendo más cosas acerca de ellos y los va cambiando. Esto encaja con la idea de la TREC de que es mejor ver la autorrealización de una forma experimental y cambiante.

No olvide que incluso cuando persigue objetivos sociales en lugar de individuales, sigue apostando por una opción personal de hacerlo; y en este sentido sigue siendo individualista y autónomo. Asimismo, la supervivencia de la raza humana implica objetivos tanto individualistas como sociales. A menos que cada uno de nosotros intente personalmente seguir estando vivo y feliz, y también ayudar a los demás, la raza humana se podría llegar a extinguir.

Usted tiene el derecho, como persona única, de decidir libremente ir en búsqueda de la autorrealización. Si lo hace así, podría pensar en intentar conseguir los objetivos descritos en el siguiente apartado, respaldados por la mayoría de psicoterapeutas, incluyendo los practicantes de la TREC. Reflexione sobre estas sugerencias, pero le aconsejo que no escoja ninguna de ellas de forma rígida. Estos objetivos le pueden ayudar a conseguir la salud mental, a disminuir su tendencia a perturbarse y a reforzar su satisfacción y felicidad.

OBJETIVOS POTENCIALES PARA LA AUTORREALIZACIÓN

- ✔ **Inconformismo e individualidad.** Puede intentar ser un individuo por derecho propio, ser «su propia persona». Puede hacer encajar este objetivo con el de vivir en cooperación con su grupo social e intentar conservar el bienestar social. En lugar de una posición o uno u otro, asuma una actitud de y/también, que incluya el interés social y el individual. A medida que se esfuerza por conseguir una sensata autonomía y libertad de elección en temas de sexo, amor, matrimonio, vocación y diversiones, no insista en que su manera es la «única» correcta; anime a los demás a que sigan los caminos que ellos hayan elegido.

- ✔ **Interés social y confianza ética.** Como acabo de decir, para ser autorrealizado es mejor estar dedicado tanto a sus propios objetivos y valores como, simultáneamente, aceptar el hecho de que es usted miembro de un sistema social. Con un puro interés egocéntrico podría dañar al grupo y posiblemente perjudicar a toda la raza humana. Intente hacer lo que realmente quiera hacer, pero también ser un ejemplo para los demás, ayudar a otros individuos y vivir de manera que en general sea beneficiosa para la humanidad.

- ✔ **Autoconcienciación.** Para llegar a funcionar bien y estar menos perturbado, tendrá que ser consciente de sus propios sentimientos y no sentirse avergonzado por tenerlos. Reconocerá tanto sus pensamientos positivos como negativos, pero no necesariamente actuará en base a estos últimos. ¡Mantendrá, en general, su pánico y su ira bajo control! Y hará lo posible por reducirlos. Se esforzará por cambiarse a sí mismo y muchas veces también a su entorno. En palabras de S.I. Hayakawa: «conócete a ti mismo», pero date cuenta también de lo poco que te conoces y sigue intentando descubrir lo que «realmente» quieres o no quieres.

- ✔ **Aceptación de la ambigüedad y de la incertidumbre.** Ser autorrealizado es aceptar la ambigüedad, la incertidumbre y cierto grado de caos en su vida y en el mundo. Como ya dije en 1983: «Los individuos emocionalmente maduros aceptan el hecho de que, por lo que hasta ahora se ha descubierto, vivimos en un mundo de probabilidades y azar, donde no existen, y probablemente nunca existirán, las necesidades absolutas ni las certezas totales. Vivir en un mundo así no es solamente tolerable, sino en términos de aventura, aprendizaje y esfuerzo, resulta incluso estimulante y placentero».

- ✔ **Tolerancia.** Mantenga la mente abierta. Responda ante similitudes y diferencias, en lugar de ignorar y ocultar las diferencias entre cosas que llevan el mismo nombre. Usted no cree que todos los árboles sean verdes, que toda educación sea buena ni que todo el arte moderno sea una tontería. Las personas emocionalmente sanas son intelectualmente flexibles, tienden a estar abiertas al cambio y son propensas a adoptar opiniones no fanáticas sobre la infinita variedad de personas, ideas y cosas que hay en el mundo que les rodea.

- ✔ **Compromiso y satisfacción intrínseca.** Como Bob Harper y yo dijimos en *Guía para una vida racional*, si está usted autorrealizado, tiende a disfrutar con ocupaciones (por ejemplo, el trabajo) y aficiones (por ejemplo, golf) como fines o placeres en sí mismos, no principalmente como medios hacia otros fines (por ejemplo trabajar por dinero o jugar al golf para tener una buena salud). Tiende a comprometerse con intereses vitales absorbentes a largo plazo en lugar de con los placeres breves.

✔ **Creatividad y originalidad.** Abraham Maslow, Carl Rogers, S.I. Hayakama, Rollo May y otros autores demuestran que las personas que mejor funcionan son frecuentemente (aunque no necesariamente) creativas, innovadoras y originales. Como no necesitan directamente la aprobación de los demás ni se inclinan ante el conformismo, tienden a seguir más su dirección personal que la de los demás, a ser más flexibles que rígidas, y a buscar soluciones originales a temas y problemas que a ellas personalmente les interesan, en lugar de aquellos por los cuales «deberían» interesarsc.

✔ **Dirección personal.** Cuando se es una persona emocionalmente sana, se tiende a ser fiel a uno mismo y también a los demás. Aun siendo interdependiente con otras personas y a veces pedirles ayuda, será usted quien básicamente planifique y programe su propio destino (dentro, claro está, de un contexto social). No necesitará de una excesiva guía exterior para «asegurarse» de que está haciendo «lo correcto».

✔ **Flexibilidad y perspectiva científica.** La ciencia no solamente utiliza el empirismo y la lógica para comprobar sus hipótesis, sino que también es intrínsecamente abierta, no dogmática e inflexible, como sostienen Ludwig Wittgenstein, Bertrand Russell, Karl Popper, W.W. Bartley, Gregory Bateson, entre otros filósofos de la ciencia. La TREC insiste en que es básicamente usted mismo quien se perturba con los rígidos e imperativos *yo debo* y *debe ser*. Pero usted tiene la capacidad de disminuir su perturbación y ser más autorrealizado cuando cuestiona y desafía sus «necesidades» y prefiere la búsqueda de alternativas.

✔ **Aceptación incondicional de uno mismo y de los demás.** Paul Tillich, Carl Rogers y otros pensadores sociales han destacado el valor de que las personas se acepten, a ellas mismas y a los demás, de manera incondicional. Desde sus principios, la TREC también lo ha creído así; y Michael Bernard, Paul Hauck, Janet Wolfe, David Mills, Tom Miller, Russell Grieger, Philip Tate, Paul Woods, yo y varios autores de la TREC hemos dicho que usted puede deshacer muchas de sus perturbaciones y llegar a la autorrealización si aprende a evaluar sus pensamientos, sentimientos y acciones –con respecto a sus objetivos y propósitos– al mismo tiempo que se niega a evaluar globalmente su «yo», su «esencia» o su «ser». La TREC también le anima aceptar a los demás incondicionalmente y sin fanatismo, aun cuando pueda evaluar sus pensamientos, sentimientos y acciones.

✓ **Asumir riesgos y experimentar.** La autorrealización normalmente implica un cierto grado de aceptación de riesgos y de experimentación. Pruebe diferentes tareas, preferencias y proyectos para descubrir qué es lo que usted personalmente quiere o no quiere. Tendrá que seguir corriendo el riesgo de posibles derrotas y fracasos si quiere conseguir la máxima participación en la vida.

✓ **Hedonismo a largo plazo.** El hedonismo –la filosofía de la búsqueda del placer y la evitación del dolor y la frustración– parece necesario para la supervivencia y la plenitud humanas. El hedonismo a corto plazo: «¡Come, bebe y diviértete porque puedes morir mañana!» tiene sus puntos a favor y sus limitaciones. ¡Porque mañana puedes estar vivo y con resaca! ¡O muerto por un ataque al corazón! Para realizarse mejor, busque el placer intenso y completo hoy y mañana.

Todos los objetivos anteriores revelan mis propios prejuicios, así como los de la mayoría de practicantes de la TREC, porque constituyen nuestra hipótesis de lo que creemos es probablemente lo mejor que puede hacer para reducir sus perturbaciones y para aumentar su potencial a fin de conseguir una mayor felicidad. Otros terapeutas muchas veces se muestran de acuerdo con muchos de estos objetivos, y se han hecho algunos estudios que han demostrado que cuando las personas luchan por ellas mismas consiguen mejores resultados, aunque todavía hace falta mucha más investigación científica sobre estos objetivos y valores.

Piense en la autorrealización y en experimentar en su propia vida por los caminos que hemos indicado. Todos estos métodos pueden tener inconvenientes reales, especialmente si los lleva a un extremo. Es fácil pasarse de rosca, querer desesperadamente conseguir aquello que quiere en la vida, olvidarse de otras personas, ser odiado por ellas, y perjudicar al grupo social en el que vive. A la larga, puede que lo único que consiga sea derrotarse a sí mismo.

Otro peligro: si lleva la autorrealización demasiado lejos y la define como ganarse la aprobación de los demás, puede acabar dedicándose a lo que «ellos» quieren que haga en lugar de lo que a usted realmente le gustaría hacer. Esto es lo que ocurre cuando las personas se apuntan a sectas, como las dirigidas por Jim Jones, Bagwan Rajneesh, Luc Jouret y Shoko Asahara (el líder de la secta japonesa Aum Shinrikyo). Si se deja captar por una secta como éstas, puede que acabe siguiendo sin voluntad propia los objetivos e intereses de su líder o gurú. ¡Algo no precisamente bueno para la autorrealización! Y potencialmente letal.

Así que ábrase paso en el camino hacia la autorrealización, si así lo desea, pero vaya con cuidado y dése cuenta exactamente de lo que es beneficioso para usted. Los mejores consejos serían pues: experimente, asuma riesgos y aventúrese. Intente por descontado ser feliz y estar realizado y emocionalmente más sano. Estos objetivos normalmente se solapan unos con otros. Pero evalúe cuidadosamente los objetivos escogidos y esté dispuesto a dar marcha atrás cuando obtenga resultados dudosos o perjudiciales.

Una última palabra sobre la autorrealización: el fustigarse con la búsqueda de la autorrealización no es algo bueno para la autorrealización. ¡Intentar estar total o perfectamente autorrealizado puede ser autodestructivo! El extremismo, incluso en algo bueno, puede producir resultados dudosos.

CAPÍTULO 14 Algunas conclusiones sobre cómo convertirse en una persona feliz y mucho menos perturbable

Permítame que resuma algunas cosas sobre las que puede usted reflexionar. En este libro he insistido principalmente en tres puntos:

1. Es básicamente usted quien en gran medida crea sus propias perturbaciones emocionales al decidir, tanto consciente como inconscientemente, pensar irracionalmente, crear sentimientos negativos indeseables y actuar de forma autodestructiva. Por ello mismo, afortunadamente, usted puede decidir cambiar su manera de pensar, sentir y actuar para vencer sus perturbaciones. Si lo hace con suficiente energía y perseverancia, utilizando varias de las principales técnicas de la Terapia Racional Emotivo-Conductual (TREC), podrá disminuir su tendencia a perturbarse, es decir, estará menos ansioso, deprimido, airado, sentirá menos autodesprecio y autocompasión, y a veces lo conseguirá en un corto período de tiempo. Siga los métodos descritos en este libro y continúe practicándolos. No son mágicos ni milagrosos. ¡Pero le pueden ayudar de verdad!

2. Si utiliza regularmente las técnicas de la TREC cada vez que piense, sienta y se comporte de manera autodestructiva, podrá disminuir notablemente su tendencia a perturbarse. Entonces se perturbará muchísimo menos, y podrá esquivar las dificultades emocionales cuando esté a punto de experimentarlas.

3. Si se propone el objetivo concreto de disminuir su tendencia a la autoperturbación, y si utiliza algunos de los métodos indicados en los capítulos 7 y 8, podrá ofrecerse una mayor posibilidad para alcanzarlo. ¡Aférrese a su propósito y esfuércese con firmeza por conseguir estar menos perturbado!

De vuelta al objetivo principal: (como se demuestra en el capítulo 7) reforzar su fuerza de voluntad para cambiar sus acciones. Esté decidido, consiga el conocimiento que pueda respaldar su determinación y actúe en base a su decisión y a su conocimiento.

Como he destacado a lo largo de todo el libro, es usted una persona de complejos pensamientos, sentimientos y acciones; y la TREC le ofrece para ello muchos métodos para crecer. Sin embargo, es obvio que sus pensamientos o filosofías son un aspecto crucial de su propio cambio. Porque aunque se esfuerce duramente por modificar sus sentimientos y su conducta, tiene que pensar en cómo hacerlo, así que decida que sea así, y siga planificando y programando cambiar.

Todo cambio de personalidad parece contener muchos elementos cognitivos cruciales. (Puede que los psicoterapeutas y asesores quieran leer un poco más acerca de ello en mi libro dirigido a profesionales: *Better, Deeper, and More Enduring Brief Therapy* («Para una terapia breve mejor, más profunda y duradera».) Aquí tiene usted un resumen:

- ✔ En primer lugar, es aconsejable que sea totalmente consciente de sus posibilidades de cambio.

- ✔ En segundo lugar, es aconsejable que elija un objetivo, decida ir en su búsqueda, esté dispuesto a alcanzalo y se esfuerce por ponerlo en práctica.

- ✔ Después, mientras esté trabajando por el cambio, evaluará su progreso, decidirá cómo continuar (o no continuar), observará si está obteniendo resultados, planificará posibles nuevas acciones, se esforzará por llevar adelante sus planes, observará los nuevos resultados, reflexionará sobre si está alcanzando sus objetivos, revisará algunos de sus objetivos, planes y conductas, y continuará el ciclo.

- ✔ También considerará, elegirá, revisará, intentará de forma experimental y evaluará los métodos que emplea para cambiar. El trabajar con sus sentimientos y sus conductas (así como con sus pensamientos) implica numerosos procesos cognitivos (de pensamiento) y no es algo que pueda funcionar solo. El elemento pensante parece que siempre está presente, y de forma importante, cuando efectúa cualquier cambio personal; y cuando los cambios que realiza son profundos e intensos, algún tipo de reflexión es vital.

Para emprender el camino hacia la disminución de su tendencia a perturbarse, es preferible que haga algunos profundos cambios filosóficos. A veces puede parecer que puede saltarse los pasos cognitivos –¡o al menos usted puede creer que es así! Si, por ejemplo, entra en un grupo religioso o político, de repente puede sentir y actuar de manera muy distinta a como lo hacía antes. Pero, en realidad, esos cambios ocurren porque usted ha decidido adoptar las ideas del grupo de su elección y esforzarse por seguirlas. Si está a punto de ahogarse o de morir por alguna enfermedad, puede convertirse en una «persona nueva», pero, de nuevo, es usted quien obviamente decide hacer este cambio, piensa en llevarlo a cabo, y se esfuerza por adoptar los nuevos hábitos.

En lugar de realizar este tipo de pensamiento de manera descuidada, sin mucha conciencia, ¿por qué no calcula conscientemente adónde quiere ir y cómo llegar allí exactamente? Reducir su tendencia a perturbarse seguro que es una de las cosas más importantes que pueda llegar a hacer. ¿Por qué no seguir algunas de las sugerencias de este libro y utilizar la cabeza para llegar hasta ello?

¿PUEDE USTED SOLO DISMINUIR SU TENDENCIA A PERTURBARSE?

No existe ningún estudio controlado que haya demostrado todavía el camino exacto que puede usted tomar para disminuir su tendencia a perturbarse. Como ya dije en el capítulo 6, muchos experimentos han demostrado que los clientes de psicoterapia, especialmente los que han sido tratados con la TREC y la Terapia de la Conducta Cognitiva (TCC) mejoran apreciablemente, y muchas veces en un período de sólo unos pocos meses. En algunos de esos estudios también se ha demostrado que los clientes consiguen una mejora duradera a los dos años o más de haber finalizado su terapia. Pero, como ya mencioné, los estudios de investigación todavía no han demostrado por completo cómo los clientes consiguen tener menos tendencia a la perturbación.

Asumiendo que usted puede disminuir su tendencia a perturbarse, ¿puede hacerlo usted solo? Mi respuesta es Sí, porque yo he hablado con centenares de personas que al parecer lo han conseguido. Muchos fueron tratados por mí o por otros practicantes de la TREC, pero algunos pasaron por muy poca –o ninguna– psicoterapia e hicieron inusuales progresos leyendo y escuchando materiales sobre la TREC y trabajando solos. La mayoría de esos individuos habían sido diagnosticados como neuróticos corrientes, pero otros tenían graves trastornos de personalidad y algunos incluso habían sido diagnosticados como psicóticos y habían pasado cierto tiempo en hospitales psiquiátricos.

Me he convencido de que estas personas eran mucho menos perturbables que antes de que utilizaran los materiales de la TREC. En algunos casos incluso pasaban por inusuales dificultades después de haber mejorado, como estar sin empleo durante un largo tiempo, pasar por una quiebra económica, o sufrir graves accidentes o enfermedades. Pero podían capear estas tormentas que les traía la vida sin llegar a amargarse. Naturalmente, deberíamos tomarnos sus relatos de grandes mejoras emocionales con cierto grado de cscepticismo. Pero yo sigo respaldando su progreso y espero que se realicen estudios controlados que aportarán evidencias más convincentes con respecto a estas personas que se han ayudado a sí mismas.

Mi correspondencia con miles de lectores de mi libro *Guía para una vida racional* me ha convencido en especial de que un gran número de ellos, con o sin psicoterapia, han realizado notables mejoras en sus vidas mediante la lectura. Un número más pequeño pero considerable se han ayudado a sí mismos a minimizar su tendencia a perturbarse, y su éxito es impresionante.

Aun reconociendo mis propios prejuicios, mis charlas y correspondencia con millares de personas a lo largo de los años han hecho que me vuelva entusiasta acerca de los resultados que muchas personas han obtenido con materiales de autoayuda, entre ellos los libros de Robert Alberti y Michael Emmons, Aaron Beck, Michael Broder, David Burn, Gary Emery, Windy Dryden, Arthur Freeman, Paul Hauck, Paul Woods y varios destacados autores de la TREC y la TCC. Porque, como ya he escrito yo mismo y otros investigadores, como J.T. Pardeck y S. Starker, también han destacado, los materiales de autoayuda ofrecen a sus lectores y oyentes varias ventajas. Éstas son algunas de estas ventajas:

- ✔ Muchas personas con problemas emocionales en realidad aprenden mucho más leyendo que trabajando con terapeutas o grupos de autoayuda.

- ✔ Quienes no sacan mucho partido a las lecturas descubren que les resultan considerablemente útiles los soportes audiovisuales.

- ✔ Un alto porcentaje de personas en terapia pueden profundizar en sus mejoras utilizando simultáneamente materiales de autoayuda.

- ✔ Muchos individuos no disponen del tiempo, dinero o ganas para someterse a una psicoterapia y por tanto no tienen gran elección aparte de las ayudas escritas o grabadas, y normalmente se benefician con ellas.

✔ Hay personas que han terminado con sus sesiones de terapia y han evitado recaer en sus perturbaciones con la utilización de materiales para estudiar en casa.

✔ Las personas que opinan que es algo vergonzoso o ignominioso asistir a sesiones de terapia y que, por las razones equivocadas, no lo hacen, pueden beneficiarse de los materiales de autoayuda.

✔ Las personas que no pasan por una terapia regular, pero que asisten a grupos de autoayuda como Alcohólicos Anónimos, Recovery Inc., Rational Recovery, Self-Management And Recovery Training (SMART) y Women For Sobriety muchas veces mejoran con libros y cintas de autoayuda.

Ello no significa que la utilización de materiales de autoayuda no tenga sus desventajas. Muchas veces sí las tiene. Por ejemplo:

✔ Los usuarios de estos materiales no reciben un diagnóstico ajustado y se pueden tratar a sí mismos por trastornos –como falta de concentración o trastornos de personalidad múltiple– que en realidad no tienen, y el hacerlo puede resultar perjudicial.

✔ Muchos productos de autoayuda han sido concebidos para ganar dinero o para reforzar la reputación de sus autores, y contienen material que es inútil o incluso perjudicial

✔ Algunos materiales –especialmente algunos de la Nueva Era– animan a sus usuarios a que no pasen por una psicoterapia que les podría beneficiar y en lugar de ello les instan a unirse a sectas u organizaciones desquiciadas que pueden hacer más mal que bien.

✔ Los materiales de autoayuda ofrecen los mismos mensajes a todos los lectores y oyentes, y si éstos los siguen indiscriminadamente, puede que algunos individuos se beneficien pero que otros salgan perjudicados.

✓ Estos materiales raramente han sido comprobados mediante estudios controlados para determinar si resultan eficaces para el público que los utiliza. Los editores del material están normalmente mucho más interesados en que se venda rápido y obtengan unos buenos dividendos que en descubrir si los materiales tienen o no un auténtico valor terapéutico.

Por razones como éstas, le aconsejo que sea escéptico con respecto a muchos de los materiales y procedimientos de autoayuda, especialmente los que reciben mucha publicidad. Compruébelos, utilícelos con cierta cautela y vea si realmente le resultan de utilidad. Coméntelos, si le es posible, con profesionales y con otras personas que los hayan utilizado. Considérelos realmente como un añadido a la psicoterapia y a cursos y talleres dirigidos por profesionales. (Mis sugerencias sobre materiales de autoayuda de la TREC y la TCC están indicados con asteriscos en el apartado «Bibliografía» en la última parte del libro págs. 211-216)

EXPECTATIVAS REALISTAS DE «CURACIÓN»

¿Puede alguien, incluyéndole a usted, curarse totalmente de lo que normalmente llamamos trastorno emocional? Muy probablemente no. Usted, como el resto de personas de todo el mundo, parece tener una fuerte tendencia a perturbarse con facilidad. No tiene por qué hacerse eso a sí mismo, pero suele hacerlo. Tiene, como ya he dicho a lo largo del libro, la capacidad innata de resolver problemas prácticos y emocionales, y de cambiar sus pensamientos, sentimientos y acciones cuando se comporta de manera estúpida y autodestructiva. Muchas veces puede hacer esto perfectamente bien, y llegar a estar mucho menos perturbado de lo que estaba.

Pero no completamente imperturbable. Si pudiera conseguir algo así, se liberaría incluso de sus sentimientos negativos deseables –tristeza, remordimiento, frustración, enojo– cuando ocurriera algún Acontecimiento Activador. ¿Cómo sobreviviría entonces? ¡Sin duda, no demasiado bien!

Aunque estemos hablando de liberarse del todo de sentimientos indeseables y autodestructivos, como el pánico, la depresión y el odio hacia sí mismo, ¿cuáles son las posibilidades? Excepcionalmente escasas. Entonces tendría que reaccionar siempre, rápida y automáticamente, de manera sensata y racional ante las Adversidades de la vida. ¿Siempre? ¿Perfectamente? ¡Seguro que no!

Repito: nunca recaería en la perturbación. Por ejemplo, se enojaría con algún familiar o colega, se daría cuenta de que son seres humanos falibles que actuaron mal (pero que no son personas malas), perdonaría al pecador pero no el pecado, rápidamente se sentiría insatisfecho por sus acciones, pero se negaría a condenarles. ¿Pero acaso nunca, nunca, jamás, cuando le trataran a usted o a otros de manera injusta, volvería a sentirse enojado? Difícilmente.

En suma: puede lograr disminuir su tendencia a perturbarse, si trabaja duro y utiliza algunos de los métodos de este libro. Pero no será una persona imperturbable. No mientras siga siendo un ser humano falible. Si les enseña a sus familiares, amigos, compañeros de trabajo y conocidos algunos de los métodos principales de la TREC, podrá ayudarles a que se perturben menos y a ser menos propensos a futuras perturbaciones. No siempre.

Otros individuos, usted entre ellos quizá, tienen limitaciones adicionales. Algunas personas, por ejemplo, son mentalmente limitadas, con más de las dificultades usuales para pensar correctamente y resolver los problemas habituales. Algunos sufren graves retrasos y son incapaces de cuidarse a sí mismos. Muchos de estos individuos pueden, con un entrenamiento considerable, mejorar y funcionar mejor. Pero sólo, como apunté brevemente en el capítulo 2, dentro de unos límites.

Asimismo hay bastantes personas con un funcionamiento emocional limitado. Algunas son psicóticas, quizá esquizofrénicas o bipolares. Un número más elevado sufren de graves trastornos de personalidad y a veces pasan por episodios psicóticos pero todavía pueden cuidarse a sí mismas y a veces obtener buenos resultados. Entre ellas se encuentran las personas con depresión grave, trastornos obsesivo-compulsivos, brotes psicóticos, comportamiento esquizoide, personalidad borderline y otros trastornos de la personalidad.

La teoría de la TREC dice que la mayoría de individuos con graves trastornos de personalidad nacen con algunas deficiencias biológicas. Tienen tendencias innatas, muchas veces aumentadas por las dificultades del entorno, a ser deficientes en importantes respectos cognitivos, emocionales y conductuales. Intelectualmente puede que tengan problemas de exceso o falta de concentración. Emocionalmente pueden reaccionar de forma exagerada o insuficiente. Y en cuanto a la conducta pueden ser excesivamente impulsivos o compulsivos. Muchas veces los neurotransmisores de su cerebro, como la serotonina, no funcionan adecuadamente y puede que tengan otros tipos de disfunción bioquímica. Si usted sufre de un trastorno de personalidad, puede que necesite un diagnóstico y una medicación, como Prozac o Xanax.

Si alguna de las personas cercanas a usted sufre graves trastornos de personalidad, ¿puede ayudar realmente una psicoterapia efectiva? Por supuesto.

De hecho es aconsejable que las personas con graves trastornos de personalidad reciban cierta psicoterapia, a veces de forma intensiva, así como una posible medicación. Muchas de ellas sólo funcionan bien en sus vidas personales y profesionales con este tipo de tratamiento.

¿Qué pasa con los procedimientos de autoayuda? Las personas con graves trastornos de personalidad, aunque difícilmente se curan del todo, se pueden beneficiar muchísimo de grupos de autoayuda y de apoyo, grupos religiosos y sociales y materiales de autoayuda. Alcohólicos Anónimos, Recovery Inc., y Self-Management and Recovery Training (SMART) muchas veces les ayudan considerablemente; y literalmente millones de personas funcionan mejor gracias a la ayuda de eficaces folletos, libros, cintas de audio o video y otros materiales de autoayuda. Muchas, que por una razón u otra se benefician de una psicoterapia, también se ayudan a sí mismas mediante diversos medios de autoayuda.

Así que si usted o cualquiera de sus familiares, amigos o compañeros está seriamente perturbado, pruebe por descontado la psicoterapia, la medicación, los grupos de autoayuda y otras formas de tratamiento. Experimente. Investigue. Persevere. Descubra todo lo que pueda y esfuércese por utilizarlo. Si no tiene éxito inmediato, inténtelo, inténtelo de nuevo. Consiga un buen diagnóstico. Reconozca cuál es su trastorno concreto y acéptese incondicionalmente con él. Guiado por su médico, experimente, quizá, con fármacos, hasta que descubra cuáles le van bien. Asista a una psicoterapia intensiva, con la que también puede experimentar. No renuncie. No diga que no puede cambiar. Simplemente admita que le parece difícil.

¿Puede intentar la solución elegante que yo defiendo en este libro para disminuir cada vez más su tendencia a perturbarse? Sí, por supuesto. Probablemente tendrá que hacer un esfuerzo mayor o durante más tiempo para conseguirlo que si su perturbación fuera menor, deberá contraatacar de manera enérgica y persistente sus tendencias innatas, romper sus patrones habituales de exceso o falta de reacción y cambiar sus Creencias Irracionales acerca de sus limitaciones naturales. Porque en eso consiste un grave trastorno de personalidad: primero, en tendencias a tener déficits cognitivos, emocionales y conductuales, y en segundo lugar sostener Creencias Irracionales o distorsiones cognitivas acerca de esas imperfecciones.

Podrá ver como éste es el caso. Suponga, por ejemplo, que alguien tiene una discapacidad física: una fisura palatina, una extremidad atrofiada, sordera congénita. Las personas con estas dolencias funcionan peor que otras personas que no están discapacitadas. Además, muchas veces son criticadas, la gente se ríe de ellas y las valoran menos por sus discapacidades. Muchas de ellas, por supuesto, critican implacablemente a sus yoes y no simplemente sus actuaciones. Suman a sus discapacidades físicas su tendencia a perturbarse por sus discapacidades. Y la cosa empeora: sus problemas emocionales se suman a los físicos y casi siempre les hacen ser más discapacitados.

Las personas con graves trastornos de personalidad suelen tener experiencias negativas parecidas. Tienden a saber que tienen ciertas deficientes intelectuales, emocionales y conductuales, y lamentan tenerlas. También tienden a saber que tienen más frustraciones que otras personas, que sus vidas realmente son más difíciles. Saben, en muchos casos, que otros frecuentemente les discriminan y les desprecian por tener «defectos». Por lo tanto, ellas (como el resto de la raza humana) casi siempre se sienten perturbadas por su trastorno de personalidad. En primer lugar, se infravaloran ellas mismas por ser deficientes. En segundo lugar, se horribilizan por sus inusuales dificultades y desarrollan una baja tolerancia a la frustración con respecto a ellas mismas. Tercero, pueden echarle la culpa a los demás, disfrutar de ser víctimas y bloquear sus posibilidades de cambio.

Vernon era un caso grave de Trastorno Obsesivo-Compulsivo (TOC). ¡Comprobaba toda decisión importante (y otras veces no tan importante) como mínimo veinte veces! Si tenía que apagar una luz, cerrar el coche o un grifo, lo hacía muchísimas veces antes de que estuviera satisfecho con el resultado. Consumía tanto tiempo pasando por este proceso de comprobación (aunque muchas veces se diera cuenta de que era insensato e improductivo aunque «no podía» obligarse a dejar de hacerlo) que aun cuando era bastante inteligente le fue imposible terminar los estudios universitarios, tuvo que conformarse con un título intermedio y aceptar un trabajo de oficina.

Vernon se odiaba por estas comprobaciones «idiotas», y protestaba y se quejaba de que su vida era «demasiado dura» y que no debería, en absoluto, tener esa incapacidad. Así que pasaba muchas horas riñéndose a sí mismo y quejándose por su defecto. Sus autoacusaciones y su baja tolerancia a la frustración generaron graves sentimientos de depresión, así que acabó estando mucho más discapacitado de lo que hubiera estado si sólo hubiera padecido de TOC. Vivía en Wyoming y nunca podía venir a Nueva York para trabajar conmigo cara a cara, pero se las arregló para concertar algunas sesiones telefónicas y leer prácticamente todos mis libros de autoayuda.

Tras veinte sesiones de psicoterapia telefónica quincenal, y alguna que otra sesión ocasional después de ello, Vernon empezó a aceptarse a sí mismo con su TOC que tanto le incapacitaba. Al principio se volvió más intolerante por su dolencia y protestaba enérgicamente contra la «enorme injusticia» de verse así afectado. Pero después de ver que su baja tolerancia a la frustración era tan inca-

pacitadora como su trastorno obsesivo-compulsivo se esforzó duro por combatirlo, lo cual le hizo sentir excepcionalmente triste y decepcionado, pero dejó
de horribilizar su incapacidad. Se la tomó como un desafío que había que vencer en lugar de un «horror» sobre el que protestar y quejarse. Para cuando ter-
minaron nuestras sesiones regulares, Vernon se aceptaba mucho más que la
mayoría de mis clientes y tenía un elevado grado de tolerancia a la frustración.
Entonces utilizó esta tolerancia para trabajar muy duro para reducir sus comprobaciones compulsivas, y llegó al punto en que sólo comprobaba dos o tres
veces, en lugar de veinte o más, con lo que se ahorraba unas dos horas al día.
Decidió volver a la universidad y convertirse en informático especializado, y
pudo disfrutar mucho más de la vida.

¿Podría Vernon haber conseguido el mismo resultado sin psicoterapia y
utilizando meramente los materiales de autoayuda de la TREC? Eso es algo
que nunca sabremos. Pero los clientes con este grave trastorno normalmente habrían necesitado más de las veinte sesiones que tuvo Vernon. Fue él
quien sugirió que dejáramos las sesiones continuadas y que sólo, de vez en
cuando, siguiéramos alguna más, porque le estaba yendo muy bien con los
libros y los materiales audiovisuales de la TREC. Desde que, hace tres años,
dejamos las sesiones regulares, solamente ha seguido otras seis sesiones telefónicas conmigo y ha continuado obteniendo resultados positivos utilizando materiales de autoayuda.

Otras personas tampoco han pasado por sesiones de terapia, algunas de
ellas sólo han intercambiado correspondencia conmigo o me han visto brevemente en las charlas y talleres que doy en varias partes del mundo, han utilizado procedimientos de autoayuda de la TREC y han dicho que han mejorado notablemente sus graves trastornos de personalidad. Naturalmente
puede que algunos hayan exagerado tanto sus trastornos iniciales como sus
logros. Pero estoy convencido de que muchos individuos gravemente afecta-
dos pueden beneficiarse apreciablemente de los materiales de autoayuda;
algunos parecen conseguir profundos cambios filosóficos y se convierten en
personas mucho menos perturbables.

MANTENER Y REFORZAR
LOS RESULTADOS POSITIVOS DE LA AUTOTERAPIA

En 1984 escribí un artículo sobre cómo pueden los clientes de la TREC
mantener y reforzar sus beneficios terapéuticos. El Albert Ellis Institute de
Nueva York publica este material, que ha ayudado a muchas personas.

Éstos son algunos de los puntos de ese artículo, que puede utilizar en su propia autoterapia.

CÓMO MANTENER SU MEJORA

Cuando mejora utilizando la TREC, pero recae de nuevo en sus viejos sentimientos de ansiedad, depresión o autodesprecio, intente detectar exactamente qué pensamientos, sentimientos y conductas cambió anteriormente para lograr su mejora original. Si de nuevo se ha vuelto a deprimir, piense en cómo utilizó antes la TREC para reducir su depresión.

Por ejemplo, puede que recuerde que dejó de decirse que era un inútil cuando fracasaba en el trabajo o en el amor, y que dejaba de decir que era un desgraciado cuando no lograba triunfar en la vida. Puede que se obligara a asistir a entrevistas de trabajo o a intentar salir con parejas adecuadas y con ello demostrarse que podía hacerlo, aun cuando en esos momentos se hubiera sentido ansioso. Puede que utilizara Imaginación Racional-Emotiva para imaginarse alguna de las peores cosas que le pudiera suceder, se hubiera permitido sentirse muy deprimido por ello y después se hubiera esforzado por hacerse sentir saludablmente triste y decepcionado, en lugar de tener esos indeseables sentimientos depresivos. Recuérdese a sí mismo los pensamientos, sentimientos y conductas que cambió y que fue usted quien se ayudó a sí mismo a cambiarlos.

Siga pensando y volviendo a pensar en sus Creencias Racionales (CR) o en las autoafirmaciones para la resolución de problemas, como: «Es estupendo tener éxito, ¡pero puedo aceptarme perfectamente a mí mismo como persona y disfrutar considerablemente de la vida aun cuando fracase!». No se limite a repetir como un loro estas afirmaciones; repásalas minuciosamente muchas veces y reflexione sobre ellas, hasta que empiece a creerlas y esa creencia le empiece a ser de ayuda.

Siga desvelando y Cuestionando las Creencias Irracionales (CI) con las que se está amargando de nuevo, y Cuestiónelas de forma realista: «¿Es cierto que tengo que triunfar para poderme aceptar como una persona digna y merecedora?». Cuestiónelas de forma lógica: «¿De dónde se deduce que si fallo en una tarea importante siempre vaya a fallar?». Cuestiónelas de forma práctica: «¿Adónde me llevará si creo que no debo, en absoluto, sentirme frustrado o rechazado?».

Siga cuestionando sus CI de manera insistente y enérgica siempre que vea que empiezan a surgir de nuevo. Aunque crea que ya no tienen demasiada fuerza, dése cuenta de que inconscientemente puede que todavía crea en ellas, así que llévelas al consciente y de forma preventiva –¡y con mucha energía!– Cuestiónelas.

Siga arriesgándose y haciendo cosas que teme de forma irracional, como subir a un ascensor, relacionarse con la gente, buscar trabajo o practicar la escritura creativa. Una vez haya vencido parcialmente alguno de sus temores autodestructivos, siga combatiéndolo de forma regular. Si se siente incómodo cuando se fuerza a hacer cosas que tiene miedo de hacer, no recaiga en la evitación, ¡ya que con ello no hará otra cosa que conservar para siempre su temor! Hágase sentir, con frecuencia, todo lo incómodo que pueda estar, para trabajar con su baja tolerancia a la frustración y para poder sentirse cómodo, de manera real y duradera, y también poder disfrutar más delante de las situaciones que antes temía.

Pruebe a ver claramente la diferencia entre tener sentimientos negativos deseables cuando surgen las Adversidades –como tristeza, remordimiento y frustración– o sentimientos negativos indeseables por las mismas Adversidades –como pánico, depresión y odio hacia sí mismo. Cuando experimente sentimientos perturbados, asuma que es usted quien los ha generado con algunos de sus dogmáticos *yo debo* y sus *debe ser*. Encuentre esas exigencias y conviértalas en preferencias. No descanse hasta que, utilizando la Imaginación Racional-Emotiva y otros métodos de la TREC, realmente cambie sus emociones perturbadas por sentimientos negativos saludables.

Evite las dilaciones autodestructivas. Haga primero las tareas desagradables pero útiles y de forma rápida ¡hoy! Si las sigue retrasando, recompénsese con cosas agradables –como comer, leer o relacionarse– sólo después de haber hecho las tareas que está evitando. Si sigue evitándolas, impóngase un grave castigo o penalización –como hablar con una persona pesada durante una hora o quemar un billete de cien dólares (¡decida una cantidad que le duela!) cada vez que estúpidamente pospone una tarea.

Demuéstrese a sí mismo que puede convertir en un interesante desafío y una auténtica aventura el hecho de mantener su salud emocional y el conservarse razonablemente feliz a pesar de los infortunios que pueda experimentar. Convierta la eliminación de su desgracia en uno de los aspectos más importantes de su vida, algo por lo que está totalmente dispuesto a trabajar de forma continuada y a lograr.

Recuerde, y siga utilizando, las tres principales visiones profundas de la TREC:

✓ **Visión nº 1:** Principalmente se siente de la manera como piensa y por tanto puede en gran medida controlar como se siente cuando se enfrenta a las Adversidades.

✓ **Visión nº 2:** Aunque adoptara y formulara sus Creencias y hábitos autodestructivos principalmente en el pasado, usted ahora, en el presente, consciente e inconscientemente los sigue manteniendo, y es por eso que ahora se siente perturbado. Su historia pasada y su circunstancias actuales le afectan de manera importante, igual que sus predisposiciones innatas. Pero su filosofía actual, que usted sigue reafirmando de forma activa, es el principal factor que contribuye a sus actuales perturbaciones.

✓ **Visión nº 3:** No existe una fórmula mágica para cambiar su personalidad y sus fuertes tendencias a perturbarse innecesariamente. Sólo con el esfuerzo y la práctica, sí, esfuerzo y práctica, podrá cambiar sus Creencias Irracionales, sus sentimientos indeseables y sus conductas autodestructivas.

Con perseverancia –¡y con mucha calma!– vaya buscando placeres personales y cosas inocuas de los que pueda disfrutar. Intente concebir un interés vital absorbente a largo término. Escoja como objetivo principal en la vida la consecución de la salud emocional y de una satisfacción auténtica. Intente ser un hedonista a largo plazo en lugar de a corto plazo.

Manténgase en contacto con otras personas que conozcan la TREC y que le puedan ayudar a recordar y a repasar algunos de sus aspectos. Cuénteles sus problemas, enséñeles cómo utiliza la TREC para afrontarlos y compruebe si están de acuerdo con sus soluciones o si pueden sugerir otros tipos de respuestas mejores.

Practique la enseñanza de la TREC con algunos de sus amigos y familiares que estén dispuestos a dejarle ensayar con ellos. Cuanto más la utilice con los demás, vea claramente sus Creencias Irracionales y conductas, e intente ayudarles a cambiarlas, más tenderá a comprender los principios básicos de la TREC y a utilizarlos usted mismo. Cuando vea que otras personas actúan de forma autodestructiva, intente descubrir –hablando con ellas del tema o no– cuáles son probablemente sus principales CI y cómo las podrían Cuestionar.

Siga leyendo escritos de la TREC y escuchando y viendo cintas adecuadas. Utilícelos como recordatorio y para seguir trabajando con algunas de las filosofías y acciones principales de la TREC.

CÓMO AFRONTAR SUS RECAÍDAS

Acepte sus recaídas, si es que ocurren, como algo normal. Acéptelas como algo que les ocurre a casi todas las personas que primero mejoran emocionalmente y después vuelven a tener pensamientos, sentimientos y conductas perturbadas. Considérelas parte de su falibilidad humana. No se deprecie ni genere sentimientos destructivos de vergüenza y desesperanza si vuelven a aparecer los viejos síntomas. No crea que tiene que manejarlos totalmente solo y que está mal o es signo de debilidad solicitar algunas sesiones de terapia y hablar con sus amigos acerca de sus problemas.

Cuando recaiga, intente ver claramente que su conducta es infortunada, pero usted nunca será un individuo malo o indigno por ello. En esas ocasiones vuelva básicamente al importante principio de la TREC de que es mejor evaluar la eficacia de lo que piensa, siente y hace, y nunca a sí mismo, a su ser, a su esencia, a su totalidad. No importa lo grave que sea la recaída, esfuércese por conseguir la Autoaceptación Incondicional (AAI). Acéptese totalmente, con su conducta débil e insensata, y después intente cambiar esa conducta.

Vuelva a las reglas básicas de la TREC y busque de nuevo sus Creencias Irracionales en el nivel C: sus absolutistas *yo debo* y sus *debe ser*; su tendencia a horribilizar; su culpabilización de sí mismo y de los demás; y su tendencia a generalizar exageradamente los siempre y los jamás. Como ya dije antes, Cuestione de manera enérgica y perseverante sus principales CI hasta que crea firmemente en Nuevas Filosofías Eficaces (E) que le indicarán de nuevo el camino para volver a disminuir sus perturbaciones.

Siga buscando, encontrando y Cuestionando enérgicamente sus CI. Hágalo una y otra vez, hasta que desarrolle una buena musculatura intelectual y emocional (igual que haría con los músculos físicos mediante el ejercicio y más ejercicio).

No se limite a repetir como un loro las autoafirmaciones para resolver problemas o las Nuevas Filosofías Eficaces. Desafíe a sus débiles Creencias Racionales y fortalézcalas. Desafíe a sus Creencias Racionales para ver que verdaderamente las puede mantener ante el cuestionamiento. Utilice varias de las técnicas emocionales de la TREC, como repetirse con mucha firmeza algunas autoafirmaciones, para que le ayuden a creer de verdad en sus filosofías positivas. No se quede en una creencia moderada, esfuércese por convencerse de la utilidad de sus Creencias Racionales. Está bien convencerse a sí mismo de forma ligera o «intelectual» de sus nuevas Filosofías Eficaces, pero eso no le ayudará demasiado ni hará que le duren mucho tiempo. Hágalo con fuerza y energía, hágalo muchas veces, y compruebe cuánto cree realmente en ellas.

CÓMO GENERALIZAR ACERCA DE SUS PERTURBACIONES Y CÓMO ALIVIARLAS

Cuando está básicamente trabajando para aliviar un grupo de problemas emocionales, como su miedo a hablar en público o de ser rechazado en sus relaciones personales, intente ver cómo se superponen con otros problemas, así como con gran parte de las perturbaciones de otras personas. Así, como indiqué en el capítulo 3, sus ansiedades tanto por hablar en público como por el rechazo personal incluyen:

1. Sus Creencias de que no debe, en absoluto, fracasar y no ser aceptado;
2. Que si eso ocurriera sería horrible y espantoso;
3. Que no puede soportar ni tolerar la horrible frustración que esos fracasos implicarían;
4. Que usted sería una persona indigna si fracasara y no fuera aceptado;
5. Que el fracasar una o varias veces en esos importantes temas significaría que siempre fracasaría y que jamás sería respetado; y en ciertas ocasiones
6. Que el fracaso realmente no le afecta en absoluto y que le importa tres pepinos.

Si ve estas similitudes en casi todas sus perturbaciones (y las de otras personas), podrá saber cómo acercarse a casi cualquiera de sus otras graves ansiedades (o depresiones o ira) y reducirlas. ¡Fascinante –y útil– conocimiento!

Si gracias a ello vence su miedo por hablar mal en público, podrá utilizar su conocimiento de cómo lo logró para reducir su miedo a ser rechazado en sus relaciones sociales o amorosas. Y si subsiguientemente genera algún otro miedo, pongamos por ejemplo perder el empleo o ser el peor jugador de tenis de su vecindad, podrá ver con bastante facilidad cómo manejar también ese «horror». Porque sus Creencias Irracionales, sentimientos perturbados y acciones autodestructivas forman parte de su repertorio general de pensamientos, sentimientos y acciones que usted aporta a los diferentes tipos de Adversidades. Una vez utilice eficazmente la TREC para un grupo de circunstancias, podrá darse cuenta de que en prácticamente todos los casos en los que se sienta perturbado se habrá colado alguna que otra de sus Creencias Irracionales habituales. Así que si las reduce en un terreno y después descubre que se siente emocionalmente perturbado por alguna otra cosa, podrá utilizar los mismos principios y prácticas de la TREC para descubrir las Creencias Irracionales de esa nueva zona.

Es por eso que la TREC le puede ayudar a ser más feliz y menos perturbable. Utilizándola se podrá demostrar a sí mismo que es difícil seguir estando perturbado en todo momento si cambia sus CI básicas. Si disminuye sus absolutistas y dogmáticos *yo debo* y *debe ser*, y si los reemplaza por flexibles (aunque también fuertes) deseos y preferencias que le lleven a buscar alternativas, en primer lugar difícilmente se perturbará y después será rápidamente capaz de invertir el proceso aun cuando recaiga en sus indeseables procesos.

Permítame que en este punto no me muestre demasiado optimista. No estoy diciendo que si utiliza la TREC de un modo perseverante vencerá de forma automática todas sus perturbaciones y pronto llegará a un punto donde siempre será feliz y nunca se volverá a perturbar gravemente. No es ni tan fácil ni tan automático. Pero estoy diciendo que si usted aprende los principios generales de la TREC y consigue vencer sus perturbaciones en un área importante, y si realmente intenta utilizarlas en otras, verá que normalmente son aplicables.

Mejor incluso: tenderá a ver que en realidad no existen los *yo debo* y los *debe ser* absolutos e incondicionales en el universo, y que el creer devotamente en cualquiera de ellos conduce a una innecesaria perturbación. Se dará cuenta de que muchas Adversidades son deplorables pero que ninguna de ellas, excepto por su propia y arbitraria definición, es realmente horrible, terrible o espantosa. Reconocerá que sean cuales sean las cosas malas que le ocurran, casi siempre las puede soportar, sobrevivir a ellas y ser razonablemente feliz, de algún modo, a pesar de ellas. Se acostumbrará a ver que cuando usted y otras personas actúan de manera reprobable, usted y ellas no son personas reprobables, malas e indignas. Seguirá recurriendo efectivamente a la generalización, pero no de forma exagerada, diciendo que un fracaso lleva a fracasar siempre y «verá» que algunas negativas no significan que jamás será aceptado por personas que sean importantes para usted.

Yo formulé la filosofía general de la TREC en los años cincuenta para ayudarme a mí mismo y a mis clientes a reducir notablemente nuestras fuertes tendencias a perturbarnos y disgustarnos innecesariamente por las Adversidades. Desde entonces se han recopilado muchas evidencias clínicas y experimentales que demuestran que la TREC, junto con los métodos de algunas de las demás terapias cognitivo-conductuales, ofrece un gran alivio para el sufrimiento emocional. Pero lo que yo no veía claramente en las primeras etapas de la TREC, y que ahora veo cada vez más claro, es que el uso continuado de su sistema filosófico también ayuda a muchas personas a ser menos perturbables de lo que eran antes. ¡Y éste es un feliz descubrimiento!

¿Le gustaría ser una de esas personas más felices y menos perturbables? ¡Pruebe la TREC de forma enérgica y perseverante y vea por sí mismo!

CAPÍTULO 15 **Caldo racional**
para la mente y el corazón

Si se esfuerza por utilizar las teorías y las prácticas descritas en este libro, seguirá convenciéndose a sí mismo de varias filosofías profundas que con toda probabilidad le ayudarán a hacer tres cosas:

1. Reducir sus actuales pensamientos, sentimientos y acciones perturbadores.

2. Volverse notablemente menos perturbable –menos propenso a nuevas y futuras perturbaciones.

3. Realizarse de forma más completa, crear más satisfacciones vitales y vivir más feliz.

Para conseguir estos objetivos aquí tiene algunas autoafirmaciones realistas, sensatas y prácticas, el «caldo racional» del título, en las que puede pensar, modificar y esforzarse por llevar a la práctica:

- Aunque muchas veces es altamente preferible que haga las cosas bien y consiga la aprobación de los demás, y con ello logre mis principales objetivos y fines, nunca tengo que hacerlo así.

- No importa las cosas «malas» (en contra de mis fuertes intereses y deseos) que me ocurran (o que yo haga que sucedan), son solamente malas, nunca, excepto por mi propia estúpida definición, son tan malas que no deban, en absoluto, ocurrir. Y cuando ocurren no son horribles, ya que eso significa totalmente malas o «más malas de lo que deberían ser».

✔ Aun cuando ocurran las peores cosas, prácticamente siempre las puedo soportar, seguir estando vivo y todavía encontrar cierta felicidad en la vida, ¡si me convenzo firmemente de que puedo!

✔ Es probable que a veces piense, sienta y actúe insensata, estúpida y neuróticamente, pero nunca, nunca soy un estúpido, un gusano, o una persona mala y nefasta. Nunca soy lo que hago, ¡aun cuando equivocadamente así lo crea!

✔ Por lo tanto puedo negarme categóricamente a evaluar o calificar mi yo, mi ser, mi esencia o mi calidad de persona; simplemente evaluaré mis actos, acciones y actuaciones. ¡Lo prometo!

✔ Asimismo, sólo evaluaré las acciones, sentimientos y pensamientos de otras personas, y me negaré a evaluar –y especialmente a condenar– su yo, su ser o su esencia. ¡Muchas veces actúan despreciablemente, pero no son despreciables!

✔ Sólo evaluaré las circunstancias en las que me encuentro con respecto a si cumplen con mis objetivos personales o los de mi grupo social. Pero no evaluaré globalmente el mundo o la vida como «bueno» o «malo». El mundo nunca es un asco, sólo alguno de sus aspectos.

✔ Puedo utilizar y utilizaré, cada vez más, mi fuerza de voluntad mi capacidad de cambiar mis pensamientos, sentimientos y conductas haciendo un esfuerzo por decidir claramente cambiar; disponiéndome a actuar con respecto a esa decisión; adquiriendo conocimiento relevante para actuar mejor; obligándome a actuar aun cuando me sienta incómodo al hacerlo. La «fuerza de voluntad» que no tiene acción tampoco tiene fuerza.

✔ Si estoy decidido a trabajar para estar menos perturbado y disminuir mi tendencia a perturbarme, y si realmente persevero, probablemente lo logre. Pero tampoco puedo ser sobrehumano, perfecto o totalmente imperturbable. ¡No mientras siga siendo un ser humano falible!

✔ Intentaré hacer lo que quiero hacer. No asumiré que no puedo hacer las cosas sin intentarlo antes. Probaré a hacer muchas cosas difíciles para ver si puedo o no puedo hacerlas. Lo que verdaderamente no puedo hacer, simplemente no puedo. ¡Qué le vamos a hacer!

✔ Intentaré evitar el extremismo, me negaré a considerar las cosas como totalmente buenas o totalmente malas. Intentaré evitar el optimismo y el pesimismo extremos. Un enfoque más equilibrado y realista será mi objetivo. Pero incluso ese objetivo, ¡tampoco lo llevaré a un extremo!

✔ ¡Mis soluciones pasadas a mis problemas emocionales fueron estupendas! ¿Cómo las podría mejorar?

✔ Nunca llegaré a ser totalmente imperturbable, a menos que esté muerto. ¿Cómo puedo lograr disminuir mi tendencia a perturbarme mientras todavía esté vivo?

✔ Realmente tengo algunos puntos muy buenos, junto con mis imperfecciones y mis defectos. Pero eso no quiere decir que yo sea estupendo. ¡Ahora voy a disfrutar de mis puntos buenos! ¡Y utilizaré mis puntos fuertes intelectuales para aceptarme cuando sea necesario!

✔ Puedo intentar descubrir los orígenes y la historia de mis perturbaciones, pero prefiero saber qué es lo que estoy haciendo ahora para mantenerlas y lo que puedo hacer ahora para cambiarlas. ¡Quiero saber cómo poder vencer mis perturbaciones!

✔ Me gusta saber que soy competente y eficaz en ciertos temas importantes. Pero eso no me convierte en un individuo competente ni en una buena persona. ¡Nada puede hacerlo! Me esfuerzo por ser capaz simplemente por el placer y los buenos resultados que obtengo. ¡No para demostrarme que yo soy bueno!

✔ El sentir vergüenza por lo que hago me ayuda a corregir mi conducta insensata. Sentir vergüenza de mí mismo, el que realiza la acción, me «ayuda» a impedir que la corrija y limita innecesariamente mi vida.

✔ Si alguna vez aterrizan los marcianos aquí y son gente cuerda, se morirán de risa al ver como una persona inteligente como yo puede actuar con tanta frecuencia de manera tan tonta. Será mejor que aprenda a reírme con ellos.

- ✔ Las cosas malas que me ocurren, o que yo hago que ocurran, pocas veces son totalmente malas. Normalmente puedo descubrir en ellas alguna ventaja, y aprender de sus inconvenientes. En especial puedo disfrutar del reto de negarme a amargarme indebidamente por ellas.

- ✔ El evitar hacer lo que tengo miedo irracional de hacer contribuirá a impedir que combata mis miedos y mis fobias. ¡Asumir el riesgo es menos arriesgado!

- ✔ Me preocupa mi salud, poder sufrir algún accidente o emprender acciones peligrosas, así que tomo las precauciones adecuadas para evitar que yo o mis seres queridos resulten dañados. Pero yo no puedo controlar el universo, así que raramente me preocupo por los peligros inusuales. ¡Mi preocupación no detendrá lo inevitable!

- ✔ Cuando tengo que hacer alguna tarea difícil o aburrida, el posponerla no hará las cosas más fáciles. ¡Intento retrasar los retrasos!

- ✔ Si niego que tengo problemas emocionales estaré negando mi posibilidad de resolverlos. ¡Racionalizar sobre ellos no es algo muy racional!

- ✔ Me gusta reafirmarme y expresar mis auténticos sentimientos. ¡Pero muchas veces es mejor mantener la boca cerrada ante los jefes, profesores y guardias de tráfico!

- ✔ Las personas suelen ser muy diferentes de mí entre ellas. ¡Y así es como tiene que ser!

- ✔ Me encanta convencer a los demás de mi punto de vista. Pero puedo aceptar las disensiones sin ser desagradable. Raramente pienso en el suicidio cuando pierdo una discusión.

- ✔ Odio ser tratado mal o injustamente, pero no tengo que ser tratado bien y no necesito darle vueltas al asunto ni ser vengativo cuando ello ocurre. La obsesión por la injusticia es una injusticia hacia mí mismo.

- No importa la importancia que yo le dé a que una persona en concreto me ame, me doy cuenta de que existen otras personas importantes a quienes puedo amar y que me pueden amar. ¡Sí, bastantes!

- Me suele gustar la compañía de los demás, pero puedo ser perfectamente feliz estando solo. ¡Muchas veces puedo ser el mejor amigo de mí mismo!

- Haré lo que pueda por disfrutar de varias cosas y no engancharme a un tipo de pensamiento, sentimiento o acción. ¡Sentiré cierta revulsión por la compulsión!

- Me esforzaré por estar menos perturbado y reducir mi tendencia a perturbarme. Mi principal objetivo seré yo mismo, no mis perturbaciones.

- Al conseguir y mantener un interés vital absorbente aumento mis posibilidades de conseguir experiencias de fluidez, es decir, disfrutar de lo que hago por sí mismo, no necesariamente por otras recompensas, y no para demostrar lo buena persona que soy. Fluyo con mi fluir porque a mí me parece intrínsicamente interesante y placentero. Si además me ayuda a mí y a los demás de alguna manera, ¡es un regalo añadido!

- La ciencia no es sagrada pero tiene gran valor para mí y para los demás. Cuando adopto unos objetivos y propósitos puedo esforzarme por conseguir una perspectiva científica que favorezca una continuada hipótesis, experimentación y comprobación; que tentativamente acepte la «realidad» social y material; y que sea útil para el desarrollo humano (y no humano).

- Conseguir la total, completa y entera autorrealización –¡o casi cualquier otra cosa!– es algo poco práctico e idealista. Más autorrealización, sí. Total y completa, no. ¡Ojalá que no tenga ambiciones poco realistas!

- Lo mismo es aplicable a la capacidad de perturbación. La imperturbabilidad completa es sobrehumana. Yo soy un ser humano falible. Ningún ser humano, que yo sepa, es sobrehumano –tal como está demostrado.

Bibliografía

Las siguientes referencias incluyen las obras de los principales autores citados en este libro, así como algunos materiales sobre Terapia Racional Emotivo-Conductual (TREC) y Terapia de la Conducta Cognitiva (TCC) que pueden ser útiles para fines de autoayuda. Los materiales de autoayuda están señalados con un asterisco (*) y puede adquirir muchos de ellos en el Albert Ellis Institute, 45 East 65th Street, New York, NY 10021-6593. Puede solicitar el catálogo gratuito del Instituto y otros materiales para la distribución llamando en día laborable al tel. 212-535-0822, por fax en el 212-249-3582 o por e-mail (orders@rebt.org). El Instituto seguirá ofreciendo estos y otros materiales, y ofrecerá charlas, talleres y sesiones de formación, así como otras exposiciones sobre el tema del crecimiento humano y de una vida sana; todo ello será anunciado en su habitual catálogo gratuito. Algunas de las referencias citadas, especialmente algunos materiales de autoayuda, no han sido mencionadas en el texto.

ALBERTI, R., Y EMMONS, M. *Your perfect right,* 7ª edic., San Luis Obispo, Ca, Impact Publishers, Inc., 1995.

ADLER, A. *Understanding human nature, Garden City,* NY, Greenberg, 1927.*

BANDURA, A. *Self-efficacy: The exercise of control,* Nueva York, Freeman,1997.

BARLOW, D.H., Y CRASKE, M.G. *Mastery of your anxiety and panic,* Albany, NY, Center for Stress and Anxiety Disorders, 1989.*

BARTLEY, W.W., III. *The retreat to commitment,* ed. rev., Peru, Ill, Open Court, 1984.

BATESON, G. *Mind and Nature: A necessary unit,* Nueva York, Dutton, 1979.

BECK, A.T. *Love is not enough,* Nueva York, Harper & Row, 1988.*

BENSON, H. *The relaxation response,* Nueva York, Morrow, 1975.*

BERNARD, M.E. *Staying rational in an irrational world,* Nueva York, Carol Publishing, 1993.*

BERNARD, M.E. Y WOLFE, J.L. (comp.), *The RET resource book for practitioners,* Nueva York, Institute for Rational-Emotive Therapy, 1993.*

BRODER, M.S. *The art of living,* Nueva York, Avon, 1990.*

BUBER, M. *I and thou,* Nueva York, Scribner, 1984.

Budman, S.H. y Gurman, A.S. *Theory and practice of brief therapy,* Nueva York, Guilford, 1988.*

Burns, D.D. *Feeling good handbook,* Nueva York, Morrow, 1989.*

Carnegie, D. *How to win friends and influence people,* Nueva York, Pocket Books, 1940.

Coué, E. *My method,* Nueva York, Doubleday, Page, 1923.*

Crawford, T. *Changing a frog into a prince or princess,* Santa Barbara, Ca, edición propia, 1993.*

Crawford, T., y Ellis, A. *A dictionary of rational-emotive feelings and behaviors.* Journal of Rational-Emotive and Cognitive-Behavioral Therapy, 7 (1), págs. 3-27, 1989.*

Csikszentmihalyi, M. Flow: *The psychology of optimal experience,* San Francisco, Harper Perennial, 1990.*

DeShazer, S. *Keys to solution in brief therapy,* Nueva York, Norton, 1985.

Dewey, J. *Quest for certainty,* Nueva York, Putnam, 1929.

Dreikurs, R. *Psychodynamics, psychotherapy and counseling,* ed. rev., Chicago, Alfred Adler Institute, 1974.*

Dryden, W. *Overcoming guilt!,* Londres, Sheldon, 1994c.*

Dryden, W. (comp.), *Rational emotive behaviour therapy:* A reader, Londres, Sage, 1995.*

Dryden, W., y DiGiuseppe, R. *A primer on rational-emotive therapy,* Champaign, Ill, Research Press, 1990.*

Dryden, W., y Gordon, J. *Think your way to happiness,* Londres, Sheldon Press, 1991.*

Dunlap, K. *Habits: Their making and unmaking,* Nueva York, Liveright, 1932.*

Ellis, A. *How to live with a neurotic: At home and at work,* Nueva York, Crown, 1957a, ed. rev., Hollywood, Ca, Wilshire Books, 1975.*

Ellis, A. *Reason and emotion in psychotherapy,* Secaucus, NJ, Citadel, 1962.*

Ellis, A. *Helping people get better rather than merely feel better.* Rational Living, 7 (2), págs. 2-9, 1972.*

Ellis, A. (narrador), *How to stubbornly refuse to be ashamed of anything, grabación en cinta de cassette,* Nueva York, Albert Ellis Institute, 1973.*

Ellis, A. (narrador), *Rational living in an irrational world,* grabación en cinta de cassette, Nueva York, Albert Ellis Institute, 1974.*

Ellis, A. The biological basis of human irrationality, *Journal of Individual Psychology,* 32, págs. 145-168, 1976a, reedición: Nueva York, Albert Ellis Institute.*

Ellis, A. (narrador), *Conquering low frustration tolerance,* grabación en cinta de cassette, Nueva York, Albert Ellis Institute, 1976b.*

Ellis, A. (narrador), *Conquering the dire need for love,* grabación en cinta de cassette, Nueva York, Albert Ellis Institute, 1977c.*

Ellis, A. (narrador), *A garland of rational humorous songs, grabación en cinta de cassette y cancionero,* Nueva York, Albert Ellis Institute, 1977d. *

Ellis, A. *Overcoming resistance: Rational-emotive therapy with difficult clients,* Nueva York, Springer, 1985.*

ELLIS, A. *How to stubbornly refuse to make yourself miserable about anything –yes, anything!,* Secaucus, NJ, Lyle Stuart, 1988. (Existe edición española: *Usted puede ser feliz,* Paidós, Barcelona, 2000).*

ELLIS, A. *Rational emotive imagery,* ed. rev., Nueva York, Albert Ellis Institute, 1994a.

ELLIS, A. *Reason and emotion in psychotherapy,* revisado y actualizado, Nueva York, Birch Lane Press, 1994b.*

ELLIS, A. *Better, Deeper, and More Enduring Brief Therapy,* Nueva York, Brunner/Mazel, 1996.

ELLIS, A. *How to maintain and enhance your rational emotive behavior therapy gains,* ed. rev., Nueva York, Albert Ellis Institute, 1999.

ELLIS, A. *How to control your anxiety before it controls you,* Secaucus, NJ, Carol Publishing Group, 1998.

ELLIS, A., y BECKER, I. *A guide to personal happiness,* North Hollywood, Ca, Wilshire Books, 1982.*

ELLIS, A., y BLAU S. (COMP.), *The Albert Ellis Reader,* Secaucus, NJ, Carol Publishing Group, 1998.*

ELLIS, A., y DRYDEN, W. *The essential Albert Ellis,* Nueva York, Soringer, 1990.*

ELLIS, A., y DRYDEN, W. *The practice of rational emotive behavior therapy,* Nueva York, Springer, 1997.

ELLIS, A., GORDON, J., NEENAN, M., y PALMER, S. *Stress counseling,* Nueva York, Springer, 1998.

ELLIS, A., y HARPER, R.A. *A Guide to rational living,* North Hollywood, Ca, Wilshire Books, 1997.

ELLIS, A., y KNAUS, W. *Overcoming procrastination,* Nueva York, New American Library, 1977.*

ELLIS, A., y LANGE, A. *How to keep people from pushing your buttons,* Nueva York, Carol Publishing Group, 1994.*

ELLIS, A., y MACLAREN, C. *Rational emotive behavior therapy*: A therapist's guide, San Luis Obispo, Ca, Impact Publishers, 1998.

ELLIS, A., y TAFRATE, R.C. *How to control your anger before it controls you,* Secaucus, NJ, Birch Lane Press, 1997. (Existe edición española: *Controle su ira antes de que ella le controle a usted,* Paidós, Barcelona, 1999).*

ELLIS, A., y VELTEN, E. *When AA doesn't work for you: Ration steps for quitting alcohol,* Nueva York, Barricade Books, 1992.*

ELLIS, A., y VELTEN, E. *Optimal aging: Get over getting older,* Chicago, Open Court Publishing, 1998.*

EMERY, G. *Own your own life,* Nueva York, New American Library, 1982.

ERICKSON, M.H. *Collected papers,* Nueva York, Irvington, 1980.

FITZMAURICE, K.E. *Attitude is all you need,* Omaha, Ne, Palm Tree Publishers, 1997.*

FRANK, J.D:, y FRANK, J.B. *Persuassion and healing,* Baltimore, Md, John Hopkins University Press, 1991.*

FRANKL, V. *Man's search for meaning,* Nueva York, Pocket Books, 1959. (Existe edición española: *El hombre en busca de sentido,* Herder, 1979).*

213

FRANKLIN, R. *Overcoming the myth of self-worth*, Appleton, Wi, Focus Press, 1993.*

FREEMAN, A., y DEWOLFE, R. *The ten dumbest mistakes smart people make and how to avoid them*, Nueva York, Harper Perennial, 1993.*

FREUD, S. *Standard edition of the complete psychological works of Sigmund Freud*, Nueva York, Basic Books, 1965.

FRIED, R. *The psychology and physiology of breathing*, Nueva York, Plenum, 1993.*

FRIEDMAN, M. Aiming at the self: The paradox of encounter and the human potential movement. *Journal of Humanistic Psychology*, 16 (2), págs. 5-34, 1976.

FROGGATT, W., *Rational self-analysis*, Melbourne, Harper & Collins, 1993.

GERGEN, R.J. *The saturated self*, Nueva York, Basic Books, 1991.

GLASER, W. *Choice theory*, Nueva York, Harper Perennial, 1999.*

GOLEMAN, D. *Emocional intelligence*, Nueva York, Bantam, 1995. (Existe edición en castellano: *Inteligencia emocional*, Kairós, Barcelona, 1996, y en catalán: Intel.ligència emocional, Kairós, Barcelona, 2000).

GRIEGER, R. M. *From a linear to a contextual model of the ABCs of RET*. En W. Dryden y P. Trower, comp., Developments in cognitive psychotherapy (págs. 71-105), Londres, Sage, 1988.*

HAUCK, P. A. *Overcoming the rating game: Beyond self-love —beyond self-esteem*, Louisville, Ky, Westminster/John Knox, 1991.*

HAYAKAWA, S.I. *The fully functioning personality*. En S.I. Hayakama, (comp.), Symbol, status, personality (págs. 51-69), Nueva York, Harcourt Brace Jovanovich, 1968.

HILL, N. *Think and grow rich*, North Hollywood, Ca, Wilshire Books, 1950.

HILLMAN, J. *One hundred years of solitude, or can the soul ever get out of analysis?* En J.K. Zeig (comp.), The evolution of psychotherapy: The Second Conference (págs. 313-325), Nueva York, Brunner/Mazel, 1992.

HOFFER, E. *The true believer*, Nueva York, Harper & Row, 1951.

HORNEY, K. *Neurosis and human growth*, Nueva York, Norton, 1950.

JACOBSON, E. *You must relax*, Nueva York, McGraw-Hill, 1938.

JOHNSON, W.R. *So desperate the fight*, Nueva York, Institute for Rational-Emotive Therapy, 1981.*

JOHNSON, W.R. Applying REBT to religious clients. Ponencia presentada en la Annual Convention of the American Psychological Association, Toronto, 10 de agosto de 1996.

JUNG, C.G. *The practice of psychotherapy*, Nueva York, Pantheon, 1954.

KAMINER, W. *I'm dysfunctional, you're dysfunctional*, Nueva York, Vintage, 1993.

KELLY, G. *The psychology of personal constructs*, Nueva York, Norton, 1955.

KLEE, M., y ELLIS, A. The interface between rational emotional behavior therapy (REBT) and Zen. *Journal of Rational-Emotive & Cognitive-Behavior Therapy*, 16, págs. 5-44, 1998.

KORZYBSKI, A. *Science and sanity*, San Francisco, International Society of General Semantics, 1933.

LASCH, C. *The culture of narcissim*, Nueva York, Norton, 1978.

LAZARUS, A.A., y LAZARUS, C.N. *The 60-second shrink*, San Luis Obispo, Impact, 1998.*

LAZARUS, A.A., LAZARUS, C., Y FAY, A. *Don't believe it for a minute: Forty toxic ideas that are driving you crazy*, San Luis Obispo, Ca, Impact Publishers, 1993.*

LOW, A.A. *Mental health through will training*, Boston, Christopher, 1952.*

LYONS, L.C., Y WOODS, P.J. The efficacy of rational-emotive therapy: A quantitative review of the outcome research, *Clinical Psychology Review*, 11, págs. 357-369, 1991.*

MAHONEY, M.J. *Human change processes*, Nueva York, Basic Books, 1991.

MALTZ, M. *Psycho-cybernetics,* Englewood Cliffs, NJ, Prentice-Hall, 1960.

MASLOW, A. *Toward a psychology of being*, Nueva York, Van Nostrand Reinhold, 1968. (Existe edición española: *El hombre autorrealizado*, Kairós, Barcelona, 1972).

MAULTSBY, M.C. Jr. *Rational behavior therapy*, Englewood Cliffs, NJ, Prentice-Hall, 1984.*

MAY, R. *Love and will*, Nueva York, Norton, 1969.

MCGOVERN, T.E., Y SILVERMAN, M.S. A review of outcome studies of rational-emotive therapy from 1977 to 1982, *Journal of Rational-Emotive Therapy*, 2 (1), págs. 7-18, 1984.*

MEICHENBAUM, D. *The evolution of a cognitive-behavior therapist.* En J.K. Zeig (comp.), The Evolution of psychotherapy: The Third Conference (págs. 95-106), Nueva York, Brunner/Mazel, 1997.

MILLER, T. *The unfair advantage*, Manlius, NY, Horsesense, Inc., 1986.*

MILLS, D. *Overcoming self-esteem*, Nueva York, Albert Ellis Institute. 1993.*

MORENO, J.L. *The essential J.L. Moreno*, Nueva York, Springer, 1990.

NIEBUHR, R., véase Pietsch, W.V.

NIELSEN, S.L. Religiously oriented REBT. Examples and dose effects. Ponencia presentada en la Annual Convention of the American Psychological Association, Toronto, 10 de agosto de 1996.

PARDECK, J.T. Using books in clinical practice, *Psychotherapy in Private Practice,* 9 (3), págs. 105-199, 1991.

PAVLOV, I.P. *Conditional reflexes*, Nueva York, Liveright, 1927. (Existe edición española: *Reflejos condicionados e inhibiciones*, Ed. Península, Barcelona, 1967).

PERLS, F. *Gestalt therapy verbatim*, Nueva York, Delta, 1969.

PIAGET, J. *The construction of reality in the child*, Nueva York, Basic Books, 1954.

PIETSCH, W.V. *The serenity prayer*, San Francisco, Harper San Francisco, 1993.*

POPPER, K.R. *Popper selections.* Comp. por David Miller, Princeton, NJ, University Press, 1985.

RANK, O. *Will therapy and truth and reality,* Nueva York, Knopf, 1945.

ROGERS, C.R. *On becoming a person*, Boston, Houghton-Mifflin, 1961.

RUSSELL, B. *The conquest of happiness*, Nueva York, New American Library, 1950.*

RUSSELL, B. *The basic writings of Bertrand Russell*, Nueva York, Simon & Schuster, 1965.

SAMPSON, E.E. *The challenge of social change in psychology. Globalization and psychology's theory of the person*, American Psychologist, 44, págs. 914-921, 1989.

SCHUTZ, W. *Joy*, Nueva York, Grove, 1967.

SCHWARTZ, R. The idea of balance and integrative psychotherapy, *Journal of Psychotherapy Integration*, 3, págs. 159-181, 1993.*

SELIGMAN, M.E.P. *Learned optimism*, Nueva York, Knopf, 1991.*

SILVERMAN, M.S., McCARTHY, M. Y McGOVERN, T. A review of outcome studies of rational-emotive therapy from 1982-1989, *Journal of Rational-Emotive and Cognitive-Behavior Therapy*, 10 (3), págs. 111-186, 1992.*

SIMON, J.L. *Good mood*, LaSalle, Ill, Open Court, 1993.*

SKINNER, B.F. *Beyond freedom and dignity*, Nueva York, Knopf, 1971 (Existe edición española: *Más allá de la libertad y la dignidad*, Ed. Fontanella, Barcelona, 1972).

SMITH, M.B. On self-actualization, *Journal of Humanistic Psychology*, 13 (2), págs. 17-33, 1973.

SPIVACK, G., PLATT, J. Y SHURE, M. *The problem-solving approach to adjustment*, San Francisco, Jossey-Bass, 1976.*

STARKER, S. *Psychologists and self-help books*, American Journal of Psychotherapy, 43, págs. 448-455, 1988b.*

TATE, P. *Alcohol: How to give it up and be glad you did*, 2ª ed., Tucson, Az, See Sharp Press, 1997.*

TAYLOR, S.E. *Positive illusions: Creative self-deception and the healthy mind*, Nueva York, Basic Books, 1990.

TILLICH, P. *The courage to be*, Cambridge, Harvard University Press, 1983.

VERNON, A. *Thinking, feeling, behaving: An emotional education curriculum for children*, Champaign, Ill, Research Press, 1989.*

WALEN, S., DiGiuseppe, R., y Dryden, W. *A practitioner's guide to rational-emotive therapy*, Nueva York, Oxford University Press, 1992.*

WARREN, R., y Zgourides, G.D. *Anxiety disorders: A rational-emotive perspective*, Des Moines, Ia, Longwood Division Allyn & Bacon, 1991.*

WATSON, J.B. *Psychology from the standpoint of a behaviorist*, Philadelphia, Lippincott, 1919.

WATZALAWICK, P. *The language of change*, Nueva York, Basic Books, 1978.

WITTGENSTEIN, L. *Tractaeus logico-philosophicus*, Londres, Kegan Paul, 1922.

WOLFE, J.L. *What to do when he has a headache*, Nueva York, Hyperion, 1992.*

WOODS, P.J. *Controlling your smoking: A comprehensive set of strategies for smoking reduction*, Roanoke, Va., Scholars' Press, 1990a.*

YOUNG, H.S. *A rational counseling primer*, Nueva York, Albert Ellis Institute. *

216

Índice analítico

Índice general